JUST LOVE

COPYRIGHT © 2013 BHAKTI EVENT GMBH
PRIMA EDIZIONE
STAMPATO IN GERMANIA

TUTTI I DIRITTI INTERNAZIONALI RISERVATI

JUST LOVE

L'Essenza di Ogni Cosa

UNA RACCOLTA DI DISCORSI

SRI SWAMI VISHWANANDA

PREFAZIONE   11

AMORE   **15**
Voi siete Figli di Dio   16
L'Essenza dell'Amore di Dio   23
La nostra vera natura è Amore   26
Innamoratevi, e l'Amato sarà sempre con voi   28
Siate sempre Semplici e Amorevoli   32
L'Amore sa solo come Amare   34
Krishna, Manifestazione dell'Amore Divino   40
Radha, Incarnazione della Devozione   51
Il Vero Amore è Donare Incessantemente   56
Il Linguaggio del Cuore   61
La Forma più Grande di Devozione   67
La più Grande Forma di Amore   71
Il Coraggio di Essere sul Sentiero Spirituale   75
Amore Infinito   79
Il Sentiero verso il Divino   85
Radhe, Radhe!   93

NOMI DIVINI   **99**
Cantate i Suoi Nomi   100
La Dolcezza del Nome di Rama   105
Bere dalla coppa dell'Amore Divino   112
Librarsi nella Gioia Divina   117
In Sintonia con Dio   122
La Gioia di Danzare per Dio   127
Il Potere del Nome di Rama   131
Chiamare Dio: canta con il cuore   133
La Gloria della Preghiera   134

UMILTÀ   **139**
Rendere Umile la Grande Belva   140
Ai Piedi del Padre   144
La Venerazione dei Defunti   148
Amore e Umiltà   152
Imparare l'Umiltà e l'Unità   155

DEVOZIONE   **163**
La Storia di Ahilia   164
Il Signore Hanuman, la Forza della Devozione Profonda   168
Il Cuore Ardente   171
Il Signore nel Cuore   178
Tulsidas e la Bellezza della Devozione   185
Lo Yoga della Devozione   195

ABBANDONO	**201**
Per la Grazia di Dio	202
Apri il Cuore e Abbandonati	206
Renditi Libero	209
Non vergognatevi di dire "Ti Amo"	213
Dall'Aspettativa alla Realizzazione	222
Lasciate Andare	232
Chi è Dio?	238
Il Segreto è che io Sono Vuoto	246
GURU	**251**
Colui che ti tiene per Mano e ti Guida	252
Risorgere con Cristo	256
Com'è trovare Dio	261
La Dolcezza dell'Amrita	266
Ricevere Tutto	272
Cristo Si Rivela	284
Dall'oscurità alla Luce	287
L'Oceano, la Barca e il Barcaiolo	303
GLOSSARIO	**311**
SU SRI SWAMI VISHWANANDA	**338**

Le parole pronunciate in questo libro contengono tutto, contengono l'intero universo. Esse descrivono un Amore di cui si è sempre parlato – dopotutto non vi è in sostanza nulla di nuovo da aggiungere alla saggezza delle Sacre Scritture d'Oriente e d'Occidente - ma qui è nuovo il modo in cui a questo Amore ci si rivolge. Queste parole sono espresse da qualcuno che non solo conosce l'omnipervadente forza vitale Divina che costituisce la creazione dell'Universo, ma da qualcuno che è un tutt'uno con essa.

Il Suo messaggio è semplice: Just Love. Sì, solo amore. L'amore è l'unica cosa che esiste. Amare è tutto ciò che dovete fare. Il resto si prenderà cura di sè. Chi ha orecchi interiori, intenderà. Le parole sono come una dolce canzone d'amore che cambierà la vostra vita per sempre, se solo gli permettete di sfiorarvi. Vi cambierà e risveglierà in voi il desiderio di diventare ancora una volta quello che già siete, siete sempre stati e sempre sarete - solo Amore.

JUST LOVE

PREFAZIONE

JUST LOVE è una raccolta di discorsi così come sono stati espressi da un'Anima pienamente realizzata per consentire a noi tutti di raggiungere facilmente la Luce Divina. JUST LOVE è tutto ciò di cui si ha bisogno, nulla di più. Sono trascorsi più di cinque anni da quando la missione pubblica di Sri Swami Vishwananda è cominciata, il 13 giugno 2005. Da allora molte cose, che vanno oltre la descrizione e comprensione umana, sono accadute.
Il gioco Divino della creazione e dell'identificazione con una sola parte limitata del tutto, continua a ripetersi ed è una storia senza fine. Ma la storia di come dai reami limitati veniamo riportati nel grembo della Madre Divina è sempre nuova e davvero originale. Il Divino, in questo, non si ripete mai. Ancora una volta ci viene offerta una nuova, fresca e gioiosa opportunità di intraprendere il viaggio di ritorno.
Tutto ciò che Swami descrive riguarda l'immutabile legame d'Amore tra il Creatore e la Creazione. Egli dice, con una semplicità da fanciullo: "Tutto ciò di cui so parlare è Amore. Davvero non conosco nient'altro". I discorsi di Swami molto spesso sono pronunciati prima o durante un Darshan, durante il quale Egli distribuisce benedizioni a tutti gli ospiti in visita. Solitamente, prima e dopo aver parlato, Swami canta, in quanto un canto d' Amore a Dio trasmette più di mille parole. Swami comincia e termina i Suoi discorsi rivolgendosi all'uditorio con "Jai Gurudev", che letteralmente significa "Vittoria al Guru interiore", a riconoscimento e a ricordo del fatto che il Divino risiede in tutti noi.
Se prima che cominciasse la sua missione, nel giugno del 2005, Swami mostrava una certa timidezza nel parlare in pubblico, nel corso degli anni si è trasformato un oratore formidabile.

Le Sue parole non sono create dal pensiero, come molti di coloro che sono stati presenti ai suoi discorsi possono confermare, ma paiono provenire direttamente dai reami più alti. Coloro che sono presenti nella sala spesso hanno la percezione che Swami stia parlando direttamente a loro. Le Sue parole sembrano essere indirizzate a ogni singola persona del pubblico. Mentre le parole stesse con il tempo svaniscono dalla debole memoria della nostra mente, il profondo impatto sul nostro cuore ha un effetto duraturo. Possa tu, lettore di questo libro, essere toccato nello stesso modo.

Dopo "Quando il cuore sboccia", una raccolta completa di racconti di devoti che condividono le loro esperienze con Swamiji, JUST LOVE è il primo importante libro scritto direttamente con le parole di Swami. È il primo di una serie di lavori che appariranno in futuro. Mentre in passato era uscito un opuscolo con alcuni discorsi tenuti nel 2006, la raccolta più estesa attualmente in corso di pubblicazione ci permette di vedere la connessione tra temi dominanti invece di tenere in considerazione le date. Mentre il messaggio di Swami è essenzialmente il medesimo, il suo modo di esprimerlo varia da luogo a luogo, da periodo a periodo e di situazione in situazione.

C'è sempre un'aura speciale di allegria e di gioia che accompagna anche i temi più seri, in modo da ammorbidirne l'intenso impatto. Mentre Lo si ascolta, spesso si ride o si sorride, ci si rilassa, ci si apre e si permette all'effetto trasformante della Sua energia di entrare nel nostro santuario. Swami parla con grande semplicità e con un accento mauriziano particolarmente affascinante.

Nel trascrivere le registrazioni audio e video abbiamo cercato di trasmettere accuratamente ciò che è stato effettivamente detto. Ciò può sembrare una cosa facile a farsi, ma è più difficile di quanto ci si potrebbe aspettare, dal momento che vi è l'elemento di filtraggio attraverso il proprio ego. È sorprendente vedere quanto velocemente l'alchimia della mente possa influire sul ciò che è stato realmente detto e trasformare la citazione originale in qualcosa di diverso. Fortunatamente abbiamo le registrazioni audio e video che ci permettono di rivedere il tutto. Si può solo immaginare come in passato il messaggio di un maestro possa essere stato distorto, contorto o perfino si sia perso nel tempo. Grazie alle moderne tecnologie e a internet questa situazione è cambiata. Anche se è bello ascoltare Swami dal vivo, su Youtube, in DVD o in CD, è altrettanto rilassante e calmante – oltre che a essere pratico – tenere in mano quel silenzioso messaggero chiamato libro. Questo aiuta a dirigere i nostri organi di senso all'interno e ci permette di avere un dialogo interiore con il maestro.

Lì sarete ancora una volta incoraggiati – nel vostro modo tutto personale – a trovare il Regno di Dio, direttamente, senza interferenze da parte di nessuno. Imparerete di nuovo quello che già sapete. Il Regno di Dio è fatto di una sola cosa: Semplicemente Amore.

Ringraziamo sentitamente tutti coloro che hanno contribuito a mettere insieme questo libro e desideriamo sinceramente che il suo contenuto raggiunga il cuore del maggior numero possibile di lettori. Possano essi riconnettersi con l'Amore interiore e trasmetterlo poi ai loro Amati e a tutti.

Springen, Germania, 15 dicembre 2010
S. K. a nome del Publishing Team

JUST LOVE

AMORE

**SEMPLICEMENTE AMATE!
L'AMORE È LA PIÙ GRANDE FORMA DI DEVOZIONE.**

SRI KRISHNA

VOI SIETE FIGLI DI DIO

Darshan, Bombai, India, 10 febbraio 2006

Cari figli di Dio...mi rivolgo a voi come figli di Dio, perché questa è la vostra vera identità, è ciò che voi siete realmente. Al di là di ogni religione, di ogni casta, di ogni colore, voi siete figli di Dio. Dio vi ama tutti allo stesso modo. Non perché io sono uno Swami Egli ama me più di voi. Il fatto è che io ho Realizzato la Sua Divinità, mentre voi non siete ancora arrivati al punto di realizzarla. Ma dentro di voi, nel profondo, la conoscete, perché siete nati con essa. E siete chiamati a Realizzarla.

La religione è un percorso. È una disciplina che aiuta ad andare dall'esteriorità all'interiorità, ma non si ferma qui. Spesso gli esseri umani iniziano a pregare, ma poi si fermano, si limitano alla forma che stanno pregando. Non vanno oltre, non vogliono veramente realizzare chi sono in realtà. E sino a quando non vi è questa volontà di realizzarsi, sarà difficile. Dovete desiderarlo veramente, dovete bramare Dio. Solo allora Egli si potrà donare con dignità.

Gli esseri umani hanno molte necessità, vero? Vogliono questo, vogliono quello. I desideri non finiscono mai, arrivano uno dopo l'altro. Finché la mente è focalizzata all'esterno e desidera la materialità, finché la mente vi dice che siete solo un essere umano, un semplice uomo, quello sarete. Dovete arrivare al punto in cui percepite l'Amore per Dio, in cui vi dite che il mondo materiale non è il fine di ogni cosa. Perché i desideri non finiranno mai. Potete desiderare una bella macchina e nel momento in cui la possedete questo desiderio svanisce. Poi desidererete qualcos'altro e quando l'avrete ottenuto, un altro desiderio arriverà, e così via. Sino a quando interiormente vi sentite profondamente insoddisfatti, quando non siete in grado di soddisfare voi stessi, continuerete a desiderare. I desideri continuano ad arrivare, le necessità continuano ad arrivare, il dolore, la sofferenza e l'infelicità continuano ad arrivare.

Sino a quando in questo mondo materiale ci sarà il desiderio, il desiderio di cose limitate, ci sarà infelicità. Chi desidera l'infelicità? C'è davvero qualcuno in questo mondo che la vuole? Nessuno vuole l'infelicità, nemmeno chi commette suicidio. Perché una persona si uccide? Una persona commette suicidio per fuggire dall'infelicità. Qualcun'altro invece prega Dio, prega dalla mattina alla sera, medita. Perché pensate che questa persona lo faccia? Per uscire dall'infelicità che c'è in questo mondo. L'obiettivo è raggiungere la felicità, raggiungere la beatitudine eterna e questo è il motivo per cui gli esseri umani sono qui. Tutto il resto è secondario. Ma oggigiorno le persone hanno messo Dio al secondo, o addirittura al terzo posto, mentre i desideri splendono meravigliosamente al primo posto! L'infelicità si è vestita così magnificamente da farvi rimanere intrappolati. E nel momento in cui ne rimanete intrappolati, Lei è contenta. Maya Devi è molto potente, perché intrappola tutto. Tutti ne restano catturati.

Anche i santi rimangono intrappolati, ma i santi conoscono il loro obiettivo. Gli yogi, i *sadhu*, le persone illuminate, conoscono il loro obiettivo. Sanno cosa vogliono. Sanno cosa è reale, sanno dentro loro stessi cosa desiderano. Sapere cosa si desidera veramente, che cosa vuole il vostro cuore, ascoltare profondamente dentro di voi, essere liberi dalla miseria di questo mondo: questo è ciò che è reale. Non intendo dire che dovete morire. Ma potete diventare un *jivan mukti*. Potete vivere in questo mondo ma, allo stesso tempo, non esserne parte. Allora avrete raggiunto la felicità, la scoprirete, la conoscerete e la apprezzerete.

Ci sono molti modi per arrivarci. Ci sono le preghiere, che aiutano a calmare la mente. C'è il canto dei *bhajan*, che dà grande gioia; vi ci potete immergere completamente e sviluppare così la *bhakti* dentro di voi. Tuttavia anche questo non è appagamento. È attraverso la meditazione che potete davvero arrivare al punto di completo appagamento. Quando pregate, quando cantate un *bhajan*, perdete questo aspetto di essere testimoni verso l'esterno. Quando perdete voi stessi e vi dimenticate di tutto, quando dimenticate addirittura di essere il corpo, vi accorgete che siete diventati Uno con l'Eternità, con Dio. Avete ottenuto la vostra realizzazione personale. Questo è ciò che i grandi santi e i grandi profeti hanno insegnato all'umanità. Una delle più belle espressioni della *bhakti* è Meerabai. Meerabai era così immersa nella *bhakti*, che dimenticò se stessa. Dimenticò il suo corpo. Dimenticò la sua mente. Questo stato è Eterna Beatitudine, è l'anima stessa. Il vero Sé dell'uomo è *Satchitananda*. *Sat* significa 'essere'. Solo con *Sat*, 'essere', che è l'esistenza come semplice uomo, e senza realizzare *Chit* e *Ananda*, non si può arrivare alla completa realizzazione. Non si può arrivare alla realizzazione con un solo aspetto, non si può arrivare alla realizzazione con solo due aspetti: *Sat* e *Chit*. *Chit* è Coscienza, e *Ananda* è Beatitudine. È ciò che chiamiamo *Satchitananda*. Quindi l'essere umano è corpo, mente e anima (che è eterna) e anche *Satchitananda*. Dio ha creato l'essere umano come un prezioso veicolo. È molto importante prendersene cura. È molto importante goderne ed esserne felici, rispettarlo, realizzare che esso è il tempio di Dio. È in questo tempio che Dio dimora. È in questo tempio che Dio può far sì che l'umanità avanzi e si realizzi: senza questo tempio è molto difficile.

Quante vite deve prendere un essere per raggiungere una nascita come uomo? Sono 84,000 le specie attraverso cui deve passare. E poi, quando avete questo corpo, continuate a fare l'errore di scappare dalla realizzazione, dal realizzare la Coscienza di Dio. Sino a quando insistete a scappare, continuerete a tornare qui. Dio vi ama e vuole che torniate da Lui. Egli vuole che realizziate che siete sempre con Lui e che Lui è sempre con voi. Solo allora la luce che è dentro di voi risplenderà. L'amore risplenderà. Se chiedete a Dio: "Dio fa che la Tua Luce risplenda attraverso di me" può Egli rifiutarsi? Egli non può rifiutarvi nulla. Ogni volta che Lo pregate, non può rifiutarvi nulla. Egli è qui per donare. Siete voi che dovete sapere come ricevere.

> Voi siete il tempio di Dio. Dio dimora dentro di voi. Realizzate questo Amore per voi stessi. Realizzate che Egli risiede qui [dentro di voi] sempre.

Quando ricevete qualcosa, molto spesso tenete le dita delle mani aperte, così quando la Grazia arriva, vi passa attraverso e se ne va.

Ogni volta che provate la profondità dell'Amore nel vostro cuore, ogni volta che vi sedete per pregare, per cantare un *bhajan*, o meditare e non sentite dolore, non sentite felicità, non sentite né caldo né freddo, ma sentite una gioia che non potete nemmeno esprimere, fatene tesoro. La parola che possiamo usare per esprimere questo stato è beatitudine, ma anche questa parola è limitata. La sola cosa che posso dirvi è provatela, vivetela! Non si può esprimere a parole. E questa beatitudine è ciò che dovete essere, sempre.

Quando diventerete equanimi verso l'esterno, realizzando che tutto e tutti sono Uno, allora amerete tutti e amerete in primo luogo voi stessi. Come ho detto prima, voi siete il tempio di

Dio. Dio dimora dentro di voi. Realizzate questo Amore per voi stessi. Realizzate che Egli risiede qui [dentro di voi] sempre. Questo grande paese è stato attraversato da molti santi e da molti *Avatar*, e ancora oggi sono presenti molti grandi *Avatar*, santi e *sadhu*. Tutti nel loro modo stanno lavorando per la pace, stanno aiutando le persone. Come è benedetta questa terra!
Così, io sono venuto per aiutarvi, per darvi qualcosa di molto semplice in grado di farvi raggiungere questo stato di beatitudine. È attraverso la meditazione. Respiriamo ogni giorno moltissime volte. Quante volte realizziamo quanto sia importante respirare? Non molte, proprio perché è così normale, vero? È una routine, succede automaticamente. Se volete davvero realizzare Dio, provate a meditare. Vi mostrerò una meditazione molto semplice che poi potete dare a chiunque; la praticherete?

Una meditazione guidata

- Sedetevi in posizione eretta. La vostra spina dorsale deve essere diritta.
- Se non potete sedervi a terra, sedetevi su una sedia.
- Prima di tutto vi chiedo di respirare normalmente per alcune volte.
- Adesso che avete respirato, concentratevi. Chiudete gli occhi e focalizzatevi sul terzo occhio. Ora usate il vostro potere creativo, perché, come vi ho detto, voi siete figli di Dio. Come Dio è il Creatore, anche voi lo siete. Con il vostro potere creativo, il potere della creazione che Dio ha dato all'umanità, a tutti voi, create il segno *OM*, o qualunque altro segno divino, la croce, la mezzaluna, qualunque segno sentite vicino. Createlo nel terzo occhio.

- Ora, ascoltate profondamente il vostro respiro. Ascoltatelo. E respirate *OM*. Prendetevi il tempo necessario. Fatelo in modo rilassato.
- Inspirate lentamente *OM* ed espirate lentamente *OM*.
- Rimanete focalizzati sul vostro Ajna chakra, sul vostro terzo occhio.
- Dopo un po', sentirete che nel terzo occhio c'è un leggero formicolio, come qualcosa che sta lavorando. Andate in profondità. Lasciate che questa vibrazione scenda lungo la spina dorsale: dalla vostra testa al chakra della base. Lasciatela scorrere.
- Inspirate ed espirate *OM*. Lasciate che il suono *OM* vibri in ogni parte del vostro corpo (per alcuni minuti).
- Ora, riducete la dimensione dell'*OM*. Riportatelo al vostro terzo occhio.
- Portatelo nel vostro cuore. Lasciatelo nel vostro cuore. Lasciatelo vibrare nel vostro cuore.
- Cantate *OM* a voce alta per alcuni minuti.
- Cantando *OM* o meditando sull'*OM*, attirate la vibrazione della pace, della gioia e della felicità.

Questa vibrazione aiuta l'essere umano a realizzare il suo Vero Sé, ovvero a realizzare la pura Consapevolezza di Dio dentro di sé. Potete persino percepirlo, quando lo ripetete: quando ripetete *OM* e lo sentite vibrare, lasciatelo vibrare nel plesso solare. Tutto il potere della creazione, l'intero universo, è presente dentro di voi. Lasciatelo vibrare in ogni cellula del vostro corpo. Ogni volta che avete un po' di tempo, sedetevi e semplicemente inspirate ed espirate *OM*.

Stando vicino agli *yogi* che meditano da lungo tempo, potete sentire i loro corpi vibrare, o addirittura sentire la vibrazione

OM provenire da alcuni di loro. Quindi usate il potere creativo che è dentro di voi, che Dio vi ha dato, con cui siete nati; create il suono *OM*, cantatelo e lasciatelo vibrare all'esterno. All'inizio sarà meccanico, con la vostra mente. Poi verrà dal vostro corpo e infine raggiungerà, profondamente, la vostra anima. E questo succederà semplicemente cantando il suono *OM*.
Cercate sempre di ascoltare il vostro cuore, perché è attraverso il cuore che Dio parla all'uomo. È attraverso il cuore che saprete qual è la vostra strada, qual è il vostro cammino nella vita. Seguitelo. Non dubitate. Il cuore è molto potente. Fate del vostro meglio per ascoltarlo e seguirlo.

L'ESSENZA DELL'AMORE DI DIO

Darshan, Bari, Italia, 28 aprile 2006

Mi dà grande gioia essere qui in Italia. Ciò di cui vi voglio parlare è l'Amore di Dio che è presente dentro di voi; il dono che Dio vi ha fatto; un Amore che è senza limiti, senza condizioni; un Amore che è libero e senza alcuna aspettativa. Siamo tutti legati dalla verità che siamo figli di Dio. Ovunque sulla terra, in tutte le religioni, in qualunque tradizione, vi diranno che Dio è Amore e che l'Amore è Dio. Tutti noi parliamo di Dio, ma non Lo conosciamo, non abbiamo un'idea di come Lui sia, anche se vi sono diversi aspetti della Divinità. Ma una cosa che possiamo fare è percepire Dio e sapere così che Egli è sempre con noi. SentirLo continuamente e gioire della Sua presenza in ogni momento; dobbiamo diventare parte di Lui, dobbiamo realizzare questa unità.

L'unità comincia prima di tutto con la nostra mente e poi con il nostro cuore e con il nostro corpo. Quando il corpo, la mente e l'anima sono unite, allora sperimenterete il Divino senza alcuna limitazione. In verità, questo è lo scopo principale dell'uomo: realizzare l'unità con il Divino. Il punto è: come farlo? Ci sono molti modi per realizzare il Divino dentro di sé, così come ci sono molti fiumi che sfociano nello stesso oceano. La cosa principale è trovare il modo più semplice. Più è semplice, più vi sentirete liberi, su qualunque percorso voi vi troviate. Questo è il modo migliore. Non si può dire che in un modo potete Realizzare Dio e in un altro modo non Lo Realizzerete. Dio si trova nel profondo del cuore dell'uomo, quindi dovete semplicemente focalizzare la vostra mente sul vostro cuore e fare del vostro meglio per percepire Dio continuamente.

Il modo migliore è iniziare ad amare, senza porsi domande, senza neanche pensare che state amando, senza chiedervi "come amare?". Esercitate la vostra mente a focalizzarsi su Dio, allenatela a focalizzarsi sul vostro Sé. Prendete un qualsiasi Nome Divino, un qualsiasi aspetto Divino e continuate a cantarne il nome fino a che non Realizzerete che siete uno con questo Nome. Non è un Nome separato da voi, è il Nome del vostro Sé. Più credete di essere un essere umano, come pensano molte persone, più diventerete umano; ma più pensate di essere Spirito, di essere parte della Divinità, più diventerete Spirito e Divinità.

> Più credete di essere un essere umano, come pensano molte persone, più diventerete umano; ma più pensate di essere Spirito, di essere parte della Divinità, più diventerete Spirito e Divinità.

Voi credete di essere semplicemente questo corpo e molto spesso vi focalizzate solo sul corpo; quindi cosa succede? Più vi focalizzate sul corpo e più proverete dolore, più sarete infelici, perché la realtà rimane coperta, offuscata. E naturalmente quando questa realtà rimane coperta, vi è dolore. Questo corpo tornerà alla terra e tornerà agli stessi cinque elementi di cui è composto. Ma se questa è la realtà, se il corpo è la sola realtà, allora dov'è Dio? Dov'è la Divinità? Questa grande energia che fa sì che il corpo lavori, che fa sì che il corpo agisca, è lo Spirito, ed è quello che voi siete realmente. Se voi foste il corpo, sareste ancora vivi dopo la morte? Mentre essendo Spirito, voi vivrete eternamente sino a che non diventerete Uno con il Divino. Lavorate per questa realtà. Lavorate e amate Dio. Qualunque cosa facciate, qualunque azione, qualunque pensiero, focalizzate la vostra mente nel farlo per Dio. Amate Dio in tutti e in tutto intorno a voi. E quando amate, amate al cento per cento. Cercate di non dubitare di questo Amore, perché quando ne dubitate, anche solo con un piccolo dubbio, arrestate la vostra evoluzione.

LA NOSTRA VERA NATURA È AMORE

Darshan, Cisternino, Italia, 29 aprile 2006

È bello avervi tutti qui oggi. Voi siete qui per una verità e questa verità è l'Amore. Questo Amore che è uguale per tutta l'umanità; questo amore che è presente in ciascuno dei vostri cuori, e che sta aspettando di emergere ed esprimersi. Molto spesso però c'è un blocco, un muro che vi impedisce di amare incondizionatamente.
Quando realizzerete che l'unica via è Amare ed essere ininterrottamente nell'Amore, voi saprete quanto Dio Ama il Suo creato. Nello stesso modo in cui Dio Ama, anche voi potete amare. Tutti gli altri tipi di amore sono secondari, perché l'umanità è qui per diventare questo Amore. Ma per diventare questo Amore, dovete prima superare molti ostacoli, perché gli uomini pensano che l'Amore, che Dio, sia qualcosa di separato da loro.
Ogni volta che pregate, pregate verso l'esterno. Dite che Dio è lì, al di fuori e che voi siete separati da Lui. Dovreste davvero smettere di separare il Divino da voi. Non importa in che modo state pregando, perché quando parlate con Dio, parlate con il vostro vero Sé che è dentro di voi.
C'è un fattore importante che blocca l'uomo dal realizzare questo: la mente. Ma la mente può essere superata cantando un qualsiasi Nome Divino. Se praticate ciò regolarmente, diventa più facile focalizzare la mente. Quando cantate i *bhajan*, la vostra mente non vi disturba perché è impegnata, diventa difficile pensare ed è difficile per la negatività prendere il controllo.

Quando cantate i Nomi Divini ovunque siate e qualunque cosa stiate facendo, voi tenete la mente fissa solo su Dio e questo vi aiuterà ad aprire il vostro cuore. Cantare i Nomi Divini è il modo più efficiente di controllare la mente. Guardate le religioni. Il cristianesimo ha il rosario o *komboskini*. L'induismo ha il *japa mala* e i mussulmani hanno il tasbih. Il nome di Dio è molto importante ed è molto facile e molto semplice. Perché complicarlo? Perché cercare di complicare le cose quando Dio ci ha dato la cosa più semplice? Cantando il Suo Nome vi sentirete vicino a Lui.

Ma non è finita qui. È come quando sapete che c'è un tesoro da qualche parte. Conoscete il luogo, ma credete forse che il tesoro venga fuori semplicemente chiamandolo: "Oh mio tesoro, vieni fuori, vieni fuori, vieni fuori!"? Il tesoro non verrà da voi, siete voi che dovete scavare in profondità. Ci sono molti sassi e c'è molta terra di cui vi dovrete sbarazzare prima di trovare questo tesoro. È la stessa cosa nel vostro cammino spirituale: ci sono molte cose di cui dovrete sbarazzarvi prima di raggiungere la completa unità con il Divino.

Questo non significa che Dio sia lontano da voi. Egli è sempre qui, vi sta aspettando e vi sta dicendo: "Svegliati e realizzati", perché voi siete nati con questa realizzazione. Semplicemente, la sporcizia della mente sta limitando il Sé. Andate oltre, cantate il nome di Dio e amate Dio, perché Egli è l'unico che può veramente Amarvi incondizionatamente. Egli è l'unico che veramente dà senza aspettarsi nulla in cambio. Cercate di realizzare questo Amore e di diventare questo Amore. Cercate di realizzare quanto Amore avete dentro di voi e poi diffondetelo. L'Amore non può essere trattenuto. In questo modo diventerete uno strumento del Divino ed Egli si rifletterà attraverso di voi. Egli agirà attraverso di voi. E allora realizzerete qual è la vostra missione.

INNAMORATEVI E L'AMATO SARÀ SEMPRE CON VOI

Darshan, Budapest, Ungheria, 29 luglio 2006

Mi dà una grande gioia essere con voi. Siamo tutti qui per il nostro cammino spirituale, per il nostro percorso spirituale, questa via verso il cuore, questa via verso la realizzazione, la Realizzazione di Dio.
Molti di voi probabilmente sanno che lo scopo principale di questa vita è *conoscere se stessi*, realizzare la completezza di chi siete in realtà. Durante questa ricerca potete viaggiare in India, in America o dovunque nel mondo, ma tutte le ricerche all'esterno hanno un limite. La ricerca ci porta in luoghi differenti, ci fa incontrare persone differenti, eppure siamo ancora incompleti. Diciamo: "Dio, ho lasciato il paradiso per realizzarlo qui. Qualunque cosa io stia facendo, la sto facendo per Te. Dovunque io vada, sto cercando solo Te". **Tutte le vostre ricerche all'esterno non sono di alcuna utilità**, perché alla fine realizzerete che Egli è sempre con voi, nel profondo del vostro cuore. Dio è sempre con voi. È come un oceano dove ci sono molte gemme preziose. Per averle bisogna tuffarsi nel mare e andare in profondità. Allo stesso modo Dio giace in profondità nel cuore dell'uomo ma, a causa di tutte le onde dell'illusione, dovete immergervi con la mente nel profondo del vostro cuore.
Per ottenere questo stato Divino dovete veramente Amare Dio. Dovete iniziare, innanzitutto, amando voi stessi. Voi amate gli altri, ogni giorno dite a qualcuno: "Ti amo", ma quante volte dite a voi stessi: "Io mi amo"? È facile amare gli altri, ma alcuni dicono che è difficile amare se stessi. Ma io dico: "No, non è difficile". Quando

amate gli altri, vedete in loro ciò che c'è di buono, ma quando si tratta di amare voi stessi, vedete tutta la vostra negatività.

Smettete di guardare il negativo. Guardate ciò che di positivo c'è dentro di voi. Quando inizierete a guardare ciò che è positivo e inizierete a pensare positivamente di voi stessi, allora vi tufferete nel profondo di questo oceano. Allora il vostro cuore si aprirà. Sappiate una cosa: quando vi innamorate, l'Amato è sempre con voi, tutto il tempo. Ma dovete innamorarvi. Dovete essere follemente innamorati di Dio, allo stesso modo in cui siete follemente innamorati del vostro partner.

> **Sappiate una cosa: quando vi innamorate, l'Amato è sempre con voi, tutto il tempo. Ma dovete innamorarvi. Dovete essere follemente innamorati di Dio, allo stesso modo in cui siete follemente innamorati del vostro partner.**

Quando dico follemente innamorati del vostro partner, intendo dire per qualche tempo, perché di solito non dura a lungo. Dovete capire cosa è veramente l'Amore. Anche in una normale relazione ci si dimentica di tutto quando si è innamorati.

All'inizio va tutto bene; dopo un po' di tempo diventa una routine e poi ci si stufa. Ma l'Amore vero, quello che avete dentro il vostro cuore, non vi stancherà mai, perché è ciò di cui voi siete fatti. È ciò di cui ogni cellula del vostro corpo è fatta. Dovete semplicemente realizzarlo e dire a voi stessi: "Io sono parte di Dio e sono fatto a immagine di Dio; io sono con Lui ed Egli è con me". Quando realizzerete questa Unità, diventerete questa Unità. Vi dico che non è difficile. Se praticate la vostra meditazione sinceramente, ogni giorno, la realizzerete. Se amate sinceramente, la realizzerete. Se servite con sincerità, la realizzerete. Ma sta a voi farlo. La sincerità verso voi stessi sarà la sincerità che porterete all'esterno. Dovete diventare uno strumento di Dio e uno strumento di questo Amore. Dovete diventare un *jivan mukti*, un Realizzato, un'anima Illuminata, adesso! Non si deve sprecare tempo. La spiritualità è semplicità. Praticate e la otterrete. Ma la cosa principale è l'Amore. L'Amore vi guiderà sulla via della devozione, la *bhakti*. Attraverso la devozione i vostri occhi si apriranno. Persino la realizzazione arriverà attraverso la devozione. Vorrei fare una piccola meditazione insieme a voi, una meditazione molto semplice.

Una meditazione guidata

- Fate alcuni respiri profondi e quando espirate lasciate cadere le spalle. Fate uscire tutta la tensione dalle vostre spalle.
- Chiudete gli occhi. Focalizzate la vostra attenzione sul terzo occhio. E qui, con il potere della creazione che Dio vi ha dato, create il simbolo dell'*OM* o qualsiasi altro simbolo o aspetto Divino, la croce o qualsiasi altro simbolo che sentite vicino. Concentrate tutta la vostra attenzione su questo punto, su questo simbolo.
- La mente inizierà a pensare; lasciatela pensare. Non cercate di fermarla; non usate la forza per fermarla. Ma non aggrappatevi a questi pensieri. Così come arrivano, lasciateli andare.
- Concentratevi su questo simbolo Divino e, con il vostro udito, ascoltate il vostro respiro. Ascoltatelo attentamente. Se ascoltate bene, sentirete che quando inspirate state inspirando *OM* e allo stesso modo quando espirate il suono sarà *OM*.
- Dopo un po' di tempo, sentirete una pressione nel punto dove vi state concentrando.

- Lasciate che si espanda. Lasciate che questa energia si espanda e copra tutta la vostra testa.
- Lasciate che si espanda alla parte superiore del vostro corpo, le vostre braccia, il vostro petto e la vostra schiena.
- Lasciate che si espanda nella parte inferiore del vostro corpo, le vostre gambe, i vostri piedi.
- Se avete qualche dolore o malattia, concentratevi su quel punto. Lasciatelo vibrare.
- Adesso focalizzate l'attenzione sul cuore. Lasciate vibrare *OM* nel vostro cuore.
- Lasciatelo espandere. Lasciatelo vibrare sempre di più e, allo stesso tempo, scegliete l'immagine che avete creato, che più vi piace e lasciatela entrare nel vostro cuore.
- Tornate in voi.

Questa forma di visualizzazione è molto semplice e si può praticare ovunque voi siate. Invece di pensare o di parlare di cose di nessuna utilità, imparate a sedere silenziosamente, impegnando la vostra mente a focalizzarsi sulla positività.

SIATE SEMPRE SEMPLICI E AMOREVOLI

Darshan a Mafra, Portogallo, 13 aprile 2008

È bello essere qui e sedere in mezzo a voi. L'Amore è la cosa più importante e ciascuno di noi deve diventare un rappresentante di questo Amore Divino. Per diventarlo dobbiamo innanzitutto realizzare quanto esso sia importante, perché è solo attraverso l'Amore che questo mondo cambierà. È solo attraverso l'Amore che la pace e l'armonia saranno ristabiliti. L'amore ha molti aspetti: uno di questi è l'armonia e un altro è l'unità. Ecco perché nel logo di Bhakti Marga vi è la scritta Amore, Pazienza e Unità [Love, Patience & Unity]. Innanzitutto, queste tre cose di base non sono al di fuori, ma sono dentro di noi. Se vogliamo dare Amore, dobbiamo diventare Amore. Come ha detto Sri Krishna nella Gita: un vero *yogi*, prima realizza Me dentro sé stesso, poi realizza Me come un'estensione del Sé ovunque. Anche Cristo disse: "Ama gli altri come ami te stesso".

L'Amore è molto importante nella vita di una persona. Voi sapete quanto sia importante. Senza l'amore, non funziona nulla. Quando andate a lavorare, è necessario che amiate il vostro lavoro. Amate i vostri figli, vostro marito o vostra moglie, amate sempre. In ogni cosa che fate vi è Amore. L'Amore è presente ovunque, magari non in grandi dimensioni, ma nel piccolo; ma noi possiamo aumentare questo Amore, lo possiamo rendere più forte. Come nella storia del flauto di Krishna, dobbiamo semplicemente donare noi stessi. Siate così [vuoti come un flauto], siate nelle mani di Dio. Possiate sempre essere i Suoi messaggeri, i Suoi strumenti per diffondere il Suo Amore. Come Cristo disse ai Suoi discepoli: "Tutti voi potete fare molto più di quello che io sto facendo".

Dovete avere la fede di un bambino, perché se osservate un bambino egli non mette in dubbio la parola della propria madre. Se una madre dice a suo figlio: "Mio caro, questo ragazzo è tuo fratello" il bambino non dirà: "Sì mamma" o "No mamma", oppure "Perché è così?". Lo accetterà semplicemente, perché la madre ha detto: "Sì, questo bambino è tuo fratello", e perché lei lo sa! Sapete, questa fiducia nella madre è qui! E voi dovreste avere questa fiducia. Ieri durante il *darshan* avevo una bambina in braccio. È stato così dolce osservarla. È venuta da me; io volevo darle una caramella ma nel momento in cui si è girata verso la madre e l'ha vista, non voleva più la caramella, voleva semplicemente tornare da sua madre. Sapete, mi ha dato una grande gioia vedere il suo abbandono. Allora ho detto: immaginate se il mondo intero fosse così, se le persone vedessero la Realtà, conoscessero Dio, e se conoscessero l'illusione: lascerebbero andare l'illusione e correrebbero verso la Realizzazione di Dio. È stato davvero meraviglioso vedere come la bambina non si preoccupasse del dolcetto o della cioccolata, o di qualsiasi altra cosa! Non le interessavano i giocattoli: la madre era più importante. Ecco perché succede che ogni volta che facciamo qualcosa, si arriva al punto in cui perdiamo il piacere: perché qualsiasi cosa facciamo all'esterno, fondata sulla sola materialità, ha un limite e dopo un po' finisce. Quando facciamo qualcosa con il nostro cuore anche le cose semplici ci danno gioia. Quindi siate sempre semplici e amorevoli. È stato bello essere qui con voi.

> **Facciamo qualcosa con il nostro cuore anche le cose semplici ci danno gioia. Quindi siate sempre semplici e amorevoli.**

L'AMORE SA SOLO COME AMARE

Darshan, Jyvaskyla, Finlandia, 8 agosto 2009

Nota: Swami inizia a cantare con le persone presenti e poi comincia il suo discorso.
Quando cantate, fate in modo che il canto provenga dal profondo di voi stessi, non fatelo semplicemente uscire. Questo è il potere del suono e per renderlo più potente deve emergere da dentro di voi. È il motivo per cui quando dite *OM*, non lo dite soltanto dalla gola, altrimenti sarebbe senza vibrazione. Quando cantate *OM*, cantate dal profondo di voi stessi, dal microcosmo che avete dentro di voi.

Questo è ciò che si dice nei *Veda*. Parlano del microcosmo che si trova nel profondo degli esseri umani, dove risiede il Divino. Ed è per questo che quando cantate, se volete rendere il canto più potente, dovete lasciarlo emergere da dentro di voi: così avrete più potenza. Questo è il motivo per cui, quando un leone ruggisce, ruggisce dal suo profondo. Non vedrete mai un leone ruggire in modo sommesso. Ed è per questo che egli è il Re degli animali. Il ruggito del leone è così potente che talvolta fa tremare anche il Divino! Quando Narashima Dev apparve sulla Terra e ruggì, anche le Divinità in Cielo si spaventarono. Ed è lo stesso se volete svegliare il Divino che sta dormendo nel vostro cuore: chiamate il Suo Nome. Certo potreste dire: "A dir la verità non abbiamo bisogno di gridare per chiamarLo", ma Egli giace nel vostro cuore e gioirà nel sentire la vostra chiamata.

Perché cantiamo? Perché pensate che le persone, quando cantano, provano così tanta gioia? Perché si dimenticano tutto e vanno nel profondo. E perché accade? Perché quando cantiamo, il potere della mente è meno attivo. Quando cantiamo siamo profondamente nell'energia Divina, perché tutte le vibrazioni sono energia cosmica. C'è una tecnica chiamata *Nada Yoga* o *Nada Kriya* che spiega il potere del suono. Con questa tecnica vedrete che tutti i suoni emergono dalla vibrazione *OM* e che tutto è vibrazione. La nostra stessa vita è vibrazione.

Cos'è la vita? La vita è il Divino. E quante persone sanno cos'è la vita? Quante persone conoscono questa Divinità? Quanti sanno quanto è preziosa la vita? Una volta che avrete realizzato ciò che la vita è, la vedrete in un modo completamente diverso. La vita non è solo lavorare, mangiare e dormire, come molto spesso si pensa. La gente è schiava del lavoro. È schiava del mangiare. Il più delle volte non mangia nel modo giusto. È schiava del dormire. La vita va avanti e quando viene il momento di lasciarla esclamano: "Oops, mi sono perso qualcosa". Quando guardano indietro e vedono quante occasioni hanno avuto di realizzare la bellezza della vita, si rammaricano, perché si rendono conto di quante opportunità hanno attraversato il loro cammino, opportunità che gli avrebbero permesso di comprendere quanto è grande questo dono della vita che Dio ci ha dato, e le hanno sprecate!

Vi pongo ancora questa domanda: Cos'è la vita? La vita è Amore. Il Divino è lontano dalla mente perché per la mente è molto difficile capire il Divino. Fino a quando non avrete ripulito la mente completamente, fino a quando non avrete purificato completamente la mente, sarà molto difficile capire il Divino. La vita è Amore e l'Amore, naturalmente, è Divino. L'Amore è Dio. La vita è questo sentimento d'Amore ed è questo grande Amore che bisogna realizzare e non quell'amore incompleto che oggi ci fa dire: "Ti amo" e domani: "Chi è quella persona?". La vita non è questo tipo di amore, ma è un Amore inesprimibile, è questo Amore incondizionato che è presente in tutto intorno a voi. Questa è la vita.

Vi siete mai seduti a osservare la natura? Avete mai ascoltato la natura? Quell'Amore che brucia dentro di voi, quella vita che è in voi, è ovunque. Se analizzate la verità intorno a voi, se analizzate la bellezza intorno a voi, capirete che siamo tutti uniti da una cosa: l'Amore. Che è oltre le religioni, oltre i colori, oltre la condizione sociale del mondo esterno. È oltre la dualità che è nella vostra mente, perché l'Amore non conosce dualità. L'Amore sa solo come Amare. E l'Amore non si aspetta niente. Noi esprimiamo ogni giorno quest'Amore. Alcuni lo fanno consapevolmente mentre per altri succede inconsapevolmente.

Naturalmente sto parlando dell'Amore Divino, perché dell'amore che ci aspettiamo dalle altre persone siamo sempre coscienti. Quando amiamo qualcuno ci aspettiamo sempre qualcosa, perché questo è l'amore umano e l'amore umano è limitato. È anch'esso un'espressione d'Amore, perché all'interno vi è il Divino, ma è un amore che non dura molto. Perché quando siete innamorati, all'inizio è tutto molto bello e non vedete nulla di sbagliato nella persona che amate? Conoscete l'espressione 'L'amore è cieco'. Diciamo che l'amore è cieco perché l'amore con aspettativa – non importa se è per qualcuno o per qualcosa – vi rende ciechi. Non vedete più nulla. Vedete solo l'oggetto delle vostre aspettative. Qui si focalizza tutta la vostra attenzione. Ma tutti gli oggetti su cui ponete la vostra attenzione, tutti gli oggetti del desiderio, tutti gli oggetti su cui proiettate certe qualità dell'amore, sono limitati. In essi c'è un limite. Provate questo grande amore, ma dopo un anno vi chiedete: "Com'è iniziato quest'amore? Amavo quella persona ma ora non sento più amore per lei". Perché succede? Accade nella vita di tutti, vero? Eppure, nonostante tutte queste aspettative, torniamo sempre ad amare. L'amore non finisce mai. Quando vi innamorate di qualcuno si inizia con l'amore, ma questo col tempo diminuisce. Allora cosa succede? Vi innamorate ancora. Conoscete quella parola molto bene: *cadete* [Gioco di parole non traducibile in italiano. In inglese

> **L'Amore non conosce dualità. L'Amore sa solo come Amare.**

"*innamorarsi*" si dice "to fall in love" – letteralmente "*cadere nell'amore*"- "to fall" *cadere*]. E finché continuate a cadere, non vi innalzerete mai. Dovete innalzarvi nell'amore! E per innalzarsi nell'amore bisogna trovare il proprio Sé, realizzare il proprio Sé, realizzare il dono più grande che Dio vi ha dato. Alcuni di voi diranno: "Sì, è facile parlare, ma è difficile mettere in pratica". Ma l'Amore è lì! Non ha senso dire che è facile o difficile. È già lì. Vi occorre soltanto del tempo per riuscire a vederlo. E quando vi prendete questo tempo attraverso la vostra pratica spirituale, realizzerete la bellezza dell'Amore, la bellezza della vita e saprete perché siete qui. E quando avrete aperto questa fontana, questo rubinetto d'Amore, l'Amore potrà solo fluire, nient'altro. Qual è il motivo per cui fate la vostra pratica spirituale, su qualsiasi cammino siate e qualsiasi tipo di *sadhana* state **praticando? È per realizzare il vostro Sé, per realizzare Dio dentro di voi, per avere la Realizzazione di Dio**, perché la realizzazione di Dio o la Realizzazione del Sé non verrà a voi semplicemente così. Occorre uno sforzo da parte vostra. Dovete dire: "Sì, lo voglio. Voglio sentirmi di nuovo completo". Sino a quando questo desiderio non si risveglierà in voi, sino a quando non farete il primo passo, sarà difficile. Spesso la gente dice: "Sì, amo tutti". Ma se vi sedete e semplicemente dite: "Amo tutti", non accadrà nulla.

Cristo ha detto: 'Non date le perle ai porci, perché non ne conoscono il valore. Lo conosceranno a seconda del loro stato di vibrazione'. È la stessa cosa. Dentro di voi si trova il dono più grande, il più grande tesoro. Realizzatelo! Fate sì che alla fine non vi ritroviate a dire: "Oops, ho sprecato la mia vita". Il momento è ora. Svegliatevi! Svegliate il vostro Sé! Lasciate che il vostro Sé si risvegli.

Volete la pace? Il mondo ha sempre invocato la pace, ma la pace verrà solo quando voi cambierete! Fino a che voi non cambierete non ci sarà pace: non ci sarà unità fino a che non cambierete voi stessi. Iniziate sempre da voi. Può sembrare egoista, ma dall'egoismo imparerete a diventare altruisti, perché una volta che avrete capito cosa avete dentro di voi, non potrete trattenerlo. Dovrete donarlo, dovrete aiutare la gente.

Una volta c'era un dottore che prendeva il suo lavoro molto seriamente. Era molto soddisfatto del fatto che la gente andasse da lui e guarisse. Questo lo rendeva molto felice, ma la sua felicità durava sempre poco, e così si chiedeva: "Perché mi succede di essere felice ma questa felicità dura per così poco tempo?". Conoscete questo tipo di felicità, vero? Allora il dottore andò da Ramakrishna, un Santo indiano che visse nel diciannovesimo secolo e gli disse: "Ramakrishnaji, dimmi come tu Ami. Io sento Amore, ma non dura molto a lungo". Ramakrishna gli rispose: "Mio caro dottore, so che aiuti le persone e che riesci a sentire quest'amore, ma il tuo amore è basato su quanto ricevi come pagamento; va e aiuta la gente. Non è che tu non debba ricevere denaro. Prendilo, ma una volta alla settimana fa' i consulti gratuitamente. Vedrai che **quest'amore dentro di te crescerà sempre di più**". Il dottore mise in pratica ciò che Ramakrishna gli aveva detto. Dopo pochi mesi tornò da Sri Ramakrishna e cadde ai suoi piedi dicendo: "Mio Signore, ho fatto ciò che mi avevi detto e ora **sono la** persona più felice. Non faccio questo servizio altruista solo una volta la settimana, ma due o tre volte la settimana".

L'amore sembra sempre egoista perché per prima cosa lo si dà a se stessi, ma poi lo si darà agli altri e allora diventa disinteressato, incondizionato. Perché finché c'è aspettativa, finché c'è desiderio, ci sarà anche limitazione. Trovate quest'Amore dentro di voi. Sentite quest'Amore Divino dentro di voi. Sentitelo nel regno vegetale e sentitelo in quello animale. Allora vedrete che c'è perfetta unità e che anche voi potete creare unità. Ma, prima di tutto, siate amorevoli con voi stessi.

Una meditazione guidata

Ora faremo un esercizio semplice. Mi piace fare questa breve meditazione.

- Vi chiedo di prendere la vostra mano e di metterla davanti al chakra del cuore - non ponetela sopra, ma davanti.
- Percepite ogni battito del vostro cuore.
- Focalizzate la vostra attenzione sul respiro. Ascoltate. Dio vi ha donato le orecchie, così ascoltatevi inspirare ed espirare. Più vi ascoltate inspirare ed espirare, più la mente si calmerà.
- E, nello stesso tempo, percepite la vibrazione che dal vostro cuore fluisce fino alla vostra mano e dalla mano al cuore.
- Rilassatevi. Concentratevi sul vostro respiro e su ciò che percepite.
- Quando inspirate ed espirate, inspirate ed espirate senza pausa tra l'uno e l'altro.

Ora, ponete la vostra mano sul cuore senza nessuna pressione. Se riuscite, percepite i milioni di fremiti che passano attraverso il cuore. Questo è l'Amore. Se l'avete percepito, questo è ciò di cui parlo. Se non l'avete percepito, continuate a praticare. Una volta sentito dentro di voi, toccate una pianta, toccate un albero e vedrete come la vita fluisce, abbracciate un animale e percepite che cosa lo attraversa. Allora saprete che cos'è la vita e realizzerete il vostro Sé non in modo limitato, ma in modo illimitato. Realizzerete il vostro Sé cosmico!

KRISHNA, MANIFESTAZIONE DELL'AMORE DIVINO

Krishna Janmashtami, Springen, Germania, 13 agosto 2009

Tutti sapete che domani ricorre Krishna *Janmashtami*. In realtà non è veramente domani ma è questa notte, a mezzanotte. Il compleanno di Krishna viene celebrato l'ottavo giorno dopo *Rohini Nakshatra*. Questa è una notte molto speciale. In origine, nei tempi antichi, Krishna *Janmashtami* veniva celebrato l'11 settembre, ma a oggi il 13 agosto è il giorno calcolato dagli astrologi per la nascita di Krishna. In alcuni luoghi viene celebrato il 14, in altri il 15, ma in realtà è questa la notte del vero *Janmashtami*. Ho detto l'11 settembre, perché se fate i calcoli secondo l'antico calendario, secondo l'antico sistema Vedico, cadrebbe l'11 settembre. Quindi oggi termina *Rohini Nakshatra* ed è un giorno molto speciale, perché celebreremo l'Apparizione [di Krishna]. Non dico nascita, anche se *Janmashtami* significa nascita, perché Lui [Sri Krishna] non è mai nato. Anche la Sua nascita è solo una Sua manifestazione. Egli è sempre stato presente ed è sempre presente. Quando diciamo che qualcuno nasce, significa che c'è anche una morte, una fine, ma come si può dire che il Signore, Colui che è senza inizio e senza fine, sia nato? Se è nato deve morire. Quindi c'è una fine. Ma Lui, che è senza inizio e senza fine, non può essere nato. È solo una manifestazione di Se Stesso, un'Apparizione che il Signore Stesso ha scelto di manifestare.

Tutti conoscete la storia di Krishna, della Sua nascita, così non è necessario che ve la racconti di nuovo. Nella *Gita*, a proposito del Suo progetto di manifestarsi, si dice:*"Yada yada hi dharmasya glanir bhavati bharati bharata abhyutthanam adharmasya tadatmanam srjami aham"*, che significa che ogniqualvolta vi sarà decadenza, ogniqualvolta nel mondo capiterà qualcosa di terribile, Egli si manifesterà. Naturalmente il Signore si manifesta sempre, Egli è ovunque, ma la mente delle persone vuole una grande manifestazione, un *"bang"*. Così Mahavishnu, Narayana, prese questa forma per aiutare la Madre Terra. La Madre Terra si era appellata a Narayana dicendoGli: "Aiutami. Soffro troppo. Il demone Kansa mi sta ferendo e terrorizzando". In realtà non stava ferendo Lei direttamente, ma l'umanità. Il Signore le rispose: "Sì, mi manifesterò. Verrò". Così scelse il tempo giusto e Si manifestò nel grembo di Devaki. Krishna nacque in una prigione. La madre e il padre erano rinchiusi lì perché un *Akashvani*, una voce celestiale, aveva detto a Kansa che l'ottavo figlio di Devaki l'avrebbe ucciso. Naturalmente tutti temono la morte. Anche Kansa, che era un grande e perspicace devoto di Shiva, aveva timore della morte, perché gli era sconosciuta. Questo perché ogniqualvolta pensiamo alla morte, vediamo il nostro sé limitato. Kansa era molto spaventato e voleva proteggersi. Non voleva essere ucciso. Non voleva affrontare la propria morte.

Ora che sto andando nei dettagli della storia, è meglio che ve la racconti tutta. Nella storia, Devaki e Vasudeva erano innamorati e si sposarono. Il giorno del loro matrimonio Kansa, che era il fratello di Devaki, la stava riportando allegramente a casa, perché lei era la sua sorella preferita. Mentre si dirigevano a casa, sentirono una voce dal cielo che diceva: "Kansa, sei pazzo, cosa stai facendo? Non sai che l'ottavo figlio di tua sorella ti ucciderà?". Qui trovate il numero otto. Chi studia numerologia sa molto bene quanto sia importante il numero otto: è il numero senza inizio o fine. *L'Akashvani* disse a Kansa che l'ottavo figlio di sua sorella l'avrebbe ucciso e ciò naturalmente lo rese furioso. Così, pensando: "Nessuna sorella, nessuna morte", in quel momento decise di ucciderla. Ma Vasudeva lo fermò e gli disse: "Come puoi uccidere una donna? Tutti diranno che sei solo un codardo". Naturalmente Kansa, che era molto arrogante e orgoglioso, non voleva che ciò succedesse, così disse: "Okay, vi imprigionerò!". Vasudeva gli rispose: "Sì, mettici in carcere e ogni volta che lei avrà un bambino, io stesso te lo porterò e potrai fare di lui tutto ciò che vorrai".

Così Kansa li imprigionò. Imprigionò anche il proprio padre, perché era contro di lui e grazie a ciò divenne re e invitò tutti i suoi amici demoni a raggiungerlo e a rallegrarsi con lui. Ogni anno nasceva un bambino e ogni volta Vasudeva lo portava a Kansa, che, senza alcuna pietà, lo uccideva. Ma il settimo figlio di Devaki scomparve. Quando Devaki era incinta del settimo figlio, il bambino scomparve miracolosamente dal suo grembo e apparve in quello di Rohini. Così Rohini di notte dormiva e il giorno dopo si ritrovò incinta. Spaventoso, vero? Matajis, cosa succederebbe se domani vi svegliaste incinte? Allo stesso modo, Rohini fu sconvolta ma accettò. Era anziana e aspettava un bambino; era qualcosa di miracoloso e lei accettò la Volontà di Dio. Intanto Kansa venne informato che Devaki e Vasudeva avevano perso il loro bambino. Kansa felice disse: "Il bambino non era ancora nato, che già mi temeva e così lei l'ha perso". Non sapeva, naturalmente, che la *Shakti* era stata trasferita a Rohini. E che in realtà il bambino era Adishesa, il letto su cui giace Mahavishnu, che si era manifestato prendendo la forma di Balaram.

Passarono alcuni mesi e Devaki rimase nuovamente incinta. A questo punto dovete capire che quando dico che Devaki rimase incinta non è nello stesso modo in che pensate voi. Non accadde nello stesso modo in cui normalmente una donna rimane incinta.

Vedete, dopo aver perso il suo settimo figlio, Kansa legò Devaki in una parte della stanza e Vasudeva sull'altro lato, pensando che in questo modo l'ottavo figlio non sarebbe nato e non avrebbe potuto ucciderlo. Pensava che Devaki rimanesse incinta normalmente, non sapendo che era il Signore Stesso che si sarebbe manifestato. Tuttavia, anche se Devaki e Vasudeva erano legati ad angoli diversi della cella, Devaki rimase incinta dell'ottavo figlio. La notte in cui nacque il bambino, nell'esatto momento della nascita, la cella si riempì di luce. Le catene si aprirono e le guardie che li sorvegliavano si addormentarono miracolosamente. Quando nacque il bambino, Devaki e Vasudeva **videro davanti a loro la vera forma di Sri** Krishna, Mahavishnu, con *Shanka*, *Chakra* e *Gadha*. Mahavishnu disse a Vasudeva: "Prendi il bambino e portalo dall'altra parte del fiume dove si trova Yashoda e, quando sarai là, scambia i bambini. Là vi è un altro bambino, una bimba, prendila, portala qui e lascia là il tuo bambino". Davanti a Mahavishnu Devaki e Vasudeva poterono ricordare tutto delle loro vite passate. Si ricordarono il motivo per cui loro e Mahavishnu erano lì e perché ora il Signore si manifestava attraverso di loro. Il motivo era perché in una delle loro incarnazioni precedenti, dopo la scomparsa di Rama, Devaki e Vasudeva erano stati un re e una regina con il grande desiderio di avere Dio come figlio. Avevano fatto penitenza per migliaia di anni e Mahavishnu, soddisfatto di loro, aveva promesso: "Ovunque mi incarnerò la prossima volta, sarà attraverso di voi". A causa di *Maya Shakti*, Devaki e Vasudeva si erano dimenticati di ciò, ma nel momento in cui si trovarono

> **Lui [Sri Krishna] non è mai nato. Anche la Sua nascita è solo una Sua manifestazione. Egli è sempre stato presente ed è sempre presente.**

di fronte a Mahavishnu poterono ricordare di nuovo. Vasudeva fece ciò che Mahavishnu gli aveva detto: prese il bambino, lo mise in una cesta e lo portò fuori dal carcere. Tutte le guardie della prigione si erano miracolosamente addormentate e non ci fu nessuno a fermarli. Vasudeva, portando il bambino, si immerse nell'acqua del fiume Yamuna. Mentre si immergeva sempre più profondamente nel fiume, Yamuna desiderò moltissimo toccare i piedi del Signore: nel momento in cui i piedi del piccolo Krishna toccarono l'acqua di Yamuna, il fiume si acquietò. Oltretutto pioveva così tanto che Sheshnag, il dio serpente, apparve dietro di loro per coprire Krishna bambino.

Una volta attraversato il fiume, Vasudeva trovò Yashoda e il marito Nanda che stavano dormendo. Yashoda aveva appena dato alla luce una bambina, ma non se ne era accorta - tale è la manifestazione della Maya di Mahavishnu. Vasudeva scambiò velocemente i bambini. Portò con sé la bimba e lasciò là Krishna, come Mahavishnu gli aveva chiesto di fare. Dopodichè riattraversò il fiume e tutto tornò come prima. Il giorno dopo, in carcere, quando tutti si svegliarono, le guardie sentirono il pianto del bambino, corsero dal re e gli dissero: "Kansa, tua sorella ha partorito di nuovo!". Kansa si precipitò alla prigione, aprì la porta ed esclamò: "Dammi il bambino!". Devaki gli rispose: "No, fratello mio. È stato detto che il mio ottavo figlio ti avrebbe ucciso, ma non ho avuto un maschio, ho avuto una femmina". Sentendo questo, Kansa si calmò. Poi iniziò a pensare: „Perché la voce ha detto che sarebbe stato l'ottavo bambino? Questa è una femmina, come potrebbe uccidermi una bambina?". Poi la sua mente iniziò a ragionare e disse: "Che cosa succederebbe se questa fosse la *Maya* di Vishnu? Che cosa succederebbe se fosse lo stesso Vishnu in questa forma?". Con quell'idea in mente, prese la bambina e disse: "Sì, la ucciderò". Stava per gettarla contro il muro, nello stesso modo in cui aveva fatto con gli altri bambini, quando la bambina volò via e cambiò la Sua Forma in quella di Durga, *Maha Shakti*. Ridendo di Kansa Ella disse: "Pazzo, vorresti uccidermi? Non puoi! Colui che ti ucciderà è già nato. Conta i tuoi giorni!". Kansa si spaventò moltissimo. Corse da sua sorella e le intimò: "Cos'hai fatto? Dimmelo". Ma Devaki e Vasudeva non ricordavano più nulla, perché Mahavishnu li aveva di nuovo immersi in Maya, facendogli dimenticare ciò che era successo quella notte. Vasudeva aveva dimenticato di aver portato il piccolo Krishna dall'altra parte dello Yamuna e di averLo scambiato con la figlia di Yashoda e di Nanda. E ora venivano a sapere che quando Kansa aveva tentato di uccidere la bambina, lei era volata via, aveva preso la forma di *Maha Shakti* e aveva messo in guardia Kansa. Kansa naturalmente non era uno stupido. Sapeva che se Maha Devi aveva detto che il Signore si era già manifestato e che lui avrebbe dovuto contare i propri giorni, era necessario fare tutto il possibile per trovare e uccidere il bambino.

Da quel giorno Kansa iniziò la grande strage. Fece uccidere tutti i bambini nati in quel periodo. Ovunque mandasse i suoi demoni, questi avevano sempre molto successo. Ma vi era solo un luogo, Gokul, da cui il demone inviato non tornò, ma anzi rimase ucciso. Kansa iniziò a chidersi: "Perché in tutti i posti in cui ho mandato i demoni, è andato tutto bene, mentre da quel luogo il demone non è tornato ed è rimasto ucciso?" E capì che il Signore doveva trovarsi in quel luogo, a Gokul.

Quando Nanda e Yashoda si svegliarono e videro il piccolo Krishna, si sorpresero molto, perché loro avevano entrambi la pelle molto chiara mentre il loro bambino era molto scuro. Ma furono molto felici di avere un figlio maschio. Questo bambino poi era molto speciale perché chiunque lo guardava automaticamente si innamorava di Lui, poiché Egli era l'Amore fatto persona. I genitori erano molto felici e per l'occasione diedero una grande festa. Tutti andavano da Yashoda e la elogiavano dicendo: "Come sei benedetta, Yashoda, perché, nonostante l'età, hai potuto avere un bambino!" (Yashoda era molto avanzata d'età). "Questo è sicuramente il Volere di Dio; e poi guarda il bambino, è così affascinante, così amabile che nessuno può allontanarsi da Lui".

Come ho detto prima, Kansa inviò molti demoni che uno dopo l'altro furono uccisi da Krishna. Il primo demone che mandò fu Putana. Vi dico che ella in realtà fu benedetta, perché, pur essendo un demone, prese l'aspetto di una madre. Putana assunse l'aspetto di una giovane che vagava cantando. Ovunque andasse, nutriva con i suoi seni pieni di veleno ogni bambino che trovava. Naturalmente tutti i bambini morivano. Alla fine arrivò nel luogo in cui si trovava il piccolo Krishna. Poté entrare in casa perché Yashoda non impediva a nessuno di entrare. Chiunque poteva entrare e uscire come voleva. Così anche Putana entrò. Aspettò il momento giusto, quindi prese il bambino, andò in un angolo con Lui e iniziò ad allattarlo. Ma questo bambino era diverso. Tutti gli altri bambini erano morti, ma questo continuava a succhiare e a bere tutto il veleno che usciva da lei. Le succhiò anche la vita.

Sapete, Putana fu benedetta, fu molto fortunata a nutrire il Signore. Questo poté succedere perché in una delle sue vite era stata una *yogini*. Aveva fatto moltissima *tapas*, moltissime penitenze. Aveva fatto penitenza anche per diventare la madre di Dio, di Narayana, ma a causa del suo karma ciò non poteva succedere. Ma Dio è così misericordioso che disse: "Non importa. Anche il tuo desiderio sarà soddisfatto". Così Putana questa volta nacque come demone e quando Krishna fu con lei, Egli bevve dal suo seno. Bevve tutto e lei si arrese completamente, arrese a Lui la sua stessa vita. Sapete, Lui è così. E Putana era così: si abbandonò completamente. Vennero molti altri demoni, uno dopo l'altro, che cercarono di uccidere Krishna, ma non ci riuscirono nel modo più assoluto. All'età di sedici anni Krishna andò a Mathura e là Kansa fu ucciso e voi sapete il resto della storia di Krishna.

Vedendo la bellezza del Signore ci chiediamo: come si sentivano a quel tempo le persone quando Lo vedevano? Che cosa provavano? Che cosa provavano le Gopi? Com'era, per la gente di Vrindavan, stare accanto a Lui? Abbiamo letto parecchie storie. Leggiamo quanto fosse bello, quanto fosse grande, tuttavia ci chiediamo: "Perché adesso no? Perché preghiamo così tanto eppure non succede niente?". Anche voi vorreste sentire e sperimentare questo Amore. Anche voi vorreste essere tanto innamorati di Lui e tuttavia lo trovate molto difficile, vero? Perché?

Se osserviamo noi stessi e se guardiamo la gente di Vrindavan, vediamo che qualunque cosa loro facessero durante il giorno, la cosa più importante nelle loro vite era Krishna. Le loro menti erano immerse totalmente in Lui. Qualunque cosa facessero, dovunque fossero, era solo per Krishna. Cucinavano per la loro famiglia, ma nelle loro menti lo facevano per Krishna. Lavavano i loro vestiti e nelle loro menti lo facevano per Krishna. Ogni cosa era per Lui. Erano così abbandonati a Lui che ogni loro respiro era Krishna. Se ogni loro respiro era il Signore Stesso, naturalmente il Signore era sempre presente dentro di loro. Ma ai nostri giorni, quando lavorate, quante volte pensate a Dio? Solo quando avete tempo, perché mentre lavorate siete totalmente concentrati sul vostro lavoro. E cosa fate del poco tempo che vi rimane? Vi preoccupate di come migliorare il vostro lavoro. Quando fate la vostra pratica spirituale - diciamo, quando praticate l'*Atma Kriya* - vi concentrate molto sul respiro, vi concentrate molto sul recitare il Nome di Dio. Perché? Perché tutti noi facciamo la nostra *sadhana* spirituale?

È perché sappiamo che c'è qualcosa di più grande che la nostra anima desidera. Vogliamo qualcosa, ma la mente non può capire. Cerchiamo di capire con la mente e vogliamo sempre che le cose siano come vogliamo noi - a modo nostro.

Ma in realtà cosa significa a modo nostro? È la *Sua* Volontà, anche se pensiamo sempre di avere il libero arbitrio. Una volta qualcuno chiese a un santo: "Abbiamo il libero arbitrio?". Il santo disse: "Beh, avete una volontà, ma non è libera". È come con una mucca: la mucca è legata con una corda e le viene dato solo un certo spazio per girare. La mucca è libera, ma è libera solo entro un certo spazio. E così è anche la volontà dell'uomo. E il resto è solo la Sua Volontà. Ma dentro questo piccolo spazio che sembra molto grande, ci piace sentirci più importanti di chiunque altro, vero? Ci piace sentirci anche più grandi del Signore Stesso.

Questo mi ricorda Narad Muni, il messaggero di Dio. Narad Muni fu maledetto da Maha Vishnu, che Gli disse: "Narad Muni, vai all'inferno! Sei condannato. Va via". Narad Muni calmo disse: "Mio caro Signore, visto che mi hai detto di andare all'inferno, mi puoi dire dove si trova?". Maha Vishnu rispose: "Va bene" e con la Sua Shakti manifestò un gesso e incominciò a disegnare. Disse: "Qui c'è il Paradiso" e disegnò il Paradiso, "E qui c'è l'inferno" e disegnò l'inferno. Vedendo ciò, Narad Muni se ne rallegrò. Si avvicinò al disegno, vi saltò dentro e incominciò a rotolarsi nel luogo in cui era disegnato l'inferno. Maha Vishnu ne fu molto divertito e chiese: "Narad, cosa fai?". Narad Muni Gli rispose: "Beh, mi hai detto di andare all'inferno, vero? Ecco, sto andando all'inferno". Poi Narad Muni continuò dicendo: "Tu sei il Signore di tutto. Quando dici che questo è il Paradiso naturalmente questo diventa il Paradiso. Quando dici che questo è l'inferno, naturalmente questo diventa l'inferno. Quando mi ci hai mandato, ci sono andato. Anche se è soltanto un disegno, per me è l'inferno, posso sentirlo". Maha Vishnu fu molto contento di lui e lo benedì.

Questo ci mostra anche le nostre limitazioni. Le limitazioni che la nostra mente crea. Potremmo essere liberi, ma la nostra mente non ce lo permette. Potremmo vedere il Signore ovunque, ma il nostro orgoglio ci ferma sempre. Potremmo amarLo, ma ci sono sempre anche le nostre aspettative. Quando queste tre cose ci lasceranno, ci si troverà pienamente in Lui. Soprattutto, Lui è la manifestazione dell'Amore. Lui è la manifestazione di chi noi siamo, tutti noi. In Lui l'Amore si manifesta nel mondo esterno, in tutto ciò che Egli esprime, in ogni Sua azione. Ma negli esseri umani è manifestato nella loro profondità, perché non lo lasciano uscire. Ci spaventa. Abbiamo paura del nostro vero Sé. Siamo spaventati di ciò che abbiamo dentro, e pur tuttavia lo desideriamo ardentemente. Lo vogliamo. Lo cerchiamo continuamente, ovunque. Qualunque cosa facciamo, chiunque incontriamo, cerchiamo quest'Amore. Ma esso non si trova nel mondo esterno. Si trova dentro di noi. Le raffigurazioni del Signore meravigliosamente decorate che si trovano in alcuni templi, sono positive, perché ci rendono possibile concentrarci e focalizzarci, ma, prima di tutto, Lui nasce nel nostro cuore.

Allora ci si potrebbe chiedere: "Perché ci dobbiamo concentrare su di Lui all'esterno? Perché non possiamo concentrarci su di Lui interiormente?". Con tutto ciò che vi ricopre, tutte queste aspettative, questa rabbia e paura, è molto difficile concentrarsi sulla forma immanifesta del Signore, sull'Amore di Dio in voi. Questo è il motivo per cui Egli ci ha dato le Sue forme esteriori, perché ci potessimo concentrare su di esse. È come quando si impara a sparare. Per prima cosa si inizia a sparare a oggetti grandi, no? E più si diventa esperti e concentrati nello sparare, più ci vengono dati oggetti più piccoli da colpire. È la stessa

cosa: fino a che avete una mente molto attiva, che salta sempre ovunque, avete bisogno di qualcosa su cui focalizzarvi sul mondo esterno. Quando la vostra mente si sarà calmata, grazie alla vostra *sadhana*, allora potrete concentrarvi facilmente sul Signore nel vostro cuore. Cantate i Nomi Divini. Prima di tutto focalizzatevi sulla Sua forma e, mediante ciò, alla fine, Egli potrà mostrarvi che si trova dentro di voi.
Krishna è Amore Incarnato. E oggi, il giorno della Sua nascita, chiedeteGli di nascere dentro di voi. ChiedeteGli di manifestarsi dentro di voi. Egli non rifiuta mai niente a nessuno. Se lo chiedete sinceramente, se sinceramente Gli chiedete di donarsi a voi, vedrete che Egli si donerà. Questo è ciò che Meerabai chiedeva e questo è ciò che ricevette. Tutti i santi che l'hanno chiesto, l'hanno ricevuto, perché erano sinceri verso loro stessi. Erano sinceri nel chiedere al Signore: "Donami Te stesso". E non importa quanto tempo occorrerà, perché voi sapete che Egli vi sente. E in accordo con i Suoi tempi, Lui verrà e Si manifesterà.

RADHA, INCARNAZIONE DELLA DEVOZIONE

Radhastami Springen, Germania, 27 agosto 2009

Al vostro arrivo avrete probabilmente notato che oggi stiamo celebrando Radharani. Anche Krishna oggi è abbigliato come Radha, perché in effetti è il Giorno dell'Apparizione di Radharani e noi celebriamo la Sua Manifestazione sulla Terra. È Krishna stesso nella forma di Radharani. Forse avete notato che mettiamo sempre prima Radha, e poi Krishna. Diciamo: *"Radhe Krishna, Rade Shyam"*, perché Radha è la *Shakti* di Krishna. È Colei che dà potere a Krishna. Qualcuno potrebbe dire: Krishna è Dio, perché ha bisogno di potere? Ma l'Amore - che è Krishna, che è Dio - è inutile senza devozione. Così in questa forma, nella forma di Radha, Egli si manifesta come *bhakti*, che è pura devozione. Che cos'è questa pura devozione?
Tutti abbiamo devozione: preghiamo, compiamo il nostro lavoro ogni giorno e anche questa è devozione, ma la devozione pura è completo abbandono. Questa pura devozione che Radha aveva per Krishna, anche se Ella era separata da Krishna, anche se era separata dall'Unità, ci insegna cosa è l'abbandono. In realtà Radha rappresenta tutti noi, la creazione, la manifestazione. Radha simbolizza l'Amore, ne è l'esempio; simbolizza la *bhav*, il completo abbandono alla Volontà di Dio. Non è la sua volontà, ma la Volontà di Dio, la Volontà di Krishna. Questo è il motivo per cui si dice che Lei sia l'unico vero devoto e che tutti noi dobbiamo diventare come Lei. La manifestazione del Signore Stesso come Radharani, vi mostra come amare in modo

incondizionato, come avere una fede tale che nemmeno una tempesta vi può sradicare.

Oggigiorno parliamo di fede. Ma nel momento in cui succede qualcosa e le cose non vanno come le persone vorrebbero, cosa succede? Si trovano subito sradicati. La fede è così: dovete diventare come un albero enorme; quando arriverà la tempesta, i rami si piegheranno, ma le radici saranno così radicate nella terra che l'albero non verrà sradicato. La fede deve essere così. E questo è ciò che Radharani ci insegna. Nella Sua vita non ci furono solo momenti felici. Ma Lei trascese la gioia e il dolore. Tutti noi vogliamo la beatitudine, vero? Tutti noi desideriamo raggiungere il Divino, tuttavia siamo ancora aggrappati alle cose. Diciamo che vogliamo l'amore e vogliamo fare la Volontà di Dio, ma nella nostra mente pensiamo: "Sì, voglio fare la Volontà di Dio, ma desidero essere sempre felice", perché l'uomo nella sua mente pensa che la felicità sia la beatitudine. Questo è ciò che si pensa! Ma la felicità trascendentale, che è chiamata vera beatitudine, è oltre la felicità di quando dite con un gran sorriso: "Sono felice", perché quando si è nella beatitudine, non si conosce né felicità né tristezza. È difficile comprenderlo con la mente, perché il vostro cervello comprende solo se siete felici o tristi o se siete felici-tristi, ma trascendere questi due significa *Ananda*. E questo è ciò a cui la nostra anima anela.

Vi è un *bhajan* che canto sempre e che dice: "Per amore si può fare qualsiasi cosa". Non è così? Ma l'Amore è sacrificio, questo lo sapete? Siete pronti a sacrificarvi completamente? Quanti di voi sono pronti a sacrificare tutto, completamente? Sinceramente! Ecco, questa è la fede: abbandono completo. Anche nelle cose più piccole dovete essere completamente abbandonati alla Volontà di Dio, e qualsiasi cosa facciate, ricordatevi del Divino, dovunque siate, ricordatevi del Divino, e in questo modo trascenderete ogni cosa.

Le persone chiedono continuamente e, naturalmente, Dio darà sempre. Ma si arriverà a un punto in cui non occorrerà più chiedere nulla al Divino, perché tutto vi sarà dato ancora prima che chiediate. Più vi abbandonerete alla Volontà di Dio, al Divino - non abbandonandosi soltanto nella mente, ma abbandonandosi anche qui, nel cuore – e meno differenza ci sarà tra voi e Lui. Questo è ciò che Radharani trascende; Ella trascende la dualità per mostrare che non c'è differenza tra Lei e Krishna, per mostrare che non c'è differenza tra noi esseri umani e il Divino. L'unica differenza è che la nostra mente ci limita. Noi vediamo la differenza, vediamo la dualità, ma loro, nei regni più alti, non guardano nello stesso modo in cui noi guardiamo. Hanno una gerarchia, hanno le loro occupazioni, i loro doveri da compiere, il loro *dharma* da portare avanti, ma non c'è giudizio, come sempre c'è da noi.

Cosa facciamo attraverso la nostra *sadhana*, attraverso la nostra pratica spirituale? Trascendiamo questa dualità. Focalizziamo la nostra mente, cosicché si possa smettere di pensare e si possa iniziare ad agire Divinamente. Tuttavia quando diciamo Volontà Divina, intendiamo sempre ciò che è buono, ciò che è creativo, ma più ci abbandoneremo e più questa dualità scomparirà. E vedremo che tutto è uguale.

C'era una volta un Santo che passando vicino al Tempio di Kali a Dakshineshwar si fermò e stette un momento davanti al tempio. Mentre lo guardava, tutto l'edificio iniziò a tremare. Anche Ramakrishna era là, e osservando ciò che stava succedendo, disse a suo nipote: "Vedi quel *sadhu* vestito con quegli abiti da mendicante? Hai visto ciò che ha appena fatto? Puoi andare e scoprire chi è?". Così il nipote corse dietro al *sadhu* ma quando il *sadhu* lo vide avvicinarsi, iniziò a correre. Il nipote continuò a corrergli dietro; alla fine lo raggiunse e gli disse: "Voglio essere tuo discepolo!". Il *sadhu* rispose: "Cosa? Non ti voglio. Va via" e incominciò ad allontanarsi velocemente. Ma il nipote di Ramakrishna gli corse ancora dietro, afferrò i piedi del *sadhu* e disse: "Non ti lascerò andare fino a che non mi prenderai come tuo discepolo". Allora il *sadhu* disse: "Va bene, alzati. Guarda laggiù, vedi quei due fiumi?". C'erano due fiumi che scorrevano. Uno dei due era molto sporco e sudicio mentre l'altro era molto limpido e pulito. Allora il sadhu gli disse: "Ti accetterò quando quei due fiumi ti sembreranno uguali".

Avete capito? Nel momento in cui la vostra mente sarà completamente abbandonata a Dio, non ci sarà più giudizio. Ci sarà solo Amore puro. Fino a che nella vostra mente ci sarà giudizio, vedrete la differenza. Sino a quando vedrete la differenza, nel momento in cui arriverà una grande tempesta l'albero della vostra fede rischierà di venir sradicato, quindi lavorate sulla vostra fede. Chiedete a Radharani di darvi il dono della fede, così nulla potrà smuovervi, non importa quel che accade. Questo genere di fede non si trova solo nella *Gita*, non si trova solo nella cultura indù, ma si trova in

Anche se non Lo conoscete con la mente, Lo conoscete con il cuore. Tutti voi Lo conoscete, perché voi siete parte di Lui.

tutte le religioni. Tutti i grandi Maestri di tutte le religioni l'hanno insegnata. È ciò che Cristo ha detto: "Costruite la vostra fede sulla roccia, dove il vento non potrà portarla via". Deve essere così. Quando la fede è forte, l'Amore sarà ancora più forte, perché quando avete completa fede, voi siete l'Amante. E quando voi siete l'Amante, l'Amato sarà sempre con voi. Quindi sforzatevi! Lavorate in modo che l'Amore possa crescere pienamente nel vostro cuore, in modo che la vostra mente possa essere pienamente nel Divino, in modo che il Divino possa rivelarsi a voi. Anche se non Lo conoscete con la mente, Lo conoscete con il cuore. Tutti voi Lo conoscete, perché voi siete parte di Lui.

IL VERO AMORE E' DONARE INCESSANTEMENTE

Darshan, Praga, Repubblica Ceca, 23 agosto 2009

È bello essere qui con tutti voi, soprattutto in questo giorno molto speciale, *Ganesha Chaturti*. Questo è il giorno in cui fu creato il Signore Ganesha. Nella tradizione indù è un giorno molto propizio. Immagino che tutti voi conosciate il Signore Ganesha, vero? Ganesha è il Dio con la testa da elefante. Nella tradizione indù abbiamo molte Divinità, ma tutte formano l'Uno, che è *Paramatma*. Tra tutte queste, a Ganesha è stato dato il compito di rimuovere gli ostacoli.
Ganesha è Colui che rimuove tutti gli ostacoli dal sentiero. Questo è il motivo per cui, quando preghiamo, la prima preghiera la offriamo al Signore Ganesha. Perché preghiamo per primo il Signore Ganesha? Lo preghiamo perché rimuova gli ostacoli. Dove si trovano questi ostacoli? L'ostacolo più grande è la mente dell'uomo. Lo preghiamo di purificare le nostre menti cosicché la nostra preghiera abbia buon esito, perché venga ascoltata. Come ho detto, Ganesha è Colui che rimuove gli ostacoli, Colui che purifica la mente. Questo è il motivo per cui Gli è stato dato il nome Ganapathi, Signore della mente, Signore dei *Gana*, che sono presenti nella mente. Quando la vostra mente è pura, vedrete come facilmente amerete.
Cosa vogliamo realizzare sul nostro cammino spirituale? Vogliamo realizzare la nostra unità con il Divino, vogliamo trovare il Divino, vogliamo trovare il nostro vero Sé. Ma ci sono sempre degli ostacoli. Le persone meditano, ma la mente

è molto forte. Sino a che non si lascerà andare la mente e non la si avrà sotto controllo, si sarà sempre schiavi. Si sarà sempre sotto il dominio della mente. Più si è nella mente, più il Divino sarà distante. In realtà, ogni parte di voi è Divina, ma la mente vi blocca, vi impedisce di amare. Tutti voi amate, vero? Cos'è questo amore? Diciamo che l'Amore è sacrificio. In questo sacrificio siete pronti a donare voi stessi, a donare tutto di voi, completamente?

> Più si è nella mente, più il Divino sarà distante.

Quanti di voi sono pronti a donarsi completamente? È bello che rispondiate di sì, ma siate sinceri verso voi stessi.

Vi racconto una breve storia. La racconto spesso, perché la trovo veramente carina. Un giorno un maestro disse a un suo discepolo: "Mio caro discepolo, è ora che tu trovi pienamente Dio, che tu Realizzi il tuo Sé pienamente". In realtà questo è il motivo per cui siamo qui. Nella tradizione indù ci sono quattro domande che ci poniamo nella vita: da dove veniamo? Chi siamo? Dove andiamo? E perché siamo qui? Ci sono solo queste quattro domande. È molto semplice. Se avete la risposta a queste quattro domande, siete pienamente realizzati.

Così il Guru disse al discepolo: "È ora che tu realizzi pienamente il tuo Sé, vieni!". Il discepolo disse: "Mio caro maestro, io ti amo moltissimo, ma sai, mia moglie mi ama molto e ciò la renderebbe veramente infelice". Il Guru ci pensò un po' su e disse: "Va bene, mio caro. Se pensi veramente che tua moglie ti ami così tanto, prendi questa pillola". Gli diede una pillola e gli disse: "Prendi questa pillola il prossimo lunedì prima di andare a letto. Quando l'avrai presa sembrerai morto, ma potrai sentire tutto". Il discepolo disse: "Va bene, proviamo". Così lunedì notte prese la pillola e andò a dormire. Il giorno dopo avrebbe dovuto alzarsi presto, così, quando la moglie vide che non si alzava, si chiese cosa stesse succedendo. Lo spinse, dicendo: "Ehi, alzati!", ma non successe nulla, non ci fu nessuna reazione. Capendo che qualcosa non andava, la moglie iniziò a gridare e a gemere. Si lamentava a voce così alta che tutti i vicini corsero a vedere. Giunse tutta la famiglia e ben presto tutti stavano piangendo: "Oh, perché ci hai lasciati?". La moglie si gettò sul corpo del marito e disse: "Oh, perché mi hai lasciato qui da sola? Sarei dovuta venire con te. Siamo qui l'uno per l'altra". Continuarono tutti a piangere per lungo tempo. Il figlio dell'uomo disse: "Padre, perché ci hai lasciati?". E la madre dell'uomo che sembrava morto disse: "Oh, figlio mio, sarei dovuta morire prima di te! Eri così giovane! Avevi ancora tutta la vita davanti a te. Me ne sarei dovuta andare prima di te". Il lamentio andò avanti in questo modo.

Alla fine arrivò anche il *Guru* che chiese: "Perché vi lamentate in questo modo?". Questi dissero: "Oh, ci ha lasciato". Ognuno disse che il loro padre, marito o figlio li aveva lasciati. Allora il *Guru* disse: "Vedo che tutti voi l'amate moltissimo! Stavate proprio dicendo che avreste voluto morire al suo posto, così ho la soluzione. Qui ho una pillola. Questa pillola agisce in questo modo: chiunque la prenda, morirà al suo posto e lui rivivrà". Il *Guru* si rivolse alla moglie e disse: "Madre degna di rispetto, stavi proprio gridando di voler morire al posto di tuo marito, vero? Questo è ciò che farebbe una brava moglie. Lo ami così tanto. Quindi prendi questa pillola". In quel momento la moglie smise di piangere e disse: "Cosa dici? Ho dei bambini piccoli. Non posso farlo. Lui è morto a causa della sua sfortuna".

> Il vero amore si trova nel profondo dentro di voi, è la vostra vera natura, è chi siete voi in realtà.

Il *Guru* si rivolse alla madre e disse: "Madre, stavi proprio dicendo che sei anziana, così puoi prendere tu la pillola". La madre disse: "Beh, sai, è il suo karma. Non posso farlo. Ho ancora dei nipoti e dei figli di cui occuparmi". Il *Guru* provò con tutti, ma tutti dissero la stessa cosa. Allora prese dell'acqua e la gettò sul viso dell'uomo. L'uomo si svegliò, guardò tutti, capì che, nonostante avessero espresso grande amore per lui, nel momento del sacrificio nessuno era disposto ad aiutarlo.

Cristo disse: "Un vero amico è disposto a sacrificare tutto". E, in realtà, l'Amore è questo sacrificio. Quando Amate veramente, sacrifichereste tutto. Sino a quando non arriverete al punto di sentire veramente questo genere d'amore dentro di voi - e dovete essere pronti - tutti gli altri tipi d'amore avranno solo delle aspettative. Molto spesso ciò che noi chiamiamo Amore, è soltanto passione o desiderio. Oggi amate quella persona, domani ne amate un'altra, ma dopo un anno non vi ricorderete più di loro. Il vero amore si trova nel profondo dentro di voi, è la vostra vera natura, è chi siete voi in realtà. Il Divino non è lontano. È dentro di voi. Vi consuma ogni giorno, poco alla volta. Avete solo bisogno di calmare la mente e di volgervi all'interno. Così vedrete quanto siete sinceri verso voi stessi e quanto veramente e sinceramente volete il Divino.

Il vero Amore è donare continuamente, senza aspettative. Facciamo la nostra *sadhana*, facciamo le nostre pratiche spirituali, solo per raggiungere questo Amore, così che possa diventare incondizionato. Nello stato di Amore Incondizionato realizziamo l'unità con il Divino. Allora possiamo dire di essere veramente innamorati. Fino a quando è qui, nella mente, sarà molto difficile. Cristo ha detto: "Ama il Dio Tuo con tutta la tua mente e con tutto il tuo Spirito". La mente deve trascendere le limitazioni e trasformarsi. Questo è anche il motivo per cui preghiamo il Signore Ganesha: "Aiutaci a rimuovere tutti gli ostacoli, aiutaci a trascendere le limitazioni, così che si possa essere noi stessi", perché il nostro vero Sé non conosce giudizio, differenza, dolore, odio, gelosia o rabbia. Il nostro vero Sé è costantemente in armonia. Egli è ognuno di noi. E questo è il vero Amore.

Gli antichi Greci dicevano: "Conosci Te Stesso e conoscerai tutto il resto", ed è vero. Una volta che conoscete voi stessi mediante le vostre pratiche, conoscerete tutto, perché tutto è collegato e l'Amore è ciò che unisce tutto. La vita è molto preziosa, sapete. In realtà la vita è la cosa più preziosa che si possieda. Non sprecatela. Non perdete tempo. Dio vi ha chiamato sul cammino spirituale per una ragione. Approfittate pienamente di questa vita e realizzate il vostro Sé.

IL LINGUAGGIO DEL CUORE

Darshan, Brasile, novembre 2009

Come ho detto prima, sono veramente contento di trovarmi qui. Ho viaggiato ovunque e sono stato in molti luoghi, ho conosciuto culture differenti, lingue differenti, ma vi è una sola realtà: il linguaggio del cuore, che è l'Amore. L'Amore è un linguaggio che non si può esprimere con le parole limitate che pronunciamo; l'Amore si può solo sentire. È un linguaggio che la madre capisce. Quando un neonato arriva sulla terra, non parla. Vi è una comunicazione cuore a cuore e questa comunicazione cuore a cuore è il vero linguaggio. È il linguaggio dell'Amore, il linguaggio della vostra Anima. Senza questo linguaggio, senza l'Amore, la vita è inutile. Anche se qualcuno non sente amore, c'è in lui un grado d'amore, altrimenti non esisterebbe niente. Una vita senza amore è come un terreno che si può dissodare quanto si vuole, ma non sarà mai fertile. La vita con un po' d'amore è ciò che noi chiamiamo gioia.

Ci sono due tipi di gioia: il tipo che ci fa trovare gioia nelle cose, e la gioia eterna, che si trova profondamente dentro noi stessi; una gioia è limitata, l'altra è senza limiti e solo colui che è saggio si rivolge alla gioia illimitata. Tutti noi siamo chiamati a questo, ma ci troviamo di fronte alla nostra mente limitata, ci troviamo di fronte solo a ciò che possiamo percepire o comprendere. Poi vediamo la nostra limitazione e diciamo: "Le cose stanno così? È questa la vita?". No, non lo è.

Cos'è la vita? Qual è lo scopo della vita? Lo chiedo a voi. Sapete, ho sentito dire che in Brasile le persone sono molto vive. Cos'è la vita? Amare il proprio vicino e l'evoluzione dello spirito, sono entrambe due buone risposte, ma in realtà, che cos'è lo spirito? Qual è lo scopo della vita? Lo scopo della vita è realizzare chi siete. Quando avrete compreso che siete una goccia nell'infinito oceano d'amore, avrete realizzato lo scopo della vita. Perché in quell'oceano una goccia non è come voi la potete comprendere, ma è Una con l'Unità. L'evoluzione dell'anima, o, come è stato detto precedentemente, amare il proprio vicino, è difficile fino a che non si realizza questo Amore interiore. Potete dire: "Swamiji, stai parlando dell'Amore, tuttavia non so cosa sia l'Amore". Sì, non lo sapete con la mente. Non potete comprenderlo con la mente, ma profondamente, dentro di voi, lo conoscete. Siete qui per realizzare questo mediante la vostra pratica spirituale. Praticate tutti i giorni? Spero di sì.

Cos'è la pratica? È ricordarsi del Divino continuamente, qualunque cosa stiate facendo. Questo è lo yoga. Se si medita e si prega solo esternamente, senza capire che il Signore che si sta pregando si trova nel cuore di ogni essere, non serve a nulla. *Prima di tutto*, realizzate con la meditazione e la preghiera che il Signore non si trova all'esterno, ma dentro di voi, e Lo vedrete risplendere in tutti. Fino a quando non capirete che non c'è differenza, vedrete sempre la limitazione.

Conoscete Mahavatar Babaji? È un Maestro in India. In realtà, ha circa 5.000 anni ed è ancora vivo. È il mio *Satguru*. Talvolta potete vedere alcune raffigurazioni, alcuni dipinti di Lui, in cui a dir la verità sembra molto severo. Ma io vi dico che Lui è una tale espressione d'Amore che è difficile esprimerlo a parole. Nell'esprimere questo Amore, anche la parola stessa "amore" è limitata. E come Mahavatar Babaji mi ha detto una volta, se Egli lo ha raggiunto, tutti possono.

Alcuni giorni fa ero in Israele. Mi trovavo là perché volevo provare ciò che Cristo aveva provato. Voi sapete che la Chiesa sostiene un Cristo rigoroso e severo, e voi dovete sempre essere seri e infelici. Ma in realtà non era assolutamente così. Tutti i grandi Maestri hanno insegnato la Realizzazione del Sé, come trovare questa felicità eterna - non nel mondo esterno, ma dentro di voi. Perché con la felicità che rincorriamo nel mondo esterno, sbatteremo sempre la testa. Diciamo che vi è qualcosa che può renderci felici, ma nel momento in cui otteniamo quella cosa la nostra felicità si direziona verso qualcos'altro, perché non abbiamo trovato la vera felicità, che si trova dentro di noi. E una volta che avete trovato questa vera felicità dentro di voi, potete esprimerla. Potete condividerla. Ma occorre volerlo davvero. Quanti lo vogliono, sinceramente? E che cosa fate per ottenerlo? Qualsiasi cosa?

Il modo più semplice è aiutare gli altri, perché ciò che apre il cuore, ciò che rende l'Amore facile, è condividere questo Amore, aiutare gli altri e vedere gli altri felici. Questo è ciò che rende il viaggio interiore molto più facile, perché, vedete, quando diciamo: "Sediamoci e meditiamo", cosa succede? Visto che la mente è molto attiva dobbiamo imparare a calmarla. Come? Prima di tutto, per calmare la mente, cantate i Nomi Divini. È come dare alla mente un giocattolo con cui giocare. Quando un bambino è molto nervoso e strilla, cosa fanno i genitori? Gli danno un giocattolo. Nel momento in cui il bambino ha il gioco, inizierà a giocare e si calmerà.

Con la mente avviene la stessa cosa. Se la mente è attiva, se la mente salta come una scimmia, date alla mente un giocattolo

> Quando avrete compreso che siete una goccia nell'infinito oceano d'amore, avrete realizzato lo scopo della vita

con cui giocare. E non datele un gioco che ha un limite, ma dategliene uno sconfinato. Date alla mente i Nomi Divini. Più cantate i Nomi Divini, e più diventerete quei Nomi Divini, e meno la mente vi disturberà. Una volta che la mente cessa di infastidirvi, la meditazione sarà molto più facile. Allo stesso modo, quando aiutate gli altri, vedete questa felicità, sentite questa felicità e assieme ai Nomi Divini comprenderete che state servendo il Divino stesso. Questo sarà un aiuto sul sentiero spirituale.

Vi darò un modo semplice per calmare la mente ed è mediante il respiro - il dono della vita. Potete vivere senza cibo, potete vivere senza bere, ma non potete vivere senza respirare. Questo è ciò che Cristo ha detto: dacci oggi il nostro pane quotidiano - il pane della vita, che è *Prana Shakti*. Ovunque, in tutti i sentieri spirituali, in qualsiasi cultura, vi è il controllo del respiro. Così ora faremo insieme un esercizio semplice per controllare la mente.

Ci sono molti modi per controllare la mente. Alcuni sono molto facili, altri molto difficili. Quale preferite? Quello facile o quello difficile? Allora, iniziamo. Il flusso della mente corre sempre avanti. Anche quando vi dico di sedere per meditare, dov'è già saltata la mente? Sta già pensando: "Oh, come sarà?" Alle volte siete seduti qui e siete già in America; questa è la velocità della mente. Ecco perché diciamo che "salta come una scimmia da un albero all'altro". Così, è molto importante tenere questa scimmia ferma, legata, altrimenti non sarete mai liberi ma sarete come questa scimmia. Cercate di sedere diritti, così che il buon flusso di energia scorra dentro di voi. Tenete gli occhi aperti.

Vedete, quando dico di meditare, ciò che le persone fanno sempre è chiudere gli occhi. È una trappola. Nel momento in cui chiudete gli occhi, la mente salta. Prima di tutto, prima di eseguire questa tecnica per calmare la mente, vediamo per un minuto com'è la vostra mente. Va bene? Chiudete gli occhi e osservate la vostra mente per un minuto.

Ditemi senza vergognarvi o senza timidezza, in questo minuto, dove eravate? La vostra mente è corsa fuori? Avete viaggiato? Eravate lontani? Eravate molto lontani, ad esempio in India? Vedete, possiamo viaggiare molto velocemente, il pensiero dell'uomo è perfino più veloce della luce. Ora proviamo questo semplice esercizio per calmare la mente.

Meditazione:

- Sedete diritti. Inspirate ed espirate profondamente, continuamente, senza interruzioni.
- Se possibile, ponete le mani in *Hridaya Mudra*, che è il *mudra* del cuore.

Unite il dito medio e l'anulare al pollice. Piegate l'indice e toccate la base del pollice con la punta del dito. Il mignolo sta dritto. Questo è chiamato il *Mudra del Cuore*, il *mudra* che apre il cuore e risveglia l'Amore dentro di voi. È uno dei *mudra* più potenti.

Conoscete altri mudra? Il *Gyana Mudra* è famoso. È per la conoscenza. Il *Mudra del Cuore* è molto importante ed è, anche, molto utile per le persone che hanno problemi fisici al cuore. Aiuta a guarire. Aiuta a guarire le persone che si sentono sotto pressione, aiuta a guarirli. E per le persone che non sanno amare in modo incondizionato, le aiuta ad amare in modo incondizionato. Semplice, no? È un flusso di energia. Quindi posizionate la mano nel *Hridaya Mudra* e inspirate ed espirate. Chiudete gli occhi. Focalizzatevi sul terzo occhio e ascoltate il suono dell'inspiro e dell'espiro. Il suono interiore è il suono cosmico dell'*OM* (5 minuti)

Ora focalizzatevi totalmente nel cuore e lentamente aprite gli occhi.

Questa è una tecnica per calmare la mente. Naturalmente non avrà effetto se la praticherete solo una volta. Sapete che dovete praticarla regolarmente. Così, se volete Realizzare il vostro Sé, focalizzatevi di più su ciò che avete qui, dentro di voi. Voi possedete un grande tesoro. Ognuno di voi è speciale, ognuno di voi ha un dovere speciale, *dharma*. Pregate di riuscire a realizzare lo scopo della vostra incarnazione.

Questo è il motivo per cui preghiamo: *Asato ma sat gamaya, Tamaso ma jyotir gamaya, Mrityor ma amritam gamaya.* I saggi hanno sempre cantato questo mantra che significa: dalla menzogna alla verità, dall'oscurità alla luce, dalla morte all'immortalità. Questo è ciò che siamo. Quando poniamo limiti **siamo sempre nella** *falsità* di noi stessi, perché non vediamo la realtà. Siamo sempre nell'ombra. Ecco perché chiediamo che l'ombra dell'ignoranza sia rimossa e che si sia nella luce, nella saggezza del Divino; così che la nostra semplice mortalità si trasformi nella nostra immortalità, che è il nostro *atma*.

LA FORMA PIÙ GRANDE DI DEVOZIONE

Dopo il Darshan, Brasile, novembre 2009

(Nota: Sri Swami Vishwananda sta provando dei bhajan con alcuni devoti)
Conoscete il significato del canto *Choti Choti Gaya*? Significa: "Piccole, piccole mucche, piccoli, piccoli ragazzi". Intorno a Krishna c'erano sempre piccoli gopa, sapete? Le mucche, i ragazzi; Krishna era un mandriano, sapete? *Choti Choti Gaya* significa: "piccole mucche".
(Cantando) "Piccole, piccole mucche, piccoli, piccoli ragazzi. È piccolo il mio dolce Krishna. È piccolo il mio dolce Krishna. Davanti, davanti c'è la mucca. Dietro ci sono i ragazzi. Nel mezzo c'è il mio Krishna. Nel mezzo c'è il mio Krishna. Le mucche stanno mangiando l'erba, i ragazzi stanno bevendo il latte e Krishna sta mangiando *makhan*", latticello *(spiega Swami)*.
(Cantando) "Nere, nere mucche, bianchi, bianchi ragazzi".
(Swami spiega) E Krishna, in mezzo a loro, è del colore del cielo quando è blu scuro. È come una nuvola di colore scuro.
(Cantando) "Piccole, piccole cavigliere e piccole, piccole ghirlande". E Krishna sta suonando il flauto. "Piccole, piccole ragazze e piccoli, piccoli ragazzi suonano a Madhuvan" la foresta di Vrindavan *(spiega Swami)*. *(Cantando)* E Krishna sta danzando il *Ras*.
(Sri Swami Vishwananda inizia a cantare con i suoi devoti un altro bhajan: Sabse Oonchi, Prema Sagai)

Io dirò *Sabse Oonchi* e voi direte *Prema Sagai*. *Sabse Oonchi* significa: "Qual è la più grande forma di devozione?". E voi direte: "L'Amore è la più grande forma di devozione". *Prem* significa: Amore. *Sagai* significa: devozione.

Sapete, questo *bhajan* è uno dei miei preferiti. Parla dell'Amore. Descrive l'Amore che aveva Krishna, che Dio ha per l'umanità. Ecco perché si dice: "Qual è la più grande forma di devozione?" E voi rispondete: "Prema sagai". L'Amore è la forma più grande di adorazione.

> L'Amore trascende tutte le barriere che noi innalziamo. Nemmeno la mente può comprendere l'Amore, perchè l'Amore trascende tutto.

L'Amore trascende tutte le barriere che noi innalziamo. Nemmeno la mente può comprendere l'Amore, perché l'Amore trascende tutto.

Dopodichè dite: *"Duryodhana ko mevā tyāgo"*. Duryodhana era un re ai tempi di Krishna. A quell'epoca vi erano i buoni, che erano Arjuna e i Pandava, e vi erano i cattivi, i Kaurava, che combattevano sempre contro i Pandava, e Duryodhana era il loro capo. Duryodhana invitò Krishna a mangiare e, naturalmente, essendo un re, gli offrì il cibo più delizioso. Ma Krishna lo rifiutò. Si recò invece da Vidura. Vidura era lo zio di Krishna, ma era molto povero; da lui Krishna mangiò cibo molto semplice – solo riso e altro cibo semplice. Eppure Krishna ne fu molto felice. Perché? Per l'Amore di Vidura. Duryodhana possedeva tutto, tutto il lusso, ma non aveva Amore. Si era messo in mostra solo per orgoglio. Vidura, invece, nella sua semplicità, nella sua umiltà, era colmo d'Amore. E Krishna si era recato da lui per quell'amore, non per il cibo.

Swami canta: *Jūthe phala sabarī ke khāye*.

Sabari era una grande devota di Rama. Rama è un aspetto del Divino. Al tempo di Rama, Sabari, fin dalla sua gioventù, era solita raccogliere frutta nel bosco in attesa dell'arrivo di Rama. Attendeva il giorno in cui Rama sarebbe venuto a mangiare la frutta. Così ogni giorno raccoglieva fiori e frutta fresca e aspettava Rama, cantando tutto il giorno: *Ram, Ram, Ram, Ram, Ram, Ram*. Alla fine invecchiò e divenne una signora molto anziana. Le caddero quasi tutti i denti. Divenne così vecchia che alla fine Rama andò da lei. Quando Rama e Lakshman si trovarono sulla strada per Lanka, passarono vicino alla casetta di Sabari e videro questa signora anziana con solo due denti in bocca in attesa di Rama. Quando Rama arrivò, Sabari Lo accolse con grande gioia. Lo fece accomodare dove ogni giorno era solita scrivere il Suo nome con i fiori freschi. Quando Rama arrivò lei Gli aprì il cuore. E il suo cuore era colmo d'Amore. Rama era con Lakshman, che è suo fratello minore.

Jūṭhe phala sabarī–jūṭhe: il giuggiolo è un frutto. Non so se l'avete qui. Sabari assaggiava prima il frutto per sapere se era aspro o dolce, e poi dava a Rama solo quelli dolci. Lakshman esclamò: "Oh santo cielo, come puoi mangiarlo?" E Rama rispose a Lakshman: "Non puoi capire. È la relazione tra il *bhakta* e l'Amato, l'amante e l'Amato, è l'amore, la connessione dell'anima". Questo era l'Amore che Sabari nutriva per Rama: Rama mangiò la frutta in nome di quell'Amore. Ecco perché diciamo: *Jūṭhe phala sabarī ke khāye | bahu vidhi prema lagāī* che significa: "Mangiando quel frutto Egli provò grande gioia".

Swami canta: *Rājasuya yajña yudhiṣthira kīno | tāmai jūṭha uṭhāī*. Ci fu una grande cerimonia del fuoco a cui parteciparono tutti, tutti i re e tutti i saggi, ma non c'era nessuno a servirli. Così, quando ebbero finito di mangiare, Krishna aiutò a pulire e a raccogliere la spazzatura. Perché? Lo fece per Amore di Yudhisthira, il capo dei Pandava. A quell'epoca, durante la guerra del *Mahabharata*, Arjuna non aveva nulla da offrire a Krishna se non il suo Amore. Ma grazie a quell'Amore, Krishna accettò di essere il cocchiere e di guidare il carro di Arjuna e questo è l'Amore più grande che lega l'anima al Divino.

A Vrindavan Krishna danzò il *ras*. Mentre ballava con tutte le ragazze di Vrindavan, Egli era l'Unico. Questo dimostra che nell'Amore per Dio, siamo tutti passivi. Lui è l'Unico attivo. Tutti desideriamo ardentemente quell'Amore; che voi siate uomini o donne, ciò è oltre questo concetto.

Voi anelate all'Amore Universale, che è l'Amore che si trova dentro il vostro cuore, l'Amore che voi siete.

Swami canta: *Sūra krūra is lāyaka nāhī*

Surdas dice: "Signore, non sono degno di quell'Amore. Non lo merito, eppure Tu mi hai mostrato la Tua misericordia".

Sūra krūra is lāyaka nāhī | kaha lag karau baḍā. "Lui è il misericordioso".

Surdas fu un grande poeta. Era cieco ed era solito danzare ovunque cantando il Nome di Krishna e il Nome di Dio. Quand'era piccolo nessuno voleva giocare con lui perché era cieco. Un giorno sentì alcune persone cantare il Nome di Krishna, così cominciò a seguirle e a cantare. Voleva solo cantare, ma quelle persone non lo volevano con loro e lo allontanarono. Allora lui iniziò a cantare per conto suo.

Così Krishna, Dio, si rivelò non fuori, ma dentro di lui, nel suo cuore. Egli era solito vedere Krishna dentro di sé, costantemente. Andava ogni giorno al tempio e là, nonostante fosse cieco, descriveva com'era vestita la Divinità, perché nella tradizione indù, ogni giorno, quando si lava la statua, questa viene vestita con abiti nuovi. Così tutti, anche il sacerdote, pensavano: "Santo cielo, probabilmente sta soltanto fingendo di essere cieco". Così un giorno non vestirono per niente la statua. La lasciarono nuda e allora Surdas cantò: "Oh, mio Signore, nella tua nudità sei anche più bello che con i vestiti". L'Amore di Surdas per Krishna era tale da farlo essere uno con Lui.

Un giorno Krishna gli apparve e gli ridonò la vista. Surdas potè finalmente vedere Krishna. Krishna gli disse: "Ora puoi andare; vedi". Surdas rispose: "No, mio Signore, non voglio nulla. No, vorrei che Tu ti riprendessi la vista. Io Ti ho visto. Non desidero nient'altro. Non voglio vedere questo mondo".

Questo canto parla dell'Amore che abbiamo per Dio. La devozione non riguarda le preghiere, non è ciò che noi esprimiamo a parole, è ciò che esprimiamo con il nostro cuore, è Amore e l'Amore non è questione di quantità, ma di qualità.

LA PIÙ GRANDE FORMA DI AMORE

Darshan a Shree Peetha Nilaya, Springen, Germania, 14 febbraio 2010

Due giorni fa abbiamo celebrato *Shivaratri*, la Notte di Shiva. Oggi, in Occidente, si celebra il Giorno di San Valentino. È il giorno in cui le persone che amano, non solo gli innamorati, ma chi ama in generale, dice: "Ti amo" o qualcosa di simile. Abbiamo cantato *Radhe, Radhe*, e Radhe è l'Amore stesso. Come è scritto nella *Gita*: solo quando una persona sviluppa lo stesso Amore che Radha ha per il Suo Amato, raggiungerà l'Amato. Il che significa, come ho detto, solo quando una persona sviluppa l'Amore ultimo per Dio, raggiungerà il Divino. E come si sviluppa questo Amore?
Sapete molto bene che l'amore viene dal cuore. Lo sapete tutti, no? Sapete che il vostro cuore è colmo d'amore, eppure spesso vi riesce difficile esprimerlo. Trovate difficile esternarlo. Questo succede perché nella vostra mente siete limitati dalle barriere che create. Siete limitati dalle vostre stesse limitazioni. Ma se sappiamo che l'amore si trova nei nostri cuori, perché non continuiamo a chiamarlo? Facciamolo uscire!
È come se, sapendo che sono in casa, voi veniste dove abito, perché avete assolutamente bisogno di me. Cosa fareste? Bussereste alla porta, continuereste a bussare. Se ci fosse un campanello continuereste a suonarlo. Girereste intorno alla casa e cerchereste un modo per attirare la mia attenzione. Ho ragione? Fareste così. Se l'urgenza è reale, fareste di tutto.

La stessa cosa è con quest'Amore che è presente dentro di voi. Solo che molto spesso la gente dice: "Voglio percepire questo Amore, ma se non lo sento entro un mese, basta!". Ma non è così. Che sia vero amore o amore normale, l'amore è amore, che sia per Dio o per una persona. Iniziamo ad amare ciò che è vicino a noi, ciò che possiamo vedere, ciò che possiamo toccare, e questo ci porterà all'Amore più Alto.

Quando due persone si innamorano, all'inizio l'amore è grande. Ma se lo si lascia crescere questo amore può aumentare sempre di più. Lo stesso avviene con l'Amore per Dio che avete dentro di voi, se lo lasciate uscire. Come ho detto molte volte, dovete essere determinati. Il Divino si trova dentro di voi, dentro il vostro cuore. Il vero tempio non è fuori di voi. È qui, dentro di voi, e questo è il luogo in cui risiede il Signore. La vera chiesa, la vera moschea è qui, in voi, e tutti voi lo sapete. Sia che l'abbiate percepito o no, nella mente sapete che Dio si trova nel vostro cuore. Il potere della mente è così forte. Lo sapete no? Se avete piccole cose che vi preoccupano, siete capaci di rendere la vostra preoccupazione molto grande. È la stessa cosa con l'Amore. Se sapete che il Signore ha un posto piccolo nel vostro cuore, siete anche in grado di crearne per Lui uno più grande.

E come sapete molto bene, il potere dell'Amore è l'unica cosa che conquista tutto. Se volete conquistare Dio, conquistateLo con l'Amore. Se Lo volete raggiungere, Lo potete raggiungere solo attraverso l'Amore. Ma l'Amore deve essere sempre più e più puro. Non è dicendo: "Bene, sono stato qui al centro, sono stato all'*ashram*, sono stato a *Shivaratri*, quindi il mio Amore è puro". È che *voi* dovete rendere quell'Amore puro *dentro* di voi. Dovete allenare la vostra mente a diventare positiva. Quando la vostra mente è positiva e voi sapete che il Signore si trova dentro di voi e continuate a chiamarLo, è impossibile che Lui non si riveli in voi.

Ci sono così tante storie in cui anche i criminali sono cambiati. Durante *Shivaratri* vi ho raccontato la storia di Suswara, di come fosse un grande criminale, ma grazie all'Amore, grazie alla devozione per il Signore Shiva, cambiò. Allo stesso modo tutti possono cambiare. Questa è la connessione che l'*Atma* ha con il *Paramatma*. E questa non è una connessione solo di adesso. Ora siete limitati al corpo. Ognuno ha un corpo individuale e ognuno pensa a se stesso o a se stessa come a un essere separato. Ma voi siete l'*Atma* e cos'è l'*Atma*? È parte del *Paramatma*. E un giorno questo *Atma*, sia che ciò avvenga in questa vita o fra un centinaio di vite, tornerà alla Sorgente da dove proviene. Non è possibile che non vi torni, ma dipende da ognuno di voi se accelerare o no questo processo. Questo è il libero arbitrio che Dio vi ha dato. Potete accelerare il vostro cammino verso il Divino e realizzarLo o potete perdere tempo e rendere questo cammino più lungo, cosa che piace a molti.

> Il potere dell'Amore è l'unica cosa che conquista tutto. Se volete conquistare Dio, conquistateLo con l'Amore.

Ma alla fine tutti raggiungeranno il Divino, perché l'essenza del vostro Sé è solo Lui. E solo attraverso quest'Amore, quando quest'Amore si risveglierà veramente e diventerà come l'Amore di Radharani, che sarà possibile arrivare a Lui. Continuate quindi a esprimere l'amore, ma non solo oggi, unicamente perché è San Valentino.

San Valentino è vissuto nell'anno 269. Ma l'Amore esisteva da molto prima. Oggi tutti dicono: "Buon San Valentino! Buon San Valentino!", ma perché diciamo: "Buon San Valentino?" Chi era San Valentino? Come è diventato Santo? Tutti voi celebrate San Valentino, vero? Va bene, è commerciale, ma lasciando da parte il punto di vista commerciale, in questa giornata voi esprimete l'amore, no? Certo al giorno d'oggi è cambiato, tutto è diventato molto commerciale, alcune persone furbe hanno commercializzato questa festa come ogni altra cosa.

Sapete, nella *Bibbia* c'è un versetto che dice: "Un vero amico è colui che è pronto a dare la vita per il proprio amico". San Valentino era il Vescovo di Terni, in Italia e veramente ha dato la sua vita per proteggere una coppia. Ha accettato di essere ucciso come martire per proteggerla. E mentre stava morendo disse: "Pregherò il Signore per tutti coloro che mi ricorderanno in questo giorno cosicché l'Amore possa crescere dentro di loro e possano diventare degli amici veri". Questa è la storia, in breve, di San Valentino, di colui che ha dato la vita per proteggere l'Amore, di colui è considerato la più grande forma d'Amore.

Così, lasciate che l'amore gioisca dentro di voi, non solo oggi ma sempre, e possiate, per grazia di Radharani, diventare come Lei, diventare come molti altri Santi, non solo come Radharani. Potete trovare l'espressione di questo Amore Divino in tutte le Divinità che amano il Signore. Se loro hanno potuto, anche noi tutti possiamo. Se i Santi hanno raggiunto l'Unità con il Divino, siate forti e dite sì, anche noi possiamo farlo. E continuate ad assillare il Signore dentro il vostro cuore fino a quando Egli aprirà la porta e dirà: "Eccomi, che cosa desideri?" E siate pronti, quando Egli vi chiederà cosa volete, di sapere veramente cosa chiederGli.

IL CORAGGIO DI ESSERE SUL SENTIERO SPIRITUALE

Darshan a Praga, Repubblica Ceca 25 agosto 2010

Sono felice di trovarmi qui con tutti voi e sono molto contento di avere qui Swami Satya Narayan Das, che viene da Vrindavan. Swami è il fondatore del Jiva Institute. Più tardi Swamiji vi parlerà un po'. Sono felice di vedere che questa volta tutti voi battete le mani e provate a cantare. È una questione di fiducia in se stessi. Quindi, oggi, vi parlerò della fiducia in se stessi e anche dell'amor proprio. Spesso, quando viaggiamo, ci chiediamo come le persone vivono nelle diverse parti del mondo e ci chiediamo a che punto sia la spiritualità. Effettivamente è un po' triste, perché le persone anelano alla pace, alla felicità, alla libertà, e pur tuttavia, quando guardate come vivono la loro vita vi chiederete: "Saranno mai liberi? Saranno mai felici?" Se vi chiedete: "Saranno mai felici nel modo in cui vivono?" la risposta è: "No". Pensate a come siete fortunati voi a essere qui e a cantare i Nomi Divini, come siete fortunati a essere stati scelti da Dio per compiere il cammino spirituale. Ma la cosa non finisce qui. Molto spesso ho visto persone sul sentiero spirituale molto, molto timorose nel dire che si trovano su questo cammino. Temono di dire che amano Dio. Se avete paura di dire che siete sul cammino spirituale e che amate Dio, dov'è la fiducia in voi stessi a questo proposito? Dov'è la fede? Dov'è la fede in voi stessi? Non dovreste mai aver paura di dire che amate Dio, perché questa è l'unica cosa - Lui è l'Unico che veramente potete amare.

Solo essendo fedeli a se stessi, solo essendo sinceri con se stessi, potete veramente cambiare le cose. In questo modo non cambiate solo voi stessi ma anche gli altri. La gente teme il cammino spirituale perché vede il limite che pone l'esterno. Se le persone spirituali limitano se stesse temendo l'esterno, non saranno di aiuto. Non aiuteranno gli altri a cambiare. Come ho detto la volta scorsa, diventate uno strumento di questo Amore Divino; e quando siete diventati uno strumento di questo Amore Divino, diffondetelo. Voi dovete fare la differenza in questo mondo, non solo nella vostra vita, ma anche in ciò che vi circonda.

Questo è il modo in cui i discepoli di Cristo hanno diffuso il messaggio della cristianità, il messaggio di Gesù. Anche se erano perseguitati, non avevano paura. Cristo aveva detto loro: "Nel mio nome sarete perseguitati, ma beati coloro che persevereranno fino alla fine". È la stessa cosa per chi di voi si trova sul cammino spirituale o sul cammino della ricerca: se volete fare la differenza in questo mondo, non abbiate paura.

Anzi, non abbiate timore di essere voi stessi. Solo se sarete voi stessi il Divino si irradierà attraverso di voi, il Divino lavorerà attraverso di voi. Se vi chiudete e vi appartate, dicendo: "No, sono timido. Ho paura di dire che sono spirituale" cosa fate a voi stessi? Vi rendete deboli, e non forti. E ci sarà molto lavoro da fare.

C'è così tanto amore nel vostro cuore. Non chiudetelo. Non limitatelo. Aprite la vostra mente, colmatela con il Divino. Quando la vostra mente è aperta, il vostro cuore automaticamente rifletterà questo amore. Non è difficile raggiungere Dio. Alcuni saranno d'accordo, altri invece no. Alcuni, sicuri che sia facile, diranno: "Sì, è facile"; essi rimuovono tutte le barriere delle difficoltà e allora tutto diventa facile perché queste stesse barriere le avete create voi. Come le avete create potete anche rimuoverle, perché Dio chiama tutti voi.

Non abbiate quindi paura e non chiudetevi, non limitatevi, non ponete queste barriere al vostro Sé. Voi siete uno strumento di Dio, volete raggiungerLo. La limitazione della mente è la vostra stessa limitazione. Questo mi ricorda la storia di due rane. C'era una rana che era cresciuta in uno stagno; vi era stata per tutta la vita e per lei questo stagno era tutto il suo mondo, che considerava molto grande. Un giorno un uccello volò sullo stagno con una rana nel becco. Questa rana proveniva dal mare e cadde nello stagno, così le due rane si trovarono insieme. La rana dello stagno disse alla rana del mare: "Come va? Da dove vieni? Quant'è grande il tuo stagno?" Vedete, benché pensasse che il suo stagno fosse il più grande, incominciò a chiedere: "Il tuo stagno è un quarto del mio?" La rana del mare rispose: "No, è più grande". Così l'altra rana chiese di nuovo: "È la metà del mio stagno?" E la rana del mare disse ancora: "No, è ancora più grande". Alla fine, la prima rana chiese: "È grande come il mio stagno?" E la rana del mare disse: "No, è ancora più grande!". Sentendo questo, la rana dello stagno incominciò a litigare: "Come puoi dire che il tuo stagno è più grande del mio? È impossibile. Il mio stagno è il più grande!"

È la stessa cosa quando voi vi limitate. Dimenticate che dentro di voi c'è qualcosa di ancora più grande e per realizzarlo dovete aver fiducia. Dovete avere fede. Sia la fede che la fiducia riveleranno questa vastità, questa grandezza dentro di voi, e allora voi capirete che questa grandezza è solo Dio e che è Lui l'unico che pervade ogni cosa e non questo io, non questo ego, questo orgoglio. Attraverso la Sua Grazia capirete che voi siete tutto, ma dovete fare il primo passo. Se non svilupperete la fiducia in voi stessi sarà difficile. E potete sviluppare la fiducia in voi stessi mediante la vostra *sadhana*, mediante le vostre pratiche spirituali, cantando i Nomi Divini. Più canterete i nomi Divini, e più la fiducia in voi stessi, la gioia e la felicità saranno dentro di voi.

> Non dovreste mai aver paura di dire che amate Dio, perché questa è l'unica cosa - Lui è l'Unico che veramente potete amare.

Quindi ricordate: questa gioia deve essere diffusa. Se volete cambiare, se volete portare dei cambiamenti in questo mondo, non chiudetevi. Apritevi. Aprite il cuore all'Amore, all'Amore Incondizionato, ciò che voi siete. Non dimenticatevi che avete un'anima e non ponete dei limiti a voi stessi. Avete un'anima e dovete realizzare il vostro Sé. Dovete avvicinarvi sempre di più al Divino. E più vi avvicinerete al Divino, più vedrete che il Divino si avvicinerà a voi.

Un santo sufi disse: "Nella mia vita ho commesso tre errori. Il primo errore che feci fu quando iniziai il mio cammino spirituale, quando incominciai la mia ricerca: pensavo di essere io ad avvicinarmi al Divino, ma in effetti, era il contrario. Il Divino, molto prima che io iniziassi, si era già incamminato verso di me. Il secondo errore che feci fu quando dissi che Lo amavo molto, che il mio amore superava ogni comprensione. Ma in realtà il mio Amore era solo una goccia nel Suo vasto oceano d'amore. E il terzo errore che commisi fu quando dissi che Lo avevo raggiunto, ma in realtà era stato Lui che mi aveva reso possibile raggiungerLo".

È la stessa cosa per tutti voi che siete qui. È per la Grazia di Dio, per la Sua Grazia che siete qui. È mediante la Sua Grazia che potete agire, che potete amare, e solo per la Sua Grazia Lo realizzerete e Lo raggiungerete. Così, siate pronti per quando Egli vi chiamerà, siate pronti per Lui. Questo è nelle vostre capacità. Sino a quando, alla fine, realizzerete che è solo Lui.

AMORE INFINITO

Darshan, Steffenshof, 2 maggio 2007

Il *bhajan* che abbiamo appena cantato esprime l'Amore che il devoto ha per il *Satguru*, l'Amore che il devoto ha per il Divino. Questo Amore è un Amore risoluto. Questo Amore è un Amore per cui il devoto non si aspetta nulla se non il Signore stesso. E in questo Amore, niente può smuovere il *bhakta*, accada quel che accada! Quando Meerabai cantava per Krishna, le persone erano solite dire: "È matta", ma questo non cambiava la sua fede, non cambiava il suo Amore. Era così concentrata, la sua mente era così focalizzata e diretta verso il Signore che niente poteva smuoverla. Si dice che la devozione abbia un altro nome: una mente determinata. Se la vostra mente è completamente focalizzata su Dio, Lo avrete.
È come quello che succede a un pescatore nella sua barchetta. Getta la lenza e cerca di prendere il pesce. È molto concentrato sul galleggiante chiedendosi quando il pesce mangerà l'esca. Quando il galleggiante scenderà, il pescatore tirerà la lenza e prenderà il pesce. Il pescatore è così concentrato sul galleggiante che anche se qualcuno si dovesse avvicinare e dire: "Signor Thomas, mi può dire dove posso trovare il signor Paul?", non sentirà. Lo ignorerà una volta, due volte, tre volte! Così alla fine la persona che cercava il signor Paul se ne andrà via. Il pescatore, nella sua concentrazione, non sente nulla. Non gli importa di ciò che accade intorno a lui. È così focalizzato che la sua concentrazione è unicamente sul galleggiante. Anche se le persone dovessero urlare, non sentirebbe

nulla. Dopo che avrà preso il pesce lo poserà, si asciugherà il sudore e alla fine dirà all'uomo: "Ehi! Perché stavi gridando?"
Naturalmente a questo punto sarà l'altro a non ascoltare, considerato che aveva gridato e posto la stessa domanda molte volte e il pescatore l'aveva ignorato. Ma alla fine ritornerà e chiederà: "Adesso dimmi: dov'è?". Allora il pescatore gli mostrerà la strada.
Vedete, quando una persona è concentrata, quando è focalizzata su Dio, quando è in meditazione profonda, non è influenzata da nulla, né dai rumori, né dalle sensazioni fisiche. Anche se un serpente vi dovesse strisciare intorno, non vi disturberebbe, perché siete calmi e la vostra mente è in Dio. Invece cosa succede quando avete paura, quando vi fate prendere dal panico? Tutte queste cose vi turbano!
Le persone si siedono a meditare e le vedete in profonda meditazione. All'esterno sembrano essere in profonda meditazione, ma in realtà si stanno chiedendo cosa fanno gli altri e li ascoltano pensando: "Nel mio silenzio posso ascoltare ciò che dice il mio vicino". Questa è concentrazione? No, non lo è. Quando la vostra mente è focalizzata su Dio, deve essere solo su Dio. Non importa ciò che accade intorno a voi, non preoccupatevene.
Lo stesso avviene quando un pescatore è concentrato sul galleggiante. Lo stesso avviene per le persone che amano il calcio: quando guardano giocare la loro squadra preferita, niente può allontanarle dalla TV. O le signore, quando guardano i loro serial preferiti, e sono così concentrate che niente può smuoverle dalla loro sedia. Vi dico, quando questi uomini guardano la partita di calcio potete passare davanti alla TV e tuttavia siete invisibili, vedono solo la TV! Come sarebbe bello se questa concentrazione fosse su Dio! Ma triste a dirsi, la concentrazione dell'uomo dura solo per qualche tempo. Sono concentrati su cose di poco conto, cose che danno una gioia limitata. La gioia eterna vi sta aspettando, ma voi vi concentrate su qualcos'altro.

Focalizzatevi sulla vera gioia che avete dentro di voi. Focalizzatevi sull'Amore di Dio che avete dentro di voi. Focalizzatevi sul Divino che è presente dentro di voi e focalizzatevi in modo che *niente* del mondo esterno possa smuovervi. Non importa ciò che accade, niente deve distrarvi! Cristo ha detto: "Costruite la vostra fede sulla roccia. Fortificatela in modo che il vento non la porti via. Diventate una colonna di questa fede". Dovete avere questo tipo di concentrazione cosicché quando siete focalizzati, quando sedete in meditazione, non sentite nulla, non pensate a nulla, solo a Dio, solo a Lui, a nient'altro.

> Surdas, guardando Krishna, rispose: "Mio Signore, ora che i miei occhi Ti hanno visto rendimi di nuovo cieco. Non ho bisogno di vedere il mondo; poiché ho visto Te, ho visto tutto".

Naturalmente all'inizio sarà un po' difficile. La vostra mente vagherà. È la stessa cosa quando guardate un film o la partita di calcio e siete elettrizzati chiedendovi se la vostra squadra vincerà, vero? Così all'inizio ci sarà un po' di agitazione, ma dopo, quando vi concentrerete, quando veramente farete del vostro meglio, diventerà facile. E per voi sarà molto, molto semplice concentrarvi. Sarà molto facile distaccarvi dalle sensazioni esterne e unirvi al Signore che si trova nel vostro cuore. Quando cantate il Nome di Dio chiudete gli occhi e immergetevi in esso. Quando cantate il Nome di Krishna dovete vedere proprio Krishna davanti a voi. Quando cantate il Nome di Devi dovete vedere *Shakti* davanti a voi. Quando cantate il Nome di Gesù vedeteLo davanti a voi. Focalizzando la mente sul Divino, ponendo l'immagine sacra nella vostra mente, la mente sarà conquistata. Conquisterete l'agitazione della mente e, quando essa sarà focalizzata, il *Satguru*, dal profondo del vostro cuore, vi guiderà. Così, quando cantate, chiudete gli occhi e visualizzate.

Ciò che canterò ora è la grandezza dell'Amore. La preghiera più grande che esista è l'Amore. Quando canterò *Sabse Oonchi*, voi direte *Prema Sagai*, che significa: l'Amore è la preghiera più grande. Questo *bhajan* fu scritto da Surdas, un devoto di Krishna, uno dei più grandi devoti di Krishna. Surdas era cieco; un giorno il Signore gli apparve e gli chiese: "Surdas, cosa desideri?"
Surdas, guardando Krishna, rispose: "Mio Signore, ora che i miei occhi Ti hanno visto rendimi di nuovo cieco. Non ho bisogno di vedere il mondo; poiché ho visto Te, ho visto tutto". Questo era il suo Amore e questo è ciò di cui ha scritto, ciò che ha espresso nei suoi canti: la grandezza dell'Amore del devoto al Signore, al *Satguru*. In questo canto si dice: *Duryodhan ko mevā tyāgo sāga vidura ghara pāī*. Duryodhana era il cugino di Arjuna; egli offrì a Krishna molti doni, molte prelibatezze, ma non c'era amore in ciò che offriva, così Krishna rifiutò tutto categoricamente, perché il Signore desidera ardentemente solo questo Amore, l'Amore che avete nel vostro cuore. Non vuole nient'altro, perché Lui ha tutto.
Nei Salmi Dio disse a Davide: "Tutto ciò che mi offri è già mio. Pensi che se avessi bisogno di qualcosa te la chiederei? Me la prenderei! Ho creato i monti secondo la mia volontà. Gli uccelli volano per mia volontà. I pesci sono nel mare per mia volontà. Tu stesso esisti per mia volontà. Pensi che io abbia bisogno di qualcosa da te? Accetto solo questo Amore, il sacrificio di questo Amore".
(Poi, il canto continua): *Jūthe phala sabarī ke khāye bahu vidhi prema lagāī*. Sri Rama prese il frutto che Sabari Gli porgeva e lo mangiò con gioia. Prima di avere l'occasione di offrire il cibo a Sri Rama, Sabari Lo aveva atteso per tutta la vita. Ogni giorno era solita cantare il Nome di Rama, continuamente. Nel profondo sapeva che Egli un giorno sarebbe venuto da lei. Ogni giorno era solita preparare tutto. Preparava i fiori. Preparava il luogo dove Rama si sarebbe dovuto sedere. Andava nella foresta e raccoglieva la frutta selvatica che trovava. Nell'attesa di Rama, Sabari cantava continuamente

il Suo Nome. Quando Rama, sulla strada per Lanka per andare a liberare Sita, passò da Sabari, Sabari fu felicissima! Diede a Rama con immenso Amore i frutti raccolti, ma prima sceglieva i più dolci. Voleva offrire al Signore solo quelli più dolci. Quindi ne mangiava un pezzettino e poi lo dava al Signore. Lakshman, il fratello di Rama, disse: "Come puoi mangiarlo? Questa donna non ha quasi più denti e tu prendi la frutta e la mangi?" Allora Rama disse: "Non puoi capire. Questo è l'Amore tra il Maestro e il discepolo, questo è l'Amore tra il *bhakta* e il Signore". Questo è l'Amore che Lui accettò da Sabari.

Rājasuya yajña yudhisthira kīno tāmai jūtha uthāī. Il Signore dimentica di essere il Signore per Amore del suo devoto. Lui stesso servì le persone quando Yudhisthira svolse il grande *yagna*. Krishna andò e servì tutti. Poi Lui stesso raccolse le foglie su cui avevano mangiato, per mostrare che non c'è differenza tra il Signore e l'Uno dentro di voi, per distruggere tutte le differenze nella mente dell'Uomo, per mostrare che Lui è legato a voi da questo Amore che avete dentro di voi. Egli accetta di dimenticare di essere Dio e diviene il servo del Suo devoto. È questo il tipo di Amore che si deve coltivare; questo Amore, questa devozione, questo richiamo dentro il cuore. E quando avrete Lui, avrete tutto.

Aisi prīti badihī vrindāvana gopina nāca nacāī. Krishna ha dimostrato tale Amore, tale umiltà a Vrindavan danzando con le *gopi*, danzando con i pastori, danzando con le mucche. Ha mostrato un tale Amore limitando Se Stesso non per Se Stesso, ma limitando Se Stesso per i Suoi devoti, limitando Se Stesso perché tutti potessero gioire di Lui. *Sūra krūra is lāyaka nāhī kaha lag karau badāī.* Surdas disse al Signore: "Signore, cos'ho fatto per meritare una grazia così grande e come posso renderla ancora più grande? Come posso espandere questa grazia?" Il Signore lo guardò, gli sorrise e disse: "Mio caro Surdas, Ama! Solo attraverso l'Amore mi si potrà raggiungere. Solo quando si Ama incondizionatamente mi si realizzerà. Solo quando si possiederà un Amore disinteressato si diventerà Uno con Me. Sviluppa tale Amore e Io sarò sempre con te".

IL SENTIERO VERSO IL DIVINO

Darshan, Polonia, maggio 2007

È bello essere qui con tutti voi. So che potrebbe essere difficile per voi cantare i *bhajan*, ma spero che quando i musicisti intoneranno canti polacchi, voi tutti canterete a voce alta e con sentimento, perché so che siete tutte persone incantevoli e dentro di voi avete *così tanto* Amore. Quando amate qualcuno, ci tenete a dimostralo, vero? Così, dal momento che siete tutte persone incantevoli con così tanto Amore dentro di voi, dovreste esprimere questo Amore. L'Amore di Dio non deve essere tenuto sotto silenzio o nascosto nel cuore. Deve riflettersi attraverso di voi, attraverso il vostro viso. E uno dei modi più semplici per farlo è cantare, e anche danzare.

Al giorno d'oggi alla gente piace andare in discoteca. Non dico che non vada bene; va bene. È un luogo in cui ci si può esprimere, ma spesso non c'è un'energia positiva. Quando ballate non sempre lo fate nel modo giusto. Così quando tornate dalla discoteca siete stanchi e la prima cosa che fate è andare a dormire. Invece quando ballate per Dio, quando cantate per tutto il tempo il nome di Hari, quando danzate nella Sua Gloria, è vero che vi stancate, perché avete un corpo fisico, ma cosa succede? È così inebriante che vorreste sempre danzare nel Suo nome e più danzate più siete carichi di energia.

La mente corre sempre verso la musica. Questo è il motivo per cui, quando siete molto stanchi, ad esempio quando tornate dal lavoro, mettete su della musica molto soft, vi sedete e vi rilassate. Dove vi è il suono, lì la mente si dirigerà. Coloro che conoscono l'*Atma Kriya*

sanno c'è una parte della pratica che riguarda i suoni. L'*Atma Kriya* è una forma di *Kriya Yoga* data da Mahavatar Babaji, ed è un modo molto semplice nell'aiutarvi a risvegliare e a prendere contatto con il vostro Vero Sé. Quindi, una parte dell'*Atma Kriya* è il *Nada Kriya,* una tecnica che si occupa dei suoni: come la mente corre verso i suoni, come la mente rincorre i suoni armoniosi e come i suoni incidono sul corpo e sulla mente. Cosa succede quando si canta continuamente il Nome di Dio? Si perde la propria identità, il proprio ego e si diventa completamente Divini.
Molto spesso ci dimentichiamo del vero scopo della nostra vita. Pensiamo di essere qui in questo mondo solo per acconciarci in modo elegante, per truccarci e renderci piacevoli o solo per lavorare e possedere una casa grande, un'automobile grande, avere un fidanzato o una fidanzata. Ma la vita non è solo questo. La vita è realizzare perché siamo qui e chi siamo. Nel mondo esterno abbiamo un'identità, ma non sappiamo chi questa identità sia in Realtà.
Un guru disse una volta a uno dei suoi discepoli: "Mio caro, fino adesso hai vissuto nel mondo. Hai vissuto una vita felice, ma ora è giunto il tempo di dedicarti a te stesso e realizzare il tuo Sé". Il discepolo rispose: "Ma Maestro, ho una bella moglie che mi ama moltissimo e anch'io la amo molto". Il Maestro non discusse con il discepolo. Disse soltanto: "Ascolta, ti darò una tecnica *yoga* segreta. Praticala e vedrai il risultato". Qualche settimana più tardi l'uomo stava praticando la sua nuova tecnica *yoga*, una particolare *asana,* cosicché il suo cuore aveva smesso di battere. Arrivò la moglie e lo vide in mezzo al soggiorno. Disse: "Mio caro marito, che cosa ti è successo?" Provò a svegliarlo, ma vide che era freddo come se fosse morto. Iniziò a urlare e a piangere rumorosamente. "Oh, mi hai lasciata!" Sentendo ciò, tutti i vicini corsero in casa per vedere cosa stava succedendo e videro che l'uomo era morto. Provarono a consolare la donna dicendo: "Sai che questa è la Volontà di Dio". Ma la donna continuava a piangere in modo molto drammatico.

"Perché mi hai lasciato? Perché? Avevamo ancora molti sogni e mi avevi promesso che avremmo fatto questo e quello!" In quel momento uno dei vicini arrivò con un'ascia e iniziò a rompere gli stipiti della porta perché l'uomo era in una tale posizione yogica che era difficile farlo passare dalla porta. Vedendo questo, la moglie smise di piangere, andò direttamente dal vicino e disse: "Cosa stai facendo? Perché rompi la porta?" Il vicino disse: "Beh, vedi in che posizione si trova tuo marito, sarà difficile portarlo fuori di casa". Allora la donna disse: "Oh santo cielo! Perché rompere questa porta? È successo questo fatto terribile, egli ci ha lasciato prematuramente. Ora sono una vedova. Non ho nessuno che mi sostenga o mi aiuti, e visto che lui è già morto, dovreste tagliargli le mani e i piedi, invece della porta". Sentendo ciò l'uomo ritornò in sé e disse: "Moglie, è questo che intendevi quando dicevi che mi amavi? Che una volta morto mi vuoi tagliare a pezzi?" Capì che il suo Maestro aveva ragione e lasciò tutto: per lui fu tempo di andare.

> Molto spesso la gente cerca di scendere a compromessi con Dio; la gente cerca di corrompere Dio. Non è possibile. O, in effetti, è molto facile corromperLo. Sapete come?

Diciamo sempre che questo è nostro o è mio. Diciamo sempre che possediamo le cose. Ma io vi chiedo: "Con che cosa siamo venuti qui?" Nella *Gita* Krishna ha detto: "Siete venuti con niente, siete venuti a mani vuote. Tutto ciò che avete, l'avete preso da qui e quando andrete lascerete qui tutto".

Così, cos'è questo *Io*? Cos'è 'Questo mi appartiene' e 'Questo è mio'? C'è un *Io*, ma cos'è questo *Io*? Diciamo che questa è la mia mano, che questi sono i miei occhi o che questi sono gli occhi di Paul. Chi è questo Paul? Possiamo conoscere Paul esternamente, ma nel profondo c'è un altro Paul. Forse lui ancora non lo sa, ma, come

per tutti noi, il nostro vero Sé si trova all'interno. E noi siamo qui per realizzare questo Sé, così che il nostro corpo, la nostra mente e la nostra anima diventino uno. E finché non capirete questo e continuerete a pensare che c'è differenza tra il Divino e voi, senza cercare di renderli uno, ci sarà sempre una barriera. E per questo dovrete tornare ancora, ancora e ancora, per lavorare proprio su questa unità tra l'umano e il Divino.
Molto spesso la gente cerca di scendere a compromessi con Dio; la gente cerca di corrompere Dio. Non è possibile. O, in effetti, è molto facile corromperLo. Sapete come? Potete corromperLo amandoLo, permettendogli di rubarvi il cuore. Vedete, spesso ci avviciniamo al Divino con arroganza e in modo egoista. Pensiamo di poterGli donare tutto, dimenticando che tutto Gli appartiene già e che l'unica cosa che possiamo offrirGli è il nostro cuore. E questa è l'unica cosa che Lui vuole: questo cuore pieno di amore e di umiltà. Ma spesso nella religione offriamo il nostro cuore con molto senso di colpa, di orgoglio e di ego. Naturalmente anche questi devono essere offerti, anche questi fanno parte di noi.
Questo mi ricorda una storia di un mercante molto ricco. In India c'è un luogo chiamato Puri e vi si trova un tempio dedicato al Signore Krishna nella forma di Jagannath. Jagannath è un aspetto di Krishna molto buffo. Ogni anno c'è una grande festa durante la quale fanno uscire le Divinità e le portano in strada. Vi si recano milioni di persone. Tutti, anche il re, sono soliti andare e aiutare a pulire la strada dove passa il cocchio del Signore. Un giorno un mercante molto ricco andò da Jagannath e guardando il Signore che era assieme a suo fratello Balaram e alla sorella Subhadra, disse tra sé: "Questa è semplicemente una statua di legno con grandi occhi e un grande sorriso. È semplicemente una statua nera". E arrogantemente pensò: "Farò vedere quanto sono ricco e donerò centomila rupie".

Così andò dal sacerdote e disse: "Desidero fare un'offerta di centomila rupie per il tempio per nutrire il Signore, ma a una condizione: dovete usare tutta questa somma solo per il cibo". Il sacerdote pensò: "Come posso usare centomila rupie solo per il cibo? Anche se usassi il *ghee* migliore e tutti gli ingredienti migliori per il *prasad* del Signore, rimarrebbero ancora dei soldi". Così tutti i sacerdoti si riunirono e incominciarono a discutere: "Come possiamo usare centomila rupie per il *prasad* del Signore?" Alla fine il sommo sacerdote giunse a una conclusione. Disse: "Sembra che non riusciamo ad accordarci, così lasciamo che il Signore Jagannath, Krishna stesso, prenda la decisione". Andarono dal mercante e dissero: "Ascolta, non siamo giunti a un accordo, ma lasceremo che il Signore Stesso decida che genere di *prasad* preferirebbe avere. Nel frattempo, per favore, rimani con noi fino a che il Signore Stesso non ci dirà che tipo di *prasad* desidera".

Trascorsero tre giorni e poi il sommo sacerdote fece un sogno. In questo sogno il Signore Jagannath gli apparve e gli disse cosa riferire al mercante. Naturalmente il Signore sapeva dell'orgoglio del mercante e con quale attitudine Gli voleva offrire il *prasad*. Così il sacerdote andò dal mercante e gli disse: "Ho sognato il Signore ed Egli mi ha detto che tipo di *prasad* desidera ricevere". In modo molto arrogante il mercante disse: "Sì, dimmi!". Il sacerdote continuò: "Il Signore ha chiesto delle foglie di *betel* con dentro un ripieno". Allora il mercante disse: "Cosa? Vuole solo queste foglie? Ma non è nulla". Allora il sacerdote disse: "Aspetta, non ho finito. Il Signore ha chiesto che dentro queste foglie di *betel* ci sia polvere di perla. Le foglie devono essere spalmate con la polvere delle perle più preziose". E il mercante disse: "Questo è ancora niente per me". Ma il sacerdote disse: "Sì, ma il Signore ha detto anche un'altra cosa. Le perle che userai non devono essere perle comuni. Devono essere perle provenienti da sotto la pelle della fronte di un elefante".

Allora l'arrogante mercante pensò: "Sì, ma quanti elefanti dovrò comprare per avere una sola perla? Ho offerto centomila rupie, ma questo mi costerà molto di più". Capì che non poteva offrire al Signore Jagannath ciò che Lui chiedeva. In quel momento gettò ai piedi di Jagannath il suo costoso turbante, si inginocchiò e disse al Signore: "Per favore, perdonami. Ho cercato di corromperti per orgoglio. So di non poterti donare niente che provenga dal mondo esterno, ma ti offro il mio cuore". E cambiò completamente. Pochi giorni dopo, il Signore gli apparve in sogno e disse: "Sono molto contento del tuo cuore e questa è l'unica cosa che desidero: un cuore pieno d'amore e devozione". Ed è molto facile offrire a Dio il vostro cuore. Tutte le volte che pensate di offrire qualcosa al Signore, offriteGli prima, dentro di voi, il vostro cuore dicendo: "Signore, offro a Te il mio cuore. Non è più mio, è Tuo. Fa' che io Ami come Tu Ami. Fammi realizzare questo Amore Divino". La spiritualità non è altro che la relazione con Dio, e questa relazione d'Amore con il Divino vi renderà Realizzati.

Quando amate qualcuno, non temete nulla. Allo stesso modo, quando amate Dio non dovreste temere nulla. Quando amate qualcuno, fareste qualsiasi cosa per rendere questa persona felice. Allo stesso modo, quando amate Dio fate del vostro meglio per compiacerLo. Quando Egli vedrà che state facendo del vostro meglio per accontentarLo, correrà da voi e vi libererà, vi donerà l'Auto-Realizzazione. Lavorate sempre per la Realizzazione del Sé, per la Realizzazione di Dio e fate che questo sia lo scopo della vostra vita. Egli vi concederà tutto. Vi donerà tutto ciò di cui avete bisogno. Nella Bibbia, Cristo disse: "Se il Signore dà il cibo agli uccelli, e veste l'erba del campo, voi non valete più di queste cose?" Il vostro Padre

> "Signore, offro a Te il mio cuore. Non è più mio, è Tuo. Fa' che io Ami come Tu Ami. Fammi realizzare questo Amore Divino".

Celeste sa di cosa avete bisogno, Dio si occupa sempre di tutti. Dovete soltanto avere fede che Egli si sta occupando di voi, che Egli è sempre con voi. Qualunque cosa facciate - buona o cattiva - Lui è qui. Il Suo Amore pervade ogni cosa. È sufficiente che anche solo l'un per cento del vostro cuore si apra all'Amore Divino.

Lavorate per aprire il vostro cuore. Lavorate per la Realizzazione del Sé. Lavorate per sperimentare l'Unità di Dio oltre tutte le limitazioni che gli esseri umani creano. Noi creiamo delle limitazioni, diciamo: "Dio è solo questo. Dio è solo quello". Ma quando poniamo le nostre limitazioni su Dio, allora Lui è veramente Dio? È dunque Lui veramente Dio? Questo non è Dio. Diventa solo il concetto limitato che noi abbiamo di Lui.

Nell'Uomo la limitazione è ignoranza e la conoscenza è ciò che rimuove l'ignoranza. Con conoscenza intendo la conoscenza del Divino, la conoscenza interiore, questa conoscenza che avete sempre dentro di voi. Ma anche quando raggiungete qualche conoscenza, un giorno dovrete lasciarla andare, perché non Realizzerete Dio né con l'ignoranza né con la conoscenza. La conoscenza vi porterà solo fino a un certo livello della realizzazione del Divino, ma per Realizzare Dio, conoscere veramente il Divino, dovrete oltrepassare tutto, andare oltre tutte le limitazioni.

È come se, mentre state camminando, una spina vi si conficcasse nel piede. Vi occorre un'altra spina per rimuoverla. E poi, cosa fate? Tenete entrambe le spine in tasca o le gettate via? Le buttate via! È la stessa cosa per Realizzare Dio: per conoscere il Divino dovete superare tutte le limitazioni che ponete nella vostra mente. Forse avete sentito parlare di Ramakrishna, un Santo indiano. Un giorno un mendicante arrivò davanti al tempio di Kali e mentre si trovava davanti al tempio, si mise a cantare un *mantra* e tutto l'edificio iniziò a vibrare. Vi era un uomo che stava guardando e quando vide che il mendicante aveva un tale potere, iniziò a corrergli dietro. Quando vide quest'uomo corrergli dietro, anche il mendicante cominciò a

correre. Dopo un po', quando il mendicante vide che quest'uomo lo stava ancora inseguendo, si fermò e chiese: "Che cosa vuoi?"
L'uomo rispose: "Ho visto che semplicemente pregando davanti al tempio, l'hai fatto vibrare. Sicuramente sei una grande persona e mi piacerebbe imparare da te e diventare tuo discepolo". Il mendicante disse: "No, non ti voglio. Va via"; ma l'uomo continuava a importunarlo e a dire: "Lo voglio, lo voglio, lo voglio!". Alla fine il mendicante gli disse: "Vuoi diventare mio discepolo? Bene! Vedi questo fiume e quell'altro laggiù?" Un fiume era sporco, mentre l'altro era pulito e il Santo disse all'uomo: "Vieni da me quando entrambi i fiumi ti sembrano uguali!"
Così, per Realizzare Dio, dovete superare tutte le barriere che la mente crea. E come ho detto prima, il modo più facile per farlo è cantare il Nome di Dio, cosicché la mente possa immergersi completamente nel Nome Divino e diventi essa stessa Divina.

RADHE, RADHE!

Darshan, Steffenshof, Germania, 23 maggio 2008

Radhe Radhe. Sapete, a Vrindavan non dicono *"Hare Krishna"*, non menzionano neanche il nome di Krishna per salutare qualcuno. Usano sempre il nome di Radha. Sapete perché? Perché Krishna lasciò Vrindavan e lì sono ancora arrabbiati con Lui. Certo, il motivo per cui essere arrabbiati c'è. Le *Gopi* avevano per Krishna un Amore che non è paragonabile a nessun tipo di amore. Questo è il motivo per cui si arrabbiarono quando Krishna se ne andò. Anche i discendenti sono ancora adirati con Lui. È sorprendente la relazione d'amore che *ancora* oggi la gente di Vrindavan ha per Krishna. È veramente una relazione a tu per tu. Lui è il più amato. Gli raccontano tutto. Lo sgridano perfino. Quando qualcosa va storto Lo sgridano.
Sanno che Egli è Dio e tuttavia l'Amore che sentono nei loro cuori è ancora più forte. Quand'è che vi sentite veramente liberi di dire qualcosa a qualcuno? Quando vi sentite vicini a quella persona, non è vero? Se non vi sentite vicini, non vi importa di nulla; ma quando siete vicini a qualcuno, vi sentite liberi di esprimere qualsiasi sentimento, anche la rabbia. Questa vicinanza, questa relazione, questo Amore è la cosa più importante. Questo è il genere d'Amore che la nostra anima ha per il *Paramatma* e se noi risvegliamo questa relazione, Lui verrà. Si dice che la *Regina delle Gopi*, che è Radharani, avrebbe fatto qualsiasi cosa per Krishna. Qualunque cosa, lei la avrebbe fatta. Era disposta anche a sacrificare la Sua vita. Accadde che una volta le *Gopi* stavano cantando: "Krishna, Krishna, ti amiamo moltissimo". E tutte ripetevano: "Oh, Krishna,

siamo disposte a tutto per te". Sapete molto bene che quando si è innamorati si fanno promesse molto grandi, ma talvolta nella pratica - zero.

Bene, anche le *Gopi* dicevano: "Krishna, ti amiamo moltissimo" e tuttavia Krishna volle metterle alla prova. Lui è il Signore e si trova nel cuore di ciascuno e ovviamente Lui sa; Lui sa più di ciò che la mente delle persone percepisce. Così un giorno Krishna finse di avere un terribile mal di testa e gridava: "Ah, sto soffrendo moltissimo". Erano tutti spaventati. Dicevano: "Oh, mio Signore, cosa possiamo fare per te?" Tutti coloro che avevano detto che avrebbero fatto *qualsiasi cosa* dicevano: "Signore, faremo qualsiasi cosa per te, dicci". Giunse anche Narad Muni, colui che canta sempre *Narayan, Narayan*, e disse: "Mio Signore, farò qualsiasi cosa per curare il tuo mal di testa". Krishna li guardò tutti e disse: "Bene. Per curare il mio mal di testa ho bisogno della polvere dei vostri piedi. Ho bisogno che schiacciate la mia testa sotto i vostri piedi". Rimasero tutti scioccati. Lui, il Signore dell'Universo, chiedeva che la Sua testa venisse schiacciata sotto i loro piedi! Nessuno di loro si considerò degno di fare questo. Avevano paura, perché, prima di tutto, schiacciare la testa di Dio sotto i propri piedi è molto irrispettoso e, secondo, sicuramente sarebbero finiti all'inferno!

Erano tutti atterriti. Discutevano chiedendosi l'un l'altro come avrebbero mai potuto farlo. In quel momento giunse Radha, vide Krishna in quelle condizioni e andò da Lui dicendo: "Mio Signore, dimmi, cosa posso fare?" Krishna ripeté la stessa cosa che aveva detto alle *Gopi*. Quando Radha sentì ciò che doveva fare, senza pensare, senza tener in considerazione se stessa, disse: "Sì" e iniziò a schiacciare con i piedi la testa di Krishna sofferente e il dolore scomparve. Tutti rimasero scioccati e si arrabbiarono con Radha. Iniziarono a sgridarla dicendo: "Oh, sei cattiva, sei meschina. Come puoi aver messo i piedi sulla testa del Nostro Signore? Per questo sicuramente andrai all'inferno". Radharani rispose: "Bene, anche

l'inferno più oscuro sarà una benedizione per me, perché ciò che ho fatto ha curato la sofferenza del mio Signore".
Vedete, nella relazione col Divino vi dimenticate completamente di voi stessi. Vi dimenticate della vostra realizzazione, vi dimenticate di ciò che renderà *voi* felici. Com'è scritto nella Bibbia: la gioia più grande è quando sacrificate la vostra vita per un amico, vero? Una relazione vera è quando ci si dona completamente. Quando siete innamorati vi dimenticate di voi stessi. Tutti siete stati innamorati, e quando siete innamorati pensate a voi stessi o pensate all'altra persona? Pensate all'altra persona. E l'anima può essere sempre innamorata del Divino, vero? E quindi si può sempre pensare a Dio. Se amiamo Dio in questo modo, saremo distaccati da qualsiasi cosa ci tenga legati a questo mondo. Saremo distaccati da qualunque cosa ci fermi nel nostro progresso. Vogliamo l'Auto-Realizzazione. Vogliamo Realizzare Dio, tuttavia non vogliamo lasciare nulla. Ciò non significa che dovete rinunciare a tutto e diventare *sannyasi;* no, siate nel mondo, ma sappiate che tutto proviene da Lui. Tutto è Lui. È solo Lui che dona e tutto tornerà a Lui. Finché restiamo nel cerchio della nascita e della morte, ci divertiremo con questo gioco, il che significa non solo godere della felicità, ma anche del dolore, di cui vi lamentate sempre. Così, se si vuole rimanere in questo ciclo, si sarà sempre nel ciclo. Ma se veramente se ne vuole uscire, si deve sviluppare questo Amore Incondizionato per il Divino, questo Amore Incondizionato per tutti, questo Amore Incondizionato verso tutta la Sua creazione, perché l'Amore incondizionato di Dio non conosce limiti, non conosce alcun: "Amo questo, odio quello" e non c'è giudizio. È come l'amore di una madre.
Quando una madre ama il suo bambino, pone qualche condizione? Quando una madre tiene un bambino in braccio non ci sono condizioni, non pensa: "Mi sto occupando di te, e quando crescerai tu dovrai prenderti cura di me". Non c'è un tale pensiero. Dopo forse

accadrà, ma quando una madre tiene in braccio il suo bambino, non ci sono condizioni. E così è anche l'Amore di Dio.

Qualsiasi cosa voi abbiate fatto, buona o cattiva, quando vi volgete a Lui, a Lui che ha dentro di sé l'Amore di un milione di madri, vi perdonerà con gioia. Se un bambino commette un errore e va dalla madre, lei perdona e desidera che il bambino sia buono e cambi. Mentre il padre perdonerà ma col tempo. Sono importanti sia la disciplina sia l'amore.

Così, quando ci rivolgiamo al Divino sia con le nostre buone qualità sia con quelle non buone, Lui ci accetterà, perché ci ama. Sta chiamando tutti noi ad Amare come Egli ama, tuttavia la nostra mente è una grande barriera. Tutte le Sacre Scritture parlano dell'Amore di Dio. Molti discutono di come deve essere, eppure, nel modo più semplice, quando andate dentro il vostro cuore, saprete cos'è l'Amore. Non spetta a me dire a parole cos'è l'Amore, perché l'Amore non può essere espresso a parole. L'Amore può solo essere percepito. Eppure vedete nel mondo quante guerre si stanno combattendo a causa dei diversi punti di vista su come Dio ama le persone. Una persona dice: "Il mio Dio ama nel modo migliore". Un altro dice: "No, no, no sbagli. Il *mio* è il migliore". Tuttavia, tutti stanno parlando di *un* solo Dio, sapete? Quindi cercate di trovare questo Amore. È come quel detto greco: "Prima di tutto trova te stesso, poi troverai il tuo sentiero". Prima di tutto scoprite ciò che state cercando, qual è il vostro scopo nella vita, ciò che *veramente* il vostro cuore sta chiedendo. La vostra mente chiede molte cose e quando otterrà ciò che chiede, ne chiederà delle altre. Ma se scavate profondamente dentro di voi e ogni giorno prendete del tempo

> Qualsiasi cosa voi abbiate fatto, buona o cattiva, quando vi volgete a Lui, a Lui che ha dentro di sé l'Amore di un milione di madri, vi perdonerà con gioia.

per voi stessi, quando andrete dentro di voi e troverete il Divino, e troverete questo Amore, scoprirete che non è mai stato lontano da voi. È sempre qui. È solo che *noi* non vogliamo che fluisca, non vogliamo lasciarlo uscire e sino a quando la mente si intrometterà, cantiamo *Haribol, Hari Nam, Kevalam*. L'unico nome è quello di Sri Hari. Le due sillabe di Hari possono dare la liberazione, possono anche eliminare tutto il karma in una vita. È semplice: "Hari". Ci piace fare grandi grandi *sadhana*, eppure non capiamo niente! Ci piace cantare grandi grandi *mantra*, tuttavia non capiamo niente. Ciò che Gli fa piacere è che cantiamo cose semplici, ma con Amore! Diciamo *"Sabse Oonchi Prema Sagai"* che significa 'l'Amore è la forma più grande di devozione', e l'unica cosa che Egli accetta è questo Amore e per Amore Egli fa qualunque cosa. Qualsiasi cosa Gli si chieda, sia materiale o spirituale, che porti gioia o dolore a quella persona, per Amore Egli la donerà. Quindi *risvegliate* questo Amore. Cuore dell'Uomo, fa' che questo Amore si risvegli e che tutti diventino messaggeri di pace e amore! Tutti voi diffonderete questo amore, ma non a parole, perché con questo Amore non avete bisogno di dire "Ti amo", dovete soltanto irradiarlo, dovete soltanto essere consapevoli che voi portate con voi l'Amore di Dio; Lui si occuperà del resto. È semplice.

JUST LOVE

NOMI DIVINI

IL NOME DI RAMA
È PIÙ POTENTE
DI RAMA STESSO.

HANUMAN

CANTATE I SUOI NOMI

Darshan a Kiel, Germania, 11 luglio 2008

È bello vedere che tutti voi state battendo le mani. Vedete, Dio vi ha dato questo strumento che sono le mani. Vi ha dato anche altri strumenti che sono le orecchie e la lingua. Certo, anche le gambe e il corpo sono tutti strumenti del Divino, ma ce ne sono certi che sono stati donati a noi esseri umani per uno scopo più grande nella vita. Come le nostre orecchie. Immaginate di non poter sentire; quanto sarebbe spiacevole? Molto, vero? Sarebbe molto spiacevole. Immaginate di non poter parlare: sarebbe tutto molto difficile. E tuttavia facciamo cattivo uso di questo strumento. Se ci addentriamo più profondamente nelle scritture, ci viene spiegato come utilizzarlo. Come possiamo fare un uso migliore di questo strumento per il nostro progresso spirituale? Recitando i nomi di Dio. La nostra lingua non ci è stata data per spettegolare. Non ci è stata data per discutere degli affari degli altri dietro le loro spalle, cosa che spesso gli esseri umani amano fare. Se dite: "Parliamo di qualcuno", tutti si mostrano pronti. Ma se dici loro di cantare il nome di Dio, diranno: "Oh, sono stanco".

Un uso più nobile di questo strumento vi porterà più vicino al Divino. A volte udiamo cose che ci rallegrano. Altre volte sentiamo cose che ci rendono tristi. Quello che sentiamo influenza il nostro stato d'animo; ma esiste un suono più grande che ci può rendere sempre felici, un suono che è presente dentro di noi, è presente tutto intorno a noi, ma che non possiamo sentire perché la nostra soglia uditiva è troppo bassa.

Sapete molto bene che il suono si propaga sotto forma di onde e gli esseri umani possono percepire onde sonore da 1.000 a 20.000 cicli sonori al secondo. Gli animali, come i cani e i gatti, possono sentire quelle comprese fra 20.000 e 60.000 cicli. Altri animali, come delfini, topi, elefanti e così via, possono udire da 60.000 a 100.000 onde sonore al secondo. Quindi vedete quanto è limitato, quanto è scarso l'udito dell'uomo. Ma possiamo svilupparlo. Lo sviluppiamo attraverso la nostra pratica spirituale. Questa qualità viene sviluppata con la pratica spirituale. Non importa quale pratica seguiate, ma sino a quando la praticate, sino a quando questa vi rende felici, sino a quando siete sinceri verso voi stessi e sinceri nella vostra pratica, il Divino verrà a voi.

Come ho detto, la pratica spirituale più semplice è cantare i Nomi di Dio, recitare i Nomi Divini. Vedete, quando chiamiamo qualcuno – diciamo che chiamo una Mataji - cosa succede? Lei mi guarderà e si chiederà: "Cosa vuole da me?" È la stessa cosa quando chiamate Lui dentro di voi, anche Lui chiederà: "Cosa vuoi da me?" In quel momento potete fargli la vostra richiesta: "Signore, voglio Realizzare il Sé. Voglio Realizzare Dio".

Questa relazione che si sviluppa fra voi e il Divino, non è solo di adesso, è eterna, la portate con voi attraverso vite e vite. Il fatto che siate tutti seduti qui non è solo una coincidenza. Il fatto che voi tutti siate spirituali non è una coincidenza. State continuando a lavorare sulle cose su cui avete già lavorato nelle vite precedenti, sino a quando raggiungerete il Divino, sino a quando raggiungerete pienamente l'Amore di Dio.

Che crediate in Dio o non ci crediate, nel vostro intimo il vostro spirito sa che esiste un Sé più grande, sa che c'è una Coscienza più grande che pervade tutto. Per esempio, se nella vostra vita succede qualcosa di brutto, chi chiamate per primo? Cosa dite? Dite: "Oh, mio Dio!"

Non dite: "Oh marito mio, moglie mia, padre mio, madre mia". Perché? Anche loro vi sono molto cari. Ma no, c'è la consapevolezza più alta, c'è Dio, che è più vicino a voi di tutto il resto. Ecco perché, che crediate oppure no, la prima cosa che uscirà dalla vostra bocca sarà: "Oh mio Dio".

Vedete, il segreto del nome del Divino, del nome di Dio è che esso stesso, il nome, è Dio, mentre il nome di una persona non è *la* persona.

Se chiamo qualcuno che non è qui, se canto il suo nome, egli non verrà da me, mentre se canto il nome di Mahavatar Babaji, se canto i nomi di Krishna o di Gesù, se canto il nome di Allah, Loro sicuramente verranno, perché il Nome del Divino è la pienezza del Divino Stesso.

È in questo modo che ci si addentra nella bellezza del suono. Più cantate, più vi addentrate nella bellezza del suono in voi e più ne conoscerete il segreto e godrete della bellezza che avete dentro; perché dopo aver cantato per qualche tempo esteriormente, il canto, al vostro interno, diventerà silenzio. Anche mentre state dormendo, dentro di voi il canto continuerà sempre.

C'era, nel 17° secolo, un santo chiamato Chaitanya Das Maharaj. Egli cantava sempre il nome di Chaitanya Mahaprabhu, ma non diceva Chaitanya Mahaprabhu. Cantava tutto il tempo *Gauranga, Gauranga*. Anche mentre stava dormendo, la gente sentiva vibrare da lui *Gauranga, Gauranga, Gauranga*. Ogni suo respiro si trasformava in *Gauranga* e si elevò a un tale divino progresso spirituale che anche quando morì, quando raggiunse il *samadhi*, tutto il suo corpo continuava a risuonare *Gauranga, Gauranga*. Gauranga è un aspetto di Krishna che fece la sua apparizione nel 1500.

Così, semplicemente cantando, recitando il nome di Dio, state facendo buon uso di questi due strumenti che sono la lingua e le orecchie. Il vostro udito diverrà più fine sino a quando realizzerete la vibrazione dentro di voi (nell'Atma Kriya vi è un esercizio che vi può aiutare). Questo vi condurrà all'Auto-Realizzazione o alla Realizzazione di Dio o a raggiungere pienamente l'Amore di Dio.

L'amore non significa solo dire: "Ti amo", perché, vedete, quando due persone si incontrano e si piacciono a vicenda, cosa dicono? Dicono: "Ti amo". Due persone si incontrano e il ragazzo dice alla ragazza: "Ti amo". La ragazza guarda il ragazzo e risponde: "Mi ami? Ci siamo conosciuti solo qualche ora fa, come puoi amarmi? Tu non mi conosci. Io non ti conosco. Come puoi dire di amarmi?" Quando riconosciamo l'altro, sentiamo qualcosa nel cuore, ci accorgiamo che: "Sì, conosco questa persona, c'è qualcosa". Ma il *vero* Amore si sviluppa solo quando cominci a conoscere quella persona. Più conosci quella persona, più la ami. È la stessa cosa con il Divino: più conoscerai Dio, e più il tuo amore per Lui crescerà.

> Più conoscerai Dio, e più il tuo amore per Lui crescerà.

Quando considerate le vite dei Santi, vedete che essi hanno realizzato il Divino completamente e che per loro lo scopo ultimo è Amare solo Lui. Sino a quando non trovano questo Vero Amore dentro se stessi, sino a quando non trovano il loro Sé, sino a quando non realizzano il loro Sé, loro semplicemente amano. Sapere questo è molto importante. Il modo più facile per conoscere il Divino, come vi ho detto, è cantare, cantare il Suo Nome. Ed Egli ci ha dato molti nomi. Egli è come una madre che ama tutti i propri figli allo stesso modo e che sa quello di cui ciascuno ha bisogno, dando così a ognuno ciò di cui necessita.

E non c'è un tempo o un luogo particolare per cantare il Nome di Dio. Qualunque cosa voi stiate facendo, potete sempre cantare, potete sempre recitare i Nomi Divini e rendervi conto che Lui è con voi. Nel momento in cui cantate il Suo Nome, Lui è lì. Come dice Babaji, semplicemente cantando il Suo nome tre volte, Lui sarà lì. Che voi Lo vediate o Lo sentiate oppure no, Lui *è* lì! Il Divino è presente vicino a voi nella forma di tutti gli aspetti Divini, di tutti i Nomi Divini che voi cantate. Quindi continuate a cantare. Iniziate il cammino spirituale in questo modo. Vedrete che anche la vostra meditazione sarà perfetta, perché dopo aver cantato e dopo aver meditato, non sentirete solo quiete ma *sentirete* questa vibrazione attraversarvi. E l'azione della mente sarà impegnata nel seguire questa vibrazione. E seguendo questa vibrazione verrete condotti alla vibrazione cosmica dentro di voi. Perciò cantate; sarete felici, sempre.

Per quanto riguarda i Nomi Divini nelle Scritture, prendete il *Salmo 113*. Re Davide disse: "Dall'alba al tramonto dovrei lodare il nome di Dio". Prendete la Bibbia, San Paolo disse: "Chiunque prenderà rifugio nel Tuo Nome, sarà salvato". Buddha disse: "Tutti quelli che cantano il mio Nome, alla fine della vita mi raggiungeranno e io li condurrò in paradiso". Nei *Veda* è detto: "In questi tempi cantate, cantate, cantate, perché solo il nome di Sri Hari salverà l'umanità". Mahavatar stesso ha detto: "Cantate *OM Namo Narayanaya*. Se volete la pace nel mondo, recitate il nome di Narayanaya, vi porterà gioia e pace".

Quasi tutti i santi hanno detto di cantare il Nome Divino. Shirdi Sai continuava a dire ai suoi discepoli di cantare *OM Namo Narayanaya*. Anche Lahiri Mahasaya diceva ai suoi discepoli: "Leggete la *Srimad Bhagavatam* e cantate il Nome di Dio, sempre, così sulle vostre labbra ci saranno sempre i Nomi Divini". Quando i Nomi Divini sono sempre sulle vostre labbra, non ci sarà tempo per voi di pensare a cose negative, perché vedete, quando pensate negativo, che cosa succede? Diventate sempre più negativi, sempre più depressi, sempre più aggressivi e tutto ciò non rende felice né voi né il mondo stesso. Le persone spirituali sono qui per cambiare il mondo, no? Cambiate prima voi stessi, così che il mondo possa cambiare.

LA DOLCEZZA DEL NOME DI RAMA

Ram Navami, Shree Peetha Nilaya
Springen, Germania, 24 marzo 2010

Oggi è l'ultimo giorno del *Ram Navami*, l'ultimo dei nove giorni durante i quali il Signore Ram viene onorato e il giorno in cui Egli si è manifestato. Sri Ram si manifestò per uccidere il demone Ravana. Ravana simboleggia il grande orgoglio, il grande ego. Sri Ram, come probabilmente avrete letto, è la manifestazione di Maha Vishnu. Sita Devi è l'incarnazione di Maha Lakshmi. Ma qui non voglio entrare nei dettagli sul Ramayana, perché caso mai non conosceste la storia di Rama, sarebbe bello se poteste leggerla e scoprirla da voi.
In breve, Rama si manifestò per uccidere questo grande demone. Rama è anche una manifestazione della *compassione*, perché era compassionevole verso tutti. Vedrete come fin dalla prima fanciullezza Rama era nei confronti delle persone; era diverso da Krishna: in verità, Rama era l'opposto. Erano la stessa incarnazione, ma hanno mostrato due diversi aspetti del Signore, rendendoLo completo in se stesso. Quando prendete in esame il Nome Rama, vedete che è un Nome molto potente. Tutti i Nomi Divini sono molto potenti, ma il nome di Rama è veramente speciale, perché si dice che se alla fine della vita si canta questo Nome Divino, si viene liberati dal ciclo di nascita e morte. Ecco perché questo nome è chiamato *Taraka Mantra*, cioè un mantra che può liberare. Ecco perché nella tradizione indù, quando qualcuno muore, si canta sempre il Nome di Ram: *Sri Ram, Sri Ram, Sri Ram*. La parola Rama

in se stessa rappresenta la pienezza di due Nomi Divini: *Ra*, che è preso da *OM Namo Narayanaya*, e *Ma*, che viene da *OM namah Shivaya*. Così dalla combinazione di *OM Namo Narayanaya* e *OM namah Shivaya* nasce il nome *Rama*.

Questo *mantra* non è così facile da cantare. Se dite semplicemente: "Bene, cantiamo così: *Rama, Rama, Rama, Rama, Rama, Rama*", e non avete imparato a *praticare,* al termine della vita non sarà facile. Perché vedete, molto spesso si è così attaccati al mondo, così attaccati alle cose o alle persone, che, anche se siete consapevoli di non volere rinascere, in punto di morte è difficile liberare se stessi. Perché a causa del potere che si genera in quel momento, se non si usano i Nomi Divini, ci si incarnerà in accordo con l'ultima immagine che si ha nella mente. Questo è il motivo per cui molto spesso, quando le persone stanno morendo, e hanno nella mente l'immagine dei loro figli o delle persone che amano molto, l'attaccamento è così forte che la volta successiva, quando tornano, tornano ancora come esseri umani per portare a termine certe questioni karmiche con quella famiglia.

Molto spesso ci si chiede se ci si può incarnare come animali. Bene, in qualche caso si può, perché, sapete, voi siete il maestro. L'anima che è dentro di voi è Dio e Lui può creare qualsiasi aspetto. Diciamo che qualcuno è attaccato a un cane, il che veramente è meglio che essere affezionati a un essere umano, perché i cani sono più leali e fedeli. Ma questo crea un problema. Vedete, se siete affezionato a un animale, alla fine della vita, quando morite, quale sarà l'immagine nella vostra mente? Penserete all'animale, a quanto vi mancherà, a quanto, ad esempio, vi mancherà il vostro cane. In quel momento la vostra anima sta già creando la vostra prossima vita. Cosa sarà? Non potrà essere una vita umana. Vi degraderete a una condizione animale. Vi degraderete a una sfera più bassa. Questo non significa che tutto ciò a cui avete lavorato come essere umano scompare. È ancora lì, ma diventa latente. La stessa cosa avviene quando gli animali guardano un essere umano e pensano: "Wow, com'è fortunato questo umano", mentre gli esseri umani quando guardano gli animali, pensano: "Come sono fortunati gli animali!"

È questo il momento in cui i Nomi Divini entrano in gioco, quando possono dare la liberazione. Senza il potere dei Nomi Divini, senza l'infusione dei Nomi Sacri dentro di voi, sarete sempre vuoti; è sempre e solo il Nome Divino che vi colma e vi dà energia. Non importa che crediate o meno nel Nome Divino, perché è comunque il Nome di Dio che vi sta dando questa energia. Come ho detto il nome di Rama è un *Taraka Mantra*, e vi aiuta. Anche se si è attaccati al mondo esterno, esso aiuta a dissolvere questo attaccamento, ma si deve cantare regolarmente. È per questo che ho detto che il nome di Rama è anche più potente di Rama stesso.

> Ogni parte del corpo di Hanuman, ogni sua cellula era Rama. Ogni capello strappato da Hanuman vibrava il Rama Naam, il Nome di Rama. Tale era l'intensità del Nome Divino dentro di Lui.

Ci fu un episodio nella vita di Rama durante la costruzione del ponte che sarebbe dovuto arrivare fino a Lanka, che oggi è lo Sri Lanka o Ceylon. Avevano bisogno di costruire il ponte, ma non sapevano come fare. Ogni pietra che gettavano nel mare affondava. Allora Hanuman ebbe una grande idea. Hanuman era veramente un grande devoto, realmente uno dei devoti più grandi perché non ci sono molti *grandi* devoti in questo mondo. C'è *Prahlad*, c'è *Meerabai* e qualche altro, ma uno dei più grandi fu Hanuman. Egli ebbe la grande idea di scrivere il nome di Rama su ogni pietra e di gettarla nel mare. In questo modo la pietra, una volta gettata, sarebbe rimasta a galla. Rama stava guardando da lontano e meravigliandosi si avvicinò a Hanuman e disse: "Hanuman, ti stavo osservando. Tu scrivi il mio Nome su una pietra, la butti in mare e questa galleggia, ma quando ne butto una io, questa affonda". Allora Hanuman disse: "Mio Signore, funziona in questo modo: quando il Tuo Nome è scritto sulla pietra questa galleggia, ma senza il Tuo Nome di sicuro affonderà; allo stesso modo, quando *Tu* lasci andare qualcuno, questi certo affonderà".

Mi ricorda moltissimo Pietro. Quando Gesù camminò sulle acque, lui si precipitò dal Signore e a bocca aperta esclamò: "Signore, cammino sull'acqua!" Ma cosa successe? Cominciò ad affondare perché dentro di sé aveva dei dubbi. Allora Gesù lo tenne a galla. È la stessa cosa con i Nomi Divini. Certo, oggi gli esseri umani non sono in grado di vedere il Divino, non riescono ad afferrarlo così facilmente, ma tramite il Nome, in realtà, possono farlo. E inoltre il nome di Rama, come ciascuno dei Nomi Divini, è molto dolce. Effettivamente è diverso da Krishna. Krishna è dolce, certo, ma ha in sé una dolcezza tagliente. È come una dolcezza speziata, sapete? Krishna era molto pungente. Rama vi darà una possibilità, Krishna no. Ma entrambi vi doneranno la liberazione. Il nome di Rama è meraviglioso. Imparate a cantarlo, imparate a ricordare Ram sempre e Lui sarà per voi un fedele compagno. Ecco perché quando qualcuno [in India] muore, cantano sempre *Ram Naam Sathya He, Ram Naam Sathya He*, che significa: l'unico vero Nome è Rama; Rama è l'unico, Rama è l'inizio e Rama è la fine.

Quindi oggi celebriamo il compleanno di Rama. Rama nacque a mezzogiorno. Krishna nacque a mezzanotte. È l'opposto. Così in queste due incarnazioni, Rama e Krishna, il Signore mostra che Egli è completo in tutte le sue qualità, sia nell'incarnazione di Krishna, sia in quella di Rama, che è dolce. In ognuna delle sue incarnazioni e nei suoi aspetti, Egli dimostra che non sarete mai capaci di comprenderLo con la mente. Quando Rama era sulla terra, tutti lo conoscevano come *Raja Rama*, il Re o Principe Rama. Naturalmente per qualcuno era solo una persona normale, un normale essere umano, ma altri, come i grandi *rishi*, sapevano che

Egli era un'incarnazione o manifestazione del Divino. Il grande Vishwamitra, che creò il Gayatri Mantra, iniziò il Signore Rama a molti misteri perché sapeva che Rama era molto speciale e che il suo Nome Divino poteva dare la salvezza.

Hanuman, quando era piccolo, udì il Nome di Rama da Vayu [Suo padre]. Vayu gli disse che Rama sarebbe stato il Suo *Guru*, che Rama l'avrebbe aspettato. Hanuman non conosceva Rama, eppure continuava a cantare il Nome *Ram, Sri Ram, Sri Ram, Sri Ram*. Cantava e meditava intensamente sul Nome di Rama. Non aveva dieci *mantra* come succede oggi, quando a tutti piace avere centinaia di *mantra* e centinaia di Nomi Divini da cantare, no, Lui aveva solo un Nome, il Nome di Rama e Rama era pienamente dentro di Lui: ogni parte del corpo di Hanuman, ogni sua cellula era Rama. Ogni capello strappato da Hanuman vibrava il *Rama Naam*, il Nome di Rama. Tale era l'intensità del Nome Divino dentro di Lui. Accadde allora che, dopo che Rama ebbe ucciso Ravana, tornarono al palazzo e Rama venne insediato nel regno come Re di Ayodhya. Si tolse uno dei suoi bracciali di perle e lo donò a Hanuman. Naturalmente tutti quelli che risiedevano nel regno erano molto felici di vedere Hanuman ricevere un dono dal Signore Rama. Era una grande benedizione. Cosa fece Hanuman? Cominciò a rompere coi denti le perle una ad una, a guardarci dentro e poi a gettarle via. Certo, questo gesto era un'offesa. Tutti i saggi della corte che stavano lì seduti, sbalorditi, dissero: "Cosa stai facendo? Rama ti ha fatto un dono e tu lo stai distruggendo? Così offendi Rama!" Rama sorrideva e credo che anche Sita non riuscisse a capire perché Hanuman si stava comportando in quel modo. Hanuman rispose: "Sto cercando Rama e Sita nelle perle, sto cercando di vedere se loro sono lì, ma non li vedo. Quindi a che cosa mi servono? Le butto via". Questo è ciò che fate tutti! Continuate a cercare il Divino nel mondo, sapete che non lo troverete nel mondo esterno, ma che Lo troverete dentro di voi, eppure continuate a cercarLo fuori. Pensate:

"Sì, Lo troveremo, non adesso, ma più avanti Lo troverò". Ma non lo troverete mai a meno che non Lo cerchiate, prima di tutto, dentro di voi. Una volta che l'avete trovato dentro di voi, allora lo troverete ovunque. Dissero la stessa cosa a Hanuman: "Non sai che Lui risiede nel tuo cuore? Sicuramente hai poca fede dal momento che non sai che il Signore risiede nel tuo cuore". Allora Hanuman disse "No, no, no. Lo so che Lui è nel mio cuore!" Così, davanti a tutti, con le unghie, si aprì il petto, e dentro vi erano seduti Sita e Ram. Questa meravigliosa forma di Hanuman è *Virat Swarupa*, in cui Hanuman mostra l'intensità della *bhakti*, nella quale il Signore vi consuma completamente.

Era la stessa cosa quando Santa Teresa di Avila disse: "Il Signore ha trafitto il mio cuore. Il mio cuore è stato trafitto dalle frecce del Signore". Questa è l'intensità dell'Amore, un Amore che trascende la felicità e la sofferenza; non quello che tutti intendono come amore quando dicono: "Sì, mi sento molto felice". No, non è così. Quando Teresa d'Avila morì, le tolsero il cuore – questa era la cultura nel sedicesimo secolo – e quando glielo tolsero, videro che il suo cuore era trafitto. Fu la stessa cosa quando Gesù mostrò il suo cuore: era trafitto.

Questa intensità, come ho spiegato già molte volte, è un ardente desiderio per il Signore. Ma purtroppo, oggi la gente non conosce questa intensa brama per Dio. Desiderano Dio ardentemente solo per un po', ma la cosa che passa subito dopo nella loro mente è: "Oh, ho bisogno di questa cosa". Dimenticano Dio e corrono dietro al mondo. È così facile correre dietro al mondo, perché il mondo stesso sta correndo dietro a voi, ma voi dovete correre dietro al Signore.

Lo so, sto parlando e ciò che dico non ha molto senso, ma comunque è bello ricordare questo a se stessi, è bello ricordare a tutti che non siamo qui per correre dietro al mondo. Il mondo può correre dietro a voi, ma voi dovete correre dietro al Signore. Il mondo sarà sempre qui per voi, ma *voi* dovete, prima di tutto, ottenere la Realizzazione, che è il motivo per cui vi siete incarnati. Una volta che l'avrete ottenuta, potete correre dietro al mondo finché volete.

Come ha detto un grande filosofo: "Prima trovate voi stessi, poi cercate il mondo", no? Una volta che avete trovato voi stessi, diventate un *Jivan mukti,* vi liberate dalla schiavitù del karma. Poi potete fare quello che volete, quanto volete. Nulla vi legherà. Ma finché non avete trovato il vostro Sé, continuate a provare. Continuate a cercare e il Nome Divino di Rama vi aiuterà, il Nome Divino di Krishna, il Nome Divino di Gesù, tutti i Nomi Divini vi aiuteranno a trovarlo. È per questo che si dice che il sentiero della Bhakti sia uno dei sentieri più facili, ma vi ci dovete dedicare. Non è che a ogni momento distogliete la vostra mente dal vostro sentiero; o appena soffia un po' di vento vi fate portare a destra e a sinistra. Tenetevi stretti ai Nomi Divini, qualsiasi Nome Divino sentite vicino. Non avete bisogno di avere dieci Nomi Divini. Ve ne occorre solo uno. Se avete un *guru mantra*, cantate il vostro *guru mantra*. Se avete un Nome Divino, una forma del Divino che sentite vicina, concentratevi semplicemente su quella. Sarà più intenso che concentrarvi su dieci Nomi Divini. La mente degli uomini pensa che avendone dieci, avanzeranno più velocemente. Non andranno avanti più velocemente. In realtà avanzeranno più lentamente, perché avere un Nome Divino è come scavare un buco e raccogliere l'acqua. Avere dieci Nomi Divini è come scavare dieci buchi e cercare di prendere l'acqua. Non ci riuscirete. Quindi, se volete, cantate un Nome solo.

BERE DALLA COPPA DELL'AMORE DIVINO

Darshan a Shree Peetha Nilaya
Springen, Germania, 3 luglio 2012

Il Nome del Signore può essere compreso da tutti in qualsiasi lingua, non è vero? Anche quel bambino nel gruppo stava ballando mentre cantavamo. I santi affermano che un bambino non ancora nato, quando è nel grembo della madre, passa attraverso un'estrema sofferenza perché si trova nell'oscurità, nell'acqua e nel sangue. Lo spirito del bambino chiama il Signore e gli dice: "Caro Signore, permettendomi di venire in questo mondo, Tu mi rivelerai la Tua gloria. Mi arrendo al Tuo Nome Divino. Possa questa vita che sto per intraprendere essere servizio a Te e abbandono a Te". Ma poi cosa succede? Nel momento in cui il bambino nasce, questo collegamento con Dio, questo collegamento che il bambino aveva chiesto, viene dimenticato. E non sono io a dirvelo, è veramente scritto nei *Veda*. Ed è vero che nel momento in cui si viene in questo mondo, nel momento in cui si viene assorbiti in questo mondo materiale, la mente diventa attiva. E una volta che la mente diventa attiva, ci si dimentica quello che si è chiesto. L'amore è la cosa più importante nella vita, ma quando veniamo al mondo, siamo così assorbiti in esso che dimentichiamo il nostro dovere, dimentichiamo il nostro compito, dimentichiamo perché ci siamo incarnati, perché siamo venuti al mondo. C'è una cosa che ci permette di ricordare sempre questo amore di Dio ed è la spiritualità. Cos'è la spiritualità? La spiritualità è abbandono. E io so che a molti non piace la parola abbandono; non piace sentire questa parola perché si pensa che arrendersi significa dover rinunciare a tutto. Sì, è vero! Dovete rinunciare a tutto perché siete venuti con niente! Quindi cosa vorreste prendere e cosa vorreste dare che non sia già qui? Semplicemente prendete qualcosa da un posto e la mettete in un altro!

Nella spiritualità la parola abbandono significa che la mente si arrende ai Piedi di Loto del Signore. Questo è, infatti, ciò che si deve abbandonare. Il Signore ha già tutto, sapete! La vostra mente, quando si è abbandonata ai Piedi di Loto del Signore, guadagna pace, guadagna felicità, guadagna gioia, guadagna libertà. Sino a quando non si abbandona la mente, si è schiavi di essa. La nostra mente è limitata dai cinque attaccamenti: avidità, lussuria, rabbia, ego e invidia. Queste sono le cinque qualità grossolane che costituiscono la mente, e l'ego è la più forte di tutte. Anziché abbandonare la mente al Signore, l'orgoglio e l'ego fanno sì che ci si abbandoni a tutto tranne che a Lui. Questo è il motivo per cui le persone diventano irrequiete, perché la mente non è al posto giusto. L'anima dentro di noi sussulta e ci dice "Ehi, mente, arrenditi!" Ma la mente risponde: "No, sto meglio con le mie preoccupazioni, perché è così che posso trascinarti in basso". L'anima dice: "Ma è solo un'illusione", perché dentro di voi sapete che la realtà è solo abbandonarsi ai Piedi Divini, realizzare il mistero della vostra incarnazione, capire il vostro *dharma*, il vostro dovere qui, e realizzarlo. Interiormente ciascuno di voi lo sa. Non sta a me dirlo, ma sta a voi, voi stessi, saperlo. Ma la mente lo rende impossibile, perché ogni volta che diciamo: "Non fare quella cosa, distaccatene", cosa fa la mente? La mente diventa più attiva e dice: "No, no, no. Fallo!", e nel momento in cui lo fate, rimanete impigliati. Poi una cosa tira l'altra. Non ci sarà mai fine.

In seguito, quando vi guardate indietro, dite: "Oops, se avessi potuto cambiare dall'inizio, l'avrei fatto!" Quante volte nella vostra vita avete preso certe decisioni e poi, successivamente, vi siete detti: "Avrei potuto fare diversamente!" Succede, vero? Allora vorreste tornare al passato e cambiarlo, ma è troppo tardi! Quel che è fatto è fatto! Dovete sopportarne le conseguenze. Ma se ascoltate la vostra intuizione sin dall'inizio, quando il vostro cuore vi dice di non fare qualcosa e non lo fate, ascoltando questa intuizione che potete chiamare la Voce di Dio, sarete liberi.

Imparare ad ascoltare la propria intuizione è molto importante. È anche molto facile, perché ogni volta che si ascoltano le proprie intuizioni, non c'è il dubbio, e la voce dell'intuizione è forte e diretta. Molto spesso la mente si ribella, ma se prendete la decisione di ascoltare questa voce intuitiva dentro di voi, starete lontani dalla mente ed essa si arrenderà. Perché più ascoltate la mente più essa vi trascina, mentre meno la ascoltate, più vi allontanerete da essa e più sarà facile realizzare il vostro Sé.

Abbandonarsi quindi, significa abbandonare la mente ai Piedi di Loto, arrendere la mente ai Nomi Divini perché i Nomi di Dio hanno il potere di calmare la mente, hanno il potere di portarla sulla strada giusta. Ecco perché in tutte le religioni si dice di cantare il nome di Dio. Come ho detto prima, cantare il Nome di Dio è come essere innamorati del Divino. Più canti i Nomi Divini, più l'Amore di Dio si rivelerà dentro di voi, non fuori, ma dentro di voi. Più cantate e più inizierete a entrare in risonanza con i Nomi Divini, più comincerete ad avere le Qualità del Divino. Nei Nomi Divini vi è tutto. Potrebbe essere tutto così semplice.

> **Caro Signore, permettendomi di venire in questo mondo, Tu mi rivelerai la Tua gloria. Mi arrendo al Tuo Nome Divino. Possa questa vita che sto per intraprendere essere servizio a Te e abbandono a Te**

Prendete ad esempio il nome di Ram. Prima stavamo cantando *Jai Raghunandana Siya Ram, Janaki Vallabha Sita Ram*. Stavamo appunto cantando il Nome di Rama, no? Si dice che attraverso il solo canto di *Ram Naam*, si può ottenere *Moksha*, ci si può liberare, ci si libera da tutto il karma. Tale è il potere di *Ram Naam*, tale è il potere del Nome del Signore, che può liberarti all'istante, ma c'è una cosa: per ottenere il pieno beneficio del canto del Nome Divino, bisogna cantarlo con profonda sincerità. Bisogna veramente cantarlo con tutto il cuore.

All'inizio cantare avviene meccanicamente, ma quando si va in profondità, ci si perde nel Nome Divino e si beve dalla coppa dell'Amore Divino. Una volta che avete bevuto dalla coppa dell'Amore Divino, vedrete il mondo in modo completamente diverso. Questo Amore è puro nettare e per capirlo bisogna berlo.

> Una volta che avete bevuto dalla coppa dell'Amore Divino, vedrete il mondo in modo completamente diverso. Questo Amore è puro nettare e per capirlo bisogna berlo.

Quindi cantate i Nomi divini! Tutti i mille Nomi del Signore hanno uguale potere di liberarvi da questi legami karmici che avete creato nel corso di molte vite. Ed è solo attraverso la Sua grazia che vi è stato dato un corpo umano, così che voi possiate realizzare Lui. Questo è il *dharma* della vita. Il *dharma* della vostra anima è conseguire chi siete veramente. Fino a quando non avrete raggiunto il punto di bere dalla Coppa dell'Amore, non rinunciate. Non importa quanto l'esterno sia bello e allettante, bevete dalla Coppa dell'Amore. E vedrete che c'è una realtà diversa da questo mondo, una realtà che questi occhi fisici non vi permetteranno di vedere.

Krishna nella *Gita* ha detto che un vero Yogi è colui che *Mi vede ovunque – negli animali, negli alberi, ovunque*, ma non si può semplicemente vederlo così. Anche se nella vostra mente lo sapete e dite: "Sì, il Signore è presente ovunque", riuscite a vederLo? No, non sono in molti a riuscirci. Per arrivare a vederLo, la prima cosa da fare è cantare i Nomi Divini. Qualunque Nome voi sentiate vicino, cantatelo, cantatelo fino a divenire voi stessi il Nome Divino. Ed è possibile, vi dico. Non c'è niente di impossibile. Dovete solo provarci! Se ci provate, riuscirete a cantare il Nome Divino a ogni respiro che fate durante il giorno. Respirate 21.600 volte in 24 ore e se durante il giorno praticate consapevolmente, cantando i Nomi di Dio per tutto il tempo a ogni vostro respiro, canterete anche quando starete dormendo. Diventerà un *Ajapa Mantra*, cioè un mantra che si canta da sé, non sarete voi a cantarlo, ma verrà cantato automaticamente dentro di voi. Con ogni inspirazione ed espirazione, reciterete il Nome Divino e trasformerete voi stessi.

Prima di tutto, vi trasformerete interiormente. Proverete dentro di voi gioia, libertà, felicità e, naturalmente, tutto ciò non resterà solo all'interno, ma si rifletterà anche all'esterno. Diventerete uno strumento di questo Amore Divino, diventerete uno strumento del Divino, così voi stessi potrete diventare Divini. Realizzerete questa unità fra voi, che siete l'*Atma*, e Dio, che è *Paramatma*.

E il vostro *io* grossolano, che è composto dal *Pancha Tattva* – i cinque elementi – si dissolverà. Questa identità, che vi è stata data quando siete nati, rappresenta veramente voi? A un certo livello di realtà sì, perché qualunque cosa creata dal Signore è anche reale, dal momento che Egli infonde Se stesso in tutto, ma non è la Realtà Ultima. Solo quando questa realtà più bassa – ciò che voi chiamate realtà e quello che il mondo stesso vede e dice "questo è reale" - si dissolverà, La Realtà Ultima potrà rivelarsi dentro di voi.

Quindi, praticate! In parole semplici: cantate il nome del Signore tutto il tempo e ricordate il Divino. Qualunque cosa facciate, ovunque voi siate, il Divino è con voi.

LIBRARSI NELLA GIOIA DIVINA

Darshan ad Helsinki, Finlandia, 23 agosto 2010

Sono molto felice di essere qui con tutti voi. È vero che quando si cantano dei *bhajan* non tutti riescono a capire e non tutti possono cantare, a causa della lingua, ma una cosa che tutti possono fare è battere le mani. Per battere le mani non avete bisogno di cantare, è facile. Cosa succede quando battete le mani? Sapete, sulle vostre mani ci sono molti meridiani. Tutti questi meridiani sono connessi con determinati organi interni, come il cuore, il fegato, i reni... Così, mentre battete le mani, state inviando lì certe energie e se uno di questi organi è malato, viene sbloccato, funzionando così nel modo migliore. Questo è il motivo per cui quando siete felici battete sempre le mani. Perché quando siete felici battete le mani? È perché produce, anche, felicità e gioia.

Tutti vogliono essere felici e tutti vogliono essere gioiosi, ma ci sono due generi di felicità e due generi di gioia. C'è una certa gioia che dura solo per un po' di tempo, una felicità a breve termine. Voi state cercando questa o state cercando una felicità più lunga, una gioia più duratura? Mentre cantate, quando intonate un canto, state esprimendo voi stessi attraverso certi movimenti, i quali creano questa gioia interiore, e questa gioia interiore è collegata all'Amore. Potete trovare la gioia semplice dovunque, anche all'angolo della strada, perché questa gioia proviene proprio dalle limitazioni delle cose che trovate nel mondo. Più facilmente la ottenete, altrettanto facilmente la perdete. Siccome la Gioia Eterna è dentro di voi, dovete scavare profondamente all'interno. Per trovare questa Gioia

Eterna, per ricevere la grazia di questa Gioia Eterna dovete unire la vostra mente al cuore. Il modo più facile per trovarla è cantare, cantare il Nome di Dio, perché mentre cantate il Nome di Dio siete felici e tale felicità risveglia questo Amore.

Potete parlare dell'Amore ma finché non ne fate esperienza o non lo provate, è difficile da capire. Ma se volete veramente provarlo, è facile. Dovete calmare questa mente e risvegliare il cuore; e quando il vostro cuore si risveglia, l'Amore fluisce. E nell'Amore non esiste la differenza, sapete. L'Amore attraversa tutte le barriere delle diversità. È così che Dio ama ed è così che gli esseri umani dovrebbero amare. Ma spesso è *molto* difficile: facciamo del nostro meglio per amare in questo modo ma risulta piuttosto difficile perché ci sono tante cose all'esterno che disturbano la mente, tante cose che impediscono di amare. Non si deve però perdere la speranza, si deve continuare a provare e provare; e il canto dei Nomi Divini risveglia questo Amore e vi rende forti.

C'è un episodio nella vita di Rama. Rama è la settima incarnazione di Vishnu. Una volta c'era un demone, chiamato Ravana, che aveva rapito Sita, la moglie di Rama. Per soccorrerla, Rama sarebbe dovuto andare a Lanka, che oggi è lo Sri Lanka. Si doveva costruire un ponte ma ogni pietra, gettata nel mare, andava a fondo. Hanuman, il più fedele devoto di Rama, disse: "Perché non scrivere il Nome di Sri Ram sulle pietre prima di buttarle in mare?" Quando scrissero il Nome di Sri Ram sulle pietre e lo buttarono nel mare, le pietre invece di andare a fondo cominciarono a galleggiare. Fu così che costruirono il ponte. Se una pietra galleggia semplicemente scrivendo il Nome di Ram, il Nome di Dio, immaginate di scrivere il Nome di Dio nel vostro cuore. Cosa succederà? Anche voi fluttuerete, ma fluttuerete nell'Amore Divino, vi librerete nell'Estasi Divina, nella Gioia Divina. Questa Gioia è la Gioia Eterna che tutti stanno cercando, non è una gioia o una felicità che dura solo per po'. La mente è focalizzata sempre sull'esterno, ma dobbiamo imparare a rivolgerla interiormente e a guardare dentro noi stessi, vedere lì il Signore e lasciare che Lui si riveli. Quando recitate il Suo Nome, quando cantate il Suo Nome, lo state chiamando. Gli state chiedendo: "Per favore, rivelati". Come dice Krishna nella *Gita:* "All'esterno, io non risiedo in nessun luogo. Non risiedo neanche nel cuore delle persone, ma risiedo dove si sta cantando la mia gloria".

La stessa cosa è scritta nella Bibbia: "Se due o tre si riuniscono nel mio nome, io sarò vicino a loro". Questo significa che quando cantate il Nome di Dio, Lo state chiamando, Gli state chiedendo di risvegliarsi dentro di voi. Gli state chiedendo di venire a voi e di rivelarsi. Più lo fate, più Lui si rivelerà sotto forma di questo Amore che sentite per Lui. Più ardentemente Lo desiderate, più amate fare la vostra *sadhana* e più la vostra mente sarà controllata, e quando la vostra mente è sotto controllo, quando avete la pace mentale, voi siete calmi. Allora sentirete la pace nel vostro corpo e nel vostro ambiente, sarete uno strumento di questo Amore Divino, ma dovete fare voi il primo passo. Non meditate solo sulle cose esteriori: meditate dentro di voi e trovate Dio.

Questo mi ricorda che molto spesso le persone hanno paura dell'ambiente esterno e guardano ciò che l'ambiente esterno pensa di loro. Effettivamente questa è la debolezza dell'Uomo; guardare sempre gli altri e dimenticare che loro stessi possono cambiare le cose.

Mi ricorda una storia in cui c'era un *sannyasi*, un *sadhu*. Questi era solito stare di fronte a una casa dove viveva una prostituta. Ogni giorno il *sannyasi* guardava quanti uomini visitavano la prostituta e li contava. Così un giorno decise di andare dalla donna e le disse: "Signora, non sai quanto stai peccando. Sicuramente andrai all'inferno a causa di tutti i peccati che stai compiendo. Devi pentirti sinceramente e cambiare la tua vita". Quella povera donna, quando udì ciò, si spaventò e rimase sconvolta. Pianse molto amaramente, pianse e si pentì interiormente e quando udì quanti peccati aveva commesso, si sentì molto cattiva. Allora pregò Maha Vishnu dicendo: "Signore, perdonami, non ero consapevole di quanti peccati stavo commettendo". Pianse e pianse, ma poiché la prostituzione era per lei l'unico mezzo di sostentamento, non poté veramente cambiare la sua vita.

Vedendo che anche dopo averle parlato, la donna non era cambiata, il *sannyasi* pensò: "Per ogni persona che le fa visita, metterò una pietra di fronte a casa sua, per mostrarle quanti peccati commette". In breve tempo davanti alla casa vi fu un grande mucchio di pietre. Allora il *sannyasi* andò dalla donna e le disse: "Vedi questo grande mucchio di pietre? Sono tutti i tuoi peccati". La donna piangeva ogni giorno e ogni giorno chiedeva sinceramente perdono a Dio. Accadde che dopo questo episodio la prostituta morì e, per coincidenza, anche il *sannyasi*, che era un *brahmino*, morì. Visto che era un *brahmino* pensava che sarebbero venuti a prenderlo gli angeli di Dio. Mentre aspettava, vide gli angeli di Dio, di Maha Vishnu, arrivare e portar l'anima della prostituta a *Vaikunta*, in Paradiso, mentre lui venne a prenderlo il Dio della Morte e lo portò all'inferno. In segno di protesta il *sannyasi* cominciò a urlare, dicendo quanto questo fosse ingiusto: "Io sono un *sannyasi*, sono un *brahmino*, ho passato la vita a pregare Dio, ma io sto andando all'inferno mentre la prostituta sta andando in cielo". Allora i servitori di Maha Vishnu

Immaginate di scrivere il Nome di Dio nel vostro cuore. Cosa succederà? Anche voi fluttuerete, ma fluttuerete nell'Amore Divino, vi librerete nell'Estasi Divina, nella Gioia Divina.

dissero: "Vedi, ogni volta che tu accusavi quella donna, lei si pentiva sinceramente, chiedeva perdono a Dio e nel suo cuore ripeteva continuamente i Nomi Divini. Mentre tu, anche se esternamente stavi seduto a pregare, non contemplavi il Divino. Dentro il tuo

cuore meditavi sul peccato che questa donna stava commettendo ed è per questo che ora stai andando all'inferno".
Nello stesso modo, il vostro cuore sarà lì dove voi lo ponete. Questo è ciò che è scritto nella Bibbia. Se il vostro cuore è concentrato sul Divino, il Divino risiederà sempre dentro di voi, in ogni vostra parte e comincerete a irradiare questo Amore Divino, a donarlo a tutti e a divenire quello strumento di cui parlavo prima. Ma se vi concentrate sulla negatività che vedete sempre, perché i vostri occhi percepiscono cose che non sono buone, sarete intrappolati in questa illusione. L'unico modo in cui realmente potete liberarvi dalla trappola è abbandonarvi ai piedi di Dio, e dire davvero: "Signore, prendimi".
Sappiate che Dio è compassionevole. Lui vi sosterrà, vi condurrà e vi invierà sempre il Suo aiuto. Il Suo Amore è così. Quindi non concentratevi sul negativo, ma concentratevi sul Divino e chiamateLo dentro di voi. Non siate timidi nel cantare il Nome di Dio, non siate timidi, perché non è una cosa che riguarda gli altri: riguarda voi e Dio.

IN SINTONIA CON DIO

Krishna Janmashtami a Shree Peetha Nilaya
Springen, Germania, 2 settembre 2010

Stiamo celebrando il compleanno del Signore. Conoscete la vita di Krishna, vero? Sì. Cosa ci mostra in realtà? Quello che è accaduto cinquemila anni fa è valido ancora oggi, anche se, naturalmente, dobbiamo vederlo in funzione di *questa* epoca. Nella Sua vita, fin dalla prima infanzia, Sri Krishna uccise una grande quantità di demoni, ma in quel periodo i demoni si trovavano all'esterno, mentre oggi i demoni sono penetrati negli esseri umani e si trovano all'interno. Nello stesso modo in cui Lui risiede all'interno, nel nucleo del cuore, questi demoni risiedono nel nucleo della mente. Sono le diverse qualità che si risvegliano nella mente.

Ecco perché si dice che in questa epoca il modo più facile per raggiungere il Signore è attraverso la devozione, solo tramite la pura devozione, *suddha bhakti*. Ma se la vostra devozione è solo al 50%, Egli non si mostrerà. Si nasconde perché sa che se date a Lui solo la metà, significa che più avanti sarete di nuovo catturati dal mondo esterno. Ecco perché nell'ultimo *darshan* ho detto: si intraprende il percorso spirituale con molto entusiasmo; poi, più avanti, cominciate a essere sempre meno entusiasti, ma nonostante tutto non lo abbandonate mai completamente e quando realizzate che state andando giù, fate il possibile per risollevarvi. Nello stesso modo, quando un bambino cade, per un po' piange, ma poi cerca di fare del suo meglio per alzarsi oppure arrivano i genitori e lo sollevano. È la stessa cosa con il Signore: Lui non può vedere soffrire nessuno dei suoi figli, e così, anche se cadete, Egli sarà sempre lì ad aiutarvi a rialzarvi.

ChiamandoLo, cantando il Suo Nome Divino, avrete sempre più familiarità con Lui. Cos'è il Nome Divino? È il Nome di Dio. Quindi quando cantate il Nome Divino, cosa succede? Tutta la negatività che è nella vostra mente viene dissolta. Certo non succede in un attimo! Avviene con la pratica, attraverso anni e anni di pratica. Alcuni, dopo aver praticato un anno o due dicono: "Va bene, non vedo nessun risultato" e lasciano perdere. Queste persone non andranno da nessuna parte perché passeranno da una pratica all'altra, e da quest'altra a un'altra ancora. Questo è il modo in cui andranno avanti nella loro vita. È come scavare tanti buchi, sperando di trovare l'acqua. Se invece di scavare un solo buco e raggiungere l'acqua, ne scavate dieci, non la troverete mai.

Nello stesso modo quando cominciate a cantare i Nomi Divini, perché Dio si riveli a voi, dovete dare prova del vostro valore. Certo tutto succede attraverso la Sua Grazia, niente avviene attraverso la vostra grazia. Anche muoversi, o anche per me parlare, è possibile solo attraverso la Sua grazia. Ma poiché avete una mente, dovete dimostrare che *veramente* volete lasciarla andare. Cantando i Suoi Nomi Divini chiamate Dio, e più lo chiamate e maggiormente vi sintonizzate sulla *Sua* frequenza e più il vostro vecchio ego diventa man mano meno forte, sino a quando comincerà a trasparire solo la Sua Grazia. È molto semplice. Ad esempio quando cominciate a cantare il Nome di Krishna, all'inizio vi stuferete e vi chiederete: "Cosa sta succedendo? Perché Lui non mi ascolta?" In realtà queste sono tutte differenti qualità che si risvegliano, anche l'essere arrabbiati con Lui, perché voi Lo desiderate. Nello stesso modo in cui voi Lo desiderate, Lui desidera voi, ma molto di più. Può succedere che vi scoraggiate, oppure che pensiate: "Va bene, prego e tutto il resto, ma Lui non mi ascolta", ma in realtà questa è la Sua *Maya*, il Suo gioco. Quando non si mostra, è per voi il momento di desiderarlo ancora *più* ardentemente. Naturalmente ne possiamo parlare, ma quando ci siete dentro, è completamente diverso. Per voi, è come se il mondo si capovolgesse.

Ieri stavo parlando con una persona che mi ha detto: "Swamiji, mi piacerebbe vedere Krishna". Poi mi ricordò una cosa successa 12 anni fa, quando ebbe il desiderio di vedere Krishna e Krishna gli si era rivelato, ma poiché allora questa persona non era pronta, avevo allontanato da lui questa grazia. Così ieri mi ha detto: "Mi hai tolto quello che è successo 12 anni fa. Mi piacerebbe rivedere Krishna, lo voglio!" E io ho detto: "Cosa se disposto a fare per ottenerlo?" Lui ha risposto: "Qualsiasi cosa!" E io: "Sei *sicuro*?"

Vedete, è facile parlarne, ma quando si arriva all'azione, quando si arriva alla pratica, non è così facile. Molti dicono: "Sì, amiamo Dio", ma quanti realmente fanno di tutto perché questo amore possa crescere? Veramente pochi. Come dice il Signore: "Posso contarli sulle dita della mia mano". Certo, le Sue mani non sono come le mani umane, non ne ha solo una, ne ha tante. Quindi più cantate i Nomi Divini, più vi sintonizzate con questi Nomi Divini, e più il Divino risplenderà attraverso di voi e comincerà ad agire attraverso voi; naturalmente sto parlando delle Sue qualità, non di Lui.

Per raggiungerlo pienamente, dovete andare sempre più in profondità. È come scavare un buco: all'inizio attingete a una piccola quantità d'acqua fangosa, ma scavando di più raggiungete l'acqua limpida. È la stessa cosa quando le persone raggiungono un certo grado di spiritualità e sviluppano determinate qualità. Il Divino dona loro certe qualità, ma la cosa triste è che queste persone rimangono bloccate in queste qualità. Credono di aver già raggiunto un livello spirituale molto alto e pensano di essere speciali. E così poi, naturalmente, non succede niente [di più].

Mentre quando dimenticate queste qualità e non gli date troppa importanza, ma invece mirate a Lui, Egli non potrà negarvi la Sua presenza, non potrà rifiutarsi a voi. Nel modo in cui voi vi donate a Lui, Lui si donerà a voi. In realtà è molto facile ma difficile da comprendere per la mente, vero? È perché tutti vogliono capire come si fa. Quando dico di cantare i Nomi Divini, di recitare i Suoi Nomi, di pensare continuamente a Lui, voi dite: sì, lo farò. Ma poi cosa succede? Se analizzate la vostra giornata, vedrete che spesso vi dimenticate di Lui. Anzi vi dimenticate di Lui molto più spesso di quanto non pensiate a Lui. Questo è il motivo per cui non succede nulla.

> Più cantate i Nomi Divini, più vi sintonizzate con questi Nomi Divini, e più il Divino risplenderà attraverso di voi e comincerà ad agire attraverso voi.

E inoltre quando vi si dice di cantare i Nomi Divini, lo fate in modo meccanico. "Poiché Swamiji ha detto di cantare, io canto, canto, canto". No, non deve essere così, perché quando cantate il Suo Nome, la vostra mente deve anche avere la Sua visione, dovete avere la Sua immagine nella mente. Certo, semplicemente cantare il Suo nome va molto bene, è meglio di niente, ma se *davvero* volete realizzare il Divino, cantate il Suo Nome e visualizzateLo. Come Lui stesso dice nella *Gita*, visualizzateLo nel vostro terzo occhio, visualizzateLo nel vostro cuore, visualizzateLo in ogni respiro che fate, inspirando ed espirando.

Diciamo che state cantando il *Maha Mantra: Hare Ram Hare Ram, Ram Ram Hare Hare, Hare Krishna Hare Krishna, Krishna Krishna Hare Hare*. Non dovete avere fretta: avete tutto il tempo. Quando date una festa, vi prendete tutto il tempo necessario. È la stessa cosa quando vi prendete il tempo per cantare i Nomi Divini; dovete davvero prendervi il tempo. Sedetevi, cantate e visualizzateLo nella vostra fronte, nel vostro cuore, in ogni inspiro e in ogni espiro: è solo Lui. Più cantate in questo modo, più diventate consapevoli che Lui non è fuori, ma è dentro di voi. E non lo saprete semplicemente, ma lo *Realizzerete*. Poi questa identità che attribuite sempre a voi stessi, questo Io, Io, Io comincerà a dissolversi. Diventerà Tu, Tu, Tu. L'identità dell'ego si dissolve e ciò che resta è solo Lui.

LA GIOIA DI DANZARE PER DIO

Satsang a Berna, Svizzera, 23 maggio 2007

Spesso crediamo di conoscere Dio e pensiamo: "Dio è così e così", ma è sbagliato. Ognuno ha il proprio punto di vista di come Dio è e ciascuno ha il proprio modo personale di realizzarLo. Per alcuni basta semplicemente cantare il Nome di Dio per essere nella beatitudine e Realizzare Dio pienamente, mentre altri devono davvero sforzarsi, sforzarsi molto profondamente per raggiungere, per Realizzare Dio. Ognuno si trova al proprio livello ed è per questo che molto spesso dico alle persone: "Fai la tua esperienza personale dell'Amore di Dio". Io posso parlare dell'Amore di Dio e voi potete leggere dell'Amore di Dio, ma l'Amore di Dio è esperienza personale di ciascuno. Quando farete la vostra esperienza, anche se piccola, ne proverete grande gioia e beatitudine e ne godrete!
(Nota: Swami canta, ma poi si ferma e comincia a spiegare ciò che segue).
Cantare per Dio e alzare le mani significa: "Signore, stiamo annegando in questa illusione; stiamo annegando in questa *Maya*. Stiamo alzando le braccia a te, perché tu ci possa tirare fuori da *Maya*, perché tu ci possa tirar fuori da questa illusione e farci Realizzare noi stessi e Realizzare che siamo parte di Te, che siamo i Tuoi bambini, che siamo il Tuo Amore Divino". Mi piacerebbe che tutti voi alzaste le mani e invocaste il Signore. È come quando uno sta annegando in mare e alza le braccia fuori dall'acqua. Anche se questa persona sta commettendo un suicidio, le braccia sono sempre alzate, nell'attesa che qualcuno lo o la salvi. Stiamo tutti affogando in questa *Maya* e

ogni giorno questa illusione, questa grande illusione di Maya Devi ci fa sprofondare sempre di più. Quindi invocate il Signore, che vi porti fuori da questa illusione!

Quando danzate, quando vi muovete, tenete in forma il vostro corpo. State facendo danza *yoga* e nello stesso tempo state praticando *nama smarana*, state cantando il Nome di Dio. Dio è così inebriante. Quando comincerete a cantare e a danzare la Sua gloria, vorrete amare e danzare sempre, vorrete cantare il Suo Nome e danzare continuamente. Non vi stancherete, vi dimenticherete della sete, vi dimenticherete della fame, vi dimenticherete di tutto.

Non è lo stesso modo di ballare di quando andate in discoteca. In discoteca ballate, ballate, ballate e dopo un po' dite: "Devo andare a mangiare; ho fame e ho sete". Oppure, tornati a casa dopo aver ballato in discoteca, cosa fate? Vi buttate sul letto e dormite, perché siete molto stanchi. Mentre il nome di Dio lo potete cantare sempre senza mai stancarvi e potete ballare senza mai stancarvi.

Mi viene in mente che due settimane fa ero in Croazia e per sette giorni, ogni giorno, abbiamo cantato e danzato dal mattino fino alla tarda mattinata seguente, fino alle quattro o alle cinque del mattino. È stato così tutti i giorni ed è stato così coinvolgente, così bello.

L'ultimo giorno della mia visita, al *darshan*, c'erano sei o settecento persone. Dopo il *darshan*, siamo tornati nel luogo dove alloggiavamo e nel soggiorno c'erano circa settanta persone: siamo stati seduti a cantare tutto il tempo, giusto una pausa per mangiare e poi di nuovo a cantare e ballare. Abbiamo cantato i Nomi di Krishna e

Gesù, tutti i Nomi di Dio. Poi, prima di andare a dormire, ero su un balcone a parlare con qualcuno e, quando guardai giù, vidi una signora che cercava di andare a dormire, ma continuava ad andare a destra e sinistra intonando l'ultimo *bhajan* che avevamo cantato. Era come se fosse ubriaca dei Nomi di Dio. Allora dissi alla persona vicino a me: "Guarda cosa fa l'Amore di Dio, nel suo Amore tutti impazziscono". Ho guardato questa persona e poi ho guardato su nel cielo – stava facendo giorno ormai – e ho detto: "Sono sicuro che Dio è molto felice di vedere tutti i suoi figli impazziti!"
E in quel momento, nel momento in cui l'ho detto, una grande sfera di luce blu è apparsa, si è divisa in due, poi si è riunita ed è sfrecciata in tutte le direzioni. È stato davvero meraviglioso, sapete. Egli ci stava dando, a modo suo, la Sua approvazione: "Sì, sono felice che tutti voi siate ebbri di questo Nettare Divino".
(Nota: Swami chiede ad alcune persone di mostrare come si danza, poi parla ancora).
Come vedete è molto semplice: state facendo una specie di yoga e contemporaneamente state praticando *nama smarana;* e nello stesso tempo la mente diventa meno potente. Quindi va molto bene.
Sapete, Cristo era Amore e questo aspetto di Cristo non è più rappresentato nella Cristianità. Quando guardiamo le icone o le statue di Cristo sono molto deprimenti. Ma Cristo era gioia. E questo è il modo in cui la gente segue il Suo messaggio d'Amore! Una volta Gli chiesi se Lui danzava. Egli rispose: "Certo che danzavo". Nella tradizione ebraica la danza è una delle cose più importanti ed Egli mi offrì una visione di Lui che ballava. Vi è questo canto *Lai Lai, Lai Lai, Lai Lai Lai Lai Lai,* e ho avuto la visione di Lui e dei Suoi discepoli con le braccia uno sulle spalle dell'altro che danzavano nello stesso modo in cui danzavate voi. Purtroppo questa parte non la vediamo, non viene raccontata.

Probabilmente avete notato che quando ballate, non riuscite a pensare a nulla. Ecco perché nelle discoteche tutti impazziscono, perché non possono pensare. Ma quello che sta accadendo dentro di loro è diverso. Quando cantate il Nome di Dio, la positività entra in voi, mentre quando cantate qualcosa di negativo, naturalmente sarà la negatività a entrare in voi, perché quando cantate, tutti i *chakra* sono aperti. Specialmente il chakra del cuore è aperto e solo il Nome di Dio può lasciarlo aperto. Tutte le altre cose non possono tenere il cuore aperto. Ecco perché le persone che escono dalla discoteca sono molto aggressive: è l'impronta della negatività. Mentre quando uscite da un *satsang* o dai *kirtan*, quando avete appena cantato i Nomi di Dio, volete stare tranquilli, volete godere di questo Amore Divino dentro di voi; e quando ballate e cantate, sentite più energia. Se vi dico di meditare dopo aver danzato, vedrete che la vostra concentrazione è molto migliore di quando semplicemente vi sedete e meditate. Provate a casa.

È stato bello essere qui con tutti voi. Vi ho aperto il mio cuore, in cui c'è solo l'Amore di Dio, che è la cosa più importante nella vita.

IL POTERE DEL NOME DI RAMA

*Satsang del ritiro a Flueli Ranft,
Svizzera, 26 maggio 2007*

Poco fa stavamo cantando *Sri Ram, Jai Ram, Jai Jai Ram, Vastu amolika, di mere Satguru*, che significa *Ho ricevuto il segreto del nome di Rama*. Il mio Guru mi ha spiegato il potere del Nome di Rama, così io ne faccio tesoro. Si dice che neppure lo stesso Rama conoscesse il potere del Suo stesso Nome.

Una volta Rama con Hanuman e tutte le scimmie stavano cercando di costruire un ponte fra l'India e lo Sri Lanka. Facevano del loro meglio. Trasportavano delle pietre enormi e le gettavano nel mare pensando che si sarebbe riempito e che avrebbero così potuto attraversarlo. Ogni volta che lo facevano, la pietra, naturalmente, andava a fondo. Così Rama prese una pietra e la gettò nel mare. Pensò che avendola buttata Lui, avrebbe galleggiato; ma nel momento in cui lasciò la Sua mano, la pietra affondò nell'acqua.

Così Rama chiamò Hanuman: "Hanuman, vieni qui un attimo. Sai, non capisco una cosa. Si dice che cantando il mio nome si ottenga la liberazione, ma qui, guarda, non posso neanche far galleggiare una pietra perché, nel momento in cui la butto nell'acqua, la pietra affonda". Hanuman, che è considerato l'Oceano della Saggezza, disse a Rama: "Mio Signore, con tutto il mio rispetto per Te, non voglio offenderti, ma ti dirò una cosa. Non è colpa Tua, perché il fatto è che, finché la pietra è nella Tua mano, è al sicuro e galleggia; ma nel momento in cui la pietra lascia la Tua mano, naturalmente affonda". Così, come soluzione, Hanuman scrisse su ogni pietra il Nome di Rama cosicché queste potessero galleggiare.

C'è un'altra storia che mostra il potere del nome di Rama. C'era una volta un re che nella sua vita aveva peccato molto. Sapeva che sarebbe morto presto, così andò a far visita a un guru in un *ashram*, ma quando arrivò lì, il guru era in meditazione profonda. Così aspettò, aspettò e aspettò, ma il guru non usciva dal suo *samadhi*. Il re vide che lì c'era il figlio del guru, allora lo chiamò: "Per favore, tuo padre è in profondo *samadhi* e io non posso dirgli di uscirne, così dimmi tu cosa devo fare. Guarda, ho passato tutta la mia vita a ferire le persone e a fare cose malvagie, ma adesso mi rendo conto che devo cambiare determinate cose nella mia vita. Dimmi, come posso perdonare me stesso per tutto ciò?"

Il figlio pensò per un po' e poi disse: "Canta per tre volte il Nome di Rama e tutti i tuoi peccati ti saranno perdonati, ma, naturalmente, devi cantarlo con fede. Non puoi semplicemente cantarlo con la bocca". Il re fu molto felice. Quando il guru tornò in sé, il figlio era molto eccitato e disse: "Padre, padre, sai che è venuto il re?" e gli spiegò tutto riguardo ai motivi per cui il re era stato lì. Allora il padre gli chiese: "Tu cosa gli hai detto?" Il figlio rispose: "Gli ho detto di cantare tre volte il Nome di Rama con fede e che tutti i peccati gli sarebbero stati perdonati". Il padre si arrabbiò moltissimo e disse: "Figlio mio, ti maledico, perché ancora non sai quanto sia potente il Nome di Rama. Non avevi bisogno di dirgli di cantarlo tre volte, anche una sola volta sarebbe stata sufficiente!"

CHIAMARE DIO: CANTA CON IL CUORE

Darshan, Polonia, maggio 2007

(Nota: Tutti stanno cantando e improvvisamente Swami li ferma e comincia a parlare)
Quando avete bisogno di qualcosa, specialmente quando vi è un'emergenza, avete il coraggio e la forza di dire: "Ehi, tu, Tom, portami questo! Ho bisogno di quello!" Qui state cantando il Nome di Dio. Volete disperatamente l'Auto-Realizzazione, volete disperatamente la liberazione e state chiamando Dio. Allora lasciate che la forza esca dal vostro profondo e cantate a voce alta. Vedrete che più cantate a voce alta, meno pensieri ci saranno nella vostra mente. Più cantate a voce alta, più il vostro cuore si aprirà.
Non abbiate paura di cantare e siate felici. Non siate depressi. Quando chiamate Dio, non bisbigliate: "Dio, ti sto chiamando, vieni". Lui vedrà la vostra faccia e si spaventerà così tanto che, invece di venire, scapperà via. Egli è seduto al centro del vostro cuore, nella profondità del vostro cuore e se quando Lo chiamate perché esca dite: "Vieni" a bassa voce, Lui dirà: "Oh, santo cielo, sta dicendo 'Vieni', ma non mi vuole veramente". E così invece di aprire la porta del vostro cuore, Egli la chiuderà. Quindi cantate!

LA GLORIA DELLA PREGHIERA

Darshan a Cudrefin, Svizzera, 20 agosto 2010

Sono veramente felice di essere qui con tutti voi. Canteremo la gloria di Dio. Qualcuno può intimidirsi e pensare: "Oh, la mia voce non è bella". Ma non ha importanza come cantate il nome di Dio. Anche se la vostra voce non è bella, per Lui probabilmente è la più bella e non infastidirà le sue orecchie. In realtà per Lui è una melodia. Come è scritto nella *Srimad Bhagavatam*: non importa come canti il mio Nome, come reciti il Nome del Divino. Qualcuno ha una bella voce e qualcuno no, ma per Dio è uguale. La cosa importante è che cantiate, che preghiate.

Preghiera: ecco ciò che trasforma le persone. Qualcuno prega perché attraverso la preghiera trova sollievo, qualcuno perché vuole raggiungere i Piedi di Loto del Signore, qualcuno per ottenere ciò che desidera nella vita; ma ciò che importa è pregare. Questo è ciò che vi trasforma, ciò che vi dona quello splendore interiore che vi permette di definirvi spirituali. Gli esseri umani sono sempre alla ricerca, cercano sempre qualcosa. Qualcuno cerca nel mondo esterno e qualcuno nel mondo interiore, ma solo pochi conoscono l'importanza della preghiera. Nel *Ramcharitmanas*, Tulasidas dice che il valore di una pietra è conosciuto solo a chi conosce le gemme. Solo dopo si può valutare quanto la pietra sia preziosa. È la stessa cosa per la gloria della preghiera, la gloria del canto dei Nomi Divini: chi la conosce ne conosce anche il valore.

C'era una volta un guru che diede a un discepolo una pietra e gli disse: "Vai al mercato e falla valutare in diverse bancarelle, ma non venderla a nessuno. Poi, riportamela". Il discepolo per prima cosa andò da un venditore di patate e gli mostrò la pietra. Il venditore di patate disse: "Ti darò due sacchi pieni di patate per questa pietra". Il discepolo rispose: "Va bene, ma prima devo chiedere al mio Guruji, perché lui mi ha detto di non venderla". Andò poi alla bancarella successiva. Era una bancarella di tessuti. Lì chiese: "Quanto mi daresti per questa pietra?" L'uomo rispose: "È una bella pietra. Posso farci un bel gioiello per mia figlia. Ti darò cento metri di tessuto".

Poi giunse presso un gioielliere che guardando la pietra disse: "Per questa pietra ti darò cento chili d'oro". Il discepolo rispose di nuovo: "Ma il mio Guru mi ha detto di non venderla". Quando disse che non gliel'avrebbe venduta, il gioielliere gli chiese: "Sai che cos'è questa pietra?" "No", replicò il discepolo. Allora il gioielliere disse: "È una pietra molto preziosa, dove l'hai presa? Un uomo semplice come te con una tale pietra! Sicuramente l'hai rubata da qualche parte". Alla fine il discepolo portò la pietra dal re e il re esclamò: "Per questa pietra ti darò tutto il mio regno".

Naturalmente il discepolo era un po' sciocccato. Per una semplice pietra, prima gli si voleva dare solo due sacchi di patate, poi del tessuto, poi dell'oro, e adesso il re gli voleva dare tutto il regno. Disse allora al re: "Ma io non posso darti la pietra, perché il mio Guruji ha detto di non venderla a nessuno e di riportargliela indietro". Il re gli chiese: "Qual è il nome del tuo Guru?" Il discepolo glielo disse. Chiamarono il Guru. Egli era ben conosciuto in quel luogo e tutti lo rispettavano. Quando il Guru riebbe indietro la pietra, spiegò al suo discepolo: "Chiunque conosca che pietra è questa, conosce anche il suo valore".

Il re aveva riconosciuto che la pietra non era una normale pietra, era la pietra filosofale, la pietra di paragone, che può trasformare ogni cosa in oro. È la stessa cosa con la preghiera: può trasformare tutta la tua vita in oro, può trasformare tutta la tua negatività in purezza. Ecco perché si dice: tutti i peccati saranno perdonati a chiunque reciti il mio Nome nel momento della morte. Ma non è facile recitare i Nomi Divini se non si pratica. È solo attraverso una pratica regolare del canto dei Nomi Divini che puoi veramente ricordarli nel momento in cui passerai all'altra sponda.

Come ho detto prima, tramite la preghiera si possono distinguere le persone spirituali da quelle che non lo sono. C'è spiritualità ovunque, ma si presenta in modi diversi. Nella spiritualità risplendete, brillate e più cantate il Nome Divino, più cominciate a riflettere le qualità del Divino, le qualità dell'amore, della gioia, della felicità e della calma. Attraverso la preghiera, attraverso il canto del Nome Divino cominciate a riflettere tutte queste qualità Divine. Allora cominciate a diventare come il Divino e non avete bisogno di parlare di questa gioia con qualcuno, non avete bisogno di dire a qualcuno che siete felici perché questa gioia che avete dentro di voi risplenderà.

È la stessa cosa quando considerate le vite dei Santi. Prendete la vita di Meerabai, di Bhakta Prahlad o qualsiasi Santo che ha raggiunto Dio: tutti loro risplendono di questa luce del Divino. L'amore del Divino si riflette attraverso loro. Non hanno bisogno di parlare di Dio, ma solo di essere presenti. È la stessa cosa con tutti voi: più cantate i Nomi Divini, più il Divino comincerà a riflettersi su di voi. Poi potete definirvi spirituali, perché quando diventate spirituali, tutte le cattive qualità vengono rimosse, viene rimosso tutto il *karma* negativo che avete creato nel corso di molte vite. E si manifesta la gioia, la gioia di servire, la gioia di essere veramente qui, la gioia di cercare di raggiungere il Signore. Quando questa gioia comincia ad apparire in voi, vi mettete in sintonia con il Divino; ma siete voi che dovete fare il primo passo, perché il Divino è già lì, vi sta aspettando, e nel momento in cui fate il primo passo, Egli semplicemente risplenderà attraverso voi.

Quando prima stavamo cantando, qualcuno forse ha pensato: "Mi vergogno di cantare. Cosa penserà la gente? Cosa penserà il mio vicino?" Non si tratta di quello che pensa il vostro vicino, sapete. È come *voi* pensate. Sapete cosa ho notato: che molte persone si preoccupano di ciò che gli altri pensano di loro. In questo modo, non sarete mai liberi. Se pensate sempre: "Cosa sta pensando lui di me o cosa sta pensando lei di me?" come potete essere liberi? La vostra mente sarà sempre occupata a pensare a cosa gli altri stanno pensando! Ma la vostra mente deve sempre essere impegnata con il Signore, con Dio. È così che troverete la pace. Nel mondo di oggi non molte persone hanno questa pace, perché la loro mente non è sulla strada giusta. Le persone possono avere tutto in questo mondo, ma certo, se non trovano la pace, la felicità dentro loro stesse, nulla all'esterno potrà renderle realmente felici, perché qualunque felicità provenga dall'esterno dura solo per un breve periodo. Dopodichè, c'è ancora lo stesso dramma.

Quindi, cercate di trovare questa felicità interiore, questa libertà interiore. Non è lontana, sapete, è dentro di voi. Quando attraverso la preghiera, attraverso il canto farete il primo passo, il Divino correrà da voi. Ed è possibile raggiungerlo. Aprite la mente, abbandonatevi a Lui e lasciate che l'Amore che avete dentro di voi fluisca. Se non avete ancora raggiunto questo Amore, fate qualsiasi cosa per raggiungerlo, perché questo è ciò che voi siete ed è il motivo per cui siete qui.

> La preghiera: può trasformare tutta la tua vita in oro, può trasformare tutta la tua negatività in purezza.

JUST LOVE

UMILTÀ

SIATE UMILI COME UN BAMBINO
ED ENTRERETE NEL REGNO DEI CIELI.

GESÙ CRISTO

RENDERE UMILE LA GRANDE BELVA

Darshan a Steffenshof, Germania, 30 gennaio 2008

Oggi è il *Samadhi* di Gandhiji. Molte persone lo prendono come esempio, molti grandi uomini e donne lo prendono come esempio per quello che fece per il mondo. Ma soprattutto, quando si guarda più profondamente nella sua vita, si vede quanto egli sia stato un modello di *bhakti*. Egli fu modello di devozione. Qualunque cosa facesse, si dimenticava di se stesso. Era devoto alla gente, al suo paese.

Egli non volle semplicemente rendere il suo paese libero, ma dimostrò come liberare il paese attraverso la non-violenza. La base della non-violenza è l'Amore e questa è la cosa più grande. Senza Amore non c'è non-violenza, non c'è pace. Naturalmente la sua vita non fu soltanto gioiosa. Ebbe molte tribolazioni; ci furono molte prove sul cammino che percorse. Sappiamo come morì, eppure, persino nel momento della morte, egli perdonò [il suo assassino]. Disse: "Lasciatelo libero. Lo ha fatto per ignoranza, lasciatelo libero".

Dobbiamo prendere tale vita come esempio. Ovviamente non possiamo fare quello che Gandhi fece. Tuttavia, anche di poco, tutti noi possiamo contribuire, ognuno di noi può diventare un modello di devozione e pace. E per questo dovete coltivare l'umiltà. Gandhi era famoso, aveva una grande reputazione, aveva tutto e avrebbe potuto porsi molto in alto, eppure egli si pose più in basso di tutti. Era di una grande semplicità. Questa è la vita dei Maestri.

Come ho detto durante il *Guru Purnima*, molto spesso vediamo i Maestri posti in alto e le persone dicono: "Oh, sono così in alto. Noi siamo qui per servirli!" Non siete voi che servite il Maestro, ma è il Maestro che serve voi, sempre. Che ve ne rendiate conto o meno, è il Maestro che vi sta servendo.

> Come rendere questa mente, che è così feroce – questa grande belva – come rendere questa mente umile?

I Maestri non vengono qui per se stessi. Vengono per sollevare tutti voi. E prendendo come esempio la vita dei santi, prendendo come esempio la vita dei grandi, impariamo molto. Impariamo come sviluppare l'Amore disinteressato, l'Amore incondizionato e l'umiltà.

Le persone dicono: "Swamiji, tu parli dell'umiltà, ma come coltivarla?" È veramente semplice, è la cosa più semplice che potete fare. L'amore è nel cuore, ma l'umiltà è nella mente. Come rendere questa mente, che è così feroce – questa grande belva – come rendere questa mente umile? Diciamo sempre che è la nostra mente, ma non diciamo che noi *siamo* la mente, vero? La verità è che essa è qualcosa di separato dall'uomo. L'uomo ne è il padrone. L'uomo è il padrone di tutte le qualità negative che emergono dalla mente, ma l'illusione creata da essa è talmente grande che sembra che sia lei a dominare l'uomo. Per ricordare continuamente alla mente chi è il padrone e per sviluppare l'umiltà, non vi dico di flagellarvi ogni volta che avete un pensiero, no, ma flagellate la mente con i Nomi Divini e ricordate sempre alla mente che è Dio che fa tutto, che Egli è la causa di ogni cosa, che ogni pensiero è Lui. Ogni volta che la mente diventa negativa, ricordatele continuamente: "Mente, non sei tu, è il Signore. È soltanto Dio. Se Dio non ti permettesse di pensare, dove prenderesti il potere di pensare?!"

Nella *Gita*, Krishna disse: "Se il Signore non permette alle foglie di muoversi, le foglie non si muoveranno". Anche se dovesse soffiare un gran vento, le foglie non si muoverebbero. Tale è il potere [del Signore]. Quindi se Egli, che governa tutto, è dentro ciascuno di voi, se Egli risiede ugualmente nel cuore di ciascuno, come è possibile che ci dimentichiamo di Lui?

Allenate la mente a ricordare che non è questo orgoglio, non è questo grande *io*, cioè l'ego, il *me*, il *me stesso* [che sta agendo]. Trascendete quest'orgoglio e dite: "Dio, sei Tu" e parlateGli continuamente sia che vi risponda, sia che non vi risponda. Che lo sentiate o no, non importa. Sappiate profondamente dentro di voi che Egli vi sta ascoltando. Di tanto in tanto vi darà un indizio. Di tanto in tanto Egli vi darà un segno che vi sta ascoltando. Gioite di questo segno; guardate questo segno e dite: "Sì, Egli è con me".

Ma non lasciate che l'orgoglio si erga dentro di voi. Se siete sul sentiero spirituale e volete Realizzare Dio lasciate andare l'orgoglio; l'orgoglio attaccherà tutti, sia che si tratti di un Santo oppure no, ma il Santo sa come tenerlo sotto controllo. Ho sempre utilizzato l'esempio di un enorme elefante che passa attraverso il mercato. Se il mahout [persona che guida l'elefante] non controlla l'animale con i piedi e il bastone, cosa succederà? L'elefante afferrerà ogni cosa a destra e a sinistra; romperà tutto ciò che incontra sul suo cammino.

E così è questo enorme orgoglio: se gli permettiamo di dominarci, afferrerà tutto, non ci sarà controllo. Se invece siete voi a controllarlo e dite "Dio è il Padrone", si darà vita all'Amore. L'Amore crescerà. E vedrete che l'amore

Per realizzare l'Amore di Dio, dovete viverlo; non potete leggerlo.

accompagnato dall'orgoglio, come voi lo conoscete, si trasformerà in un diverso tipo di amore e sperimenterete l'Amore Incondizionato, amerete nello stesso modo in cui il Divino ama.

Sperimenterete questo Amore perché voi siete parte del Divino. Il Divino risiede in ognuno di voi. Se Egli può amare in questo modo, anche voi potete amare nello stesso modo. Se Egli può essere umile, anche voi potete essere umili. Cristo fu così umile che accettò persino la croce. Krishna fu così umile che accettò di essere il cocchiere di Arjuna. Se queste Incarnazioni Divine, questi *Avatar*, grandi *Mahavatar*, sono stati così umili, chi siamo noi per non essere umili? Dobbiamo essere più umili di loro! Avevano tutto e ciononostante erano umili.

Questo mi ricorda ciò che una volta Ramakrishna raccontò di una signora. Questa signora puliva le strade ed era molto umile e silenziosa. Un giorno ricevette in regalo alcuni gioielli d'oro. Vi dico: divenne così arrogante! Cominciò a parlare alle persone in questo modo: "Ehi, tu! Spostati da qui! Cosa credi di fare?" Se un piccolo pezzo d'oro può trasformare in questo modo, immaginate che orgoglio può nascere quando le persone arrivano a conoscere un po' il Divino. Molto spesso tale orgoglio nasce quando le persone leggono e pensano di conoscere Dio. Leggono uno o due libri e pensano di sapere tutto. Vi dico una cosa: per realizzare l'Amore di Dio, dovete viverlo; non potete leggerlo. Per realizzare la devozione, la *bhakti*, dovete viverla. Allora avrete un barlume di questo Amore. Vi dico un'altra cosa: perfino un barlume di questo Amore è troppo per questo corpo.

Fate sempre del vostro meglio per raggiungere questo Amore, questa è la sola realtà. Tutto quello che noi pensiamo sia reale, tutte queste cose, sono solo un'illusione e col tempo svaniranno. Il corpo è un'illusione; con il tempo invecchierà e sparirà, ma la realtà dell'*Atma* rimarrà.

Quante persone nel corso di una vita arriveranno veramente alla realizzazione dell'*Atma Swarupa*, la vera forma dell'*Atma*? Sappiamo dell'*Atma*, dell'anima, perché lo abbiamo letto nei libri, ma quanti veramente comprendono? Volete Realizzare Dio? Siate sinceri con voi stessi; non dovete rispondere a me, io non ho bisogno di saperlo, non ho bisogno di giudicare nessuno. Non è dicendo "Sì" a me che succederà. Io aiuterò un po', certo, ma lascerò a voi la maggior parte di ciò che c'è da fare.

AI PIEDI DEL PADRE

Venerdì Santo, Cappella di Shree Peetha Nilaya
Springen, Germania, 10 aprile 2009

(Nota: Dopo aver letto alcune parti del Vangelo, Swami inizia il suo discorso).
In questa lettura del Vangelo vi è la crocifissione di Gesù. Ma prima della Sua crocifissione Gesù aveva dato ai Suoi Discepoli molti comandamenti. Il comandamento più importante che diede ai discepoli fu di amare. Quante volte in questo breve brano [del Vangelo] Egli ha parlato di Amore? Tantissime volte. Qui Gesù mostra anche la non-dualità, la non-dualità del Sé, l'essere Uno con il Padre, poiché noi siamo legati dall'aspetto dualistico del corpo, siamo limitati. Cristo lo ha detto: coloro che mi amano, sono con me e io sono con loro; loro sono con il Padre e il Padre è con loro. Quindi se sono con il Padre e il Padre è con loro, non c'è dualità. Questo significa che chiunque ama, è Uno con Dio. Ma molto spesso prendiamo per scontata la parola 'Amore'.
Siamo come dei piccoli Giuda che amano Dio solo per i suoi regali, che amano Dio sempre *per* qualcosa. Chiedete a voi stessi quante volte *veramente* amate Dio per il piacere di amarLo e non per chiedergli qualcosa? Chiediamo sempre qualcosa a Dio ma Egli non è obbligato a nulla. Egli non dice di non chiedere. Dice di chiedere, sì, fino a quando chiedete ciò per cui veramente siete qui. E voi siete qui per realizzare questo Amore. E quando realizzate questo Amore che avete dentro, trascendete tutto, e tutto diventa Uno, non c'è dualità che vi separi dal Padre.

Tutte le pratiche che state facendo, la vostra meditazione, il vostro *Kriya*, tutto quello che fate, lo fate per cosa? Per realizzare il vostro Sé, giusto? Ma molte persone pensano di essere Realizzate e diventano arroganti e sono coloro che giudicano tutti, sono coloro che dicono: "Questo è giusto; questo è sbagliato". In questa parte del Vangelo Gesù dice che il Padre è presente ovunque, è presente in tutto. Non sta a me dirlo, ma a voi realizzarlo. Se prendete questa parte del Vangelo e ci meditate sopra, troverete tutta la verità, specialmente riguardo all'Amore. Anch'io parlo sempre di Amore, Amore, Amore. È vero che il mondo non conosce ancora l'Amore, eppure tutti voi che siete spirituali, tutti voi che ricercate la verità, state lavorando per questo. E non è all'esterno, è dentro di voi. Ma *voi* dovete veramente desiderare di cambiare.

Dovete dire sinceramente: "Sì, voglio cambiare". Come Egli disse: se volete cambiare, il mondo vi sarà contro. È assolutamente vero! Guardate la vostra vita: quante persone, prima di tutto nella vostra famiglia, vi sono diventate ostili quando avete intrapreso il sentiero spirituale? È normale. Più avanzate verso la luce, più gli altri saranno invidiosi, perché interiormente desiderano la stessa cosa.

Tutti vogliono stare con il Padre. Tutti vogliono essere vicini al Divino, tuttavia non vogliono fare alcuno sforzo. Non vogliono apportare nessun cambiamento alla loro vita, vogliono ottenere tutto felicemente e gratuitamente. Se veramente e sinceramente voi lo desiderate, siate sinceri verso voi stessi e chiedete al Padre, chiedete a Dio e lo otterrete. È semplice.

Se siete sinceri verso voi stessi, sarete più liberi e ne godrete. E ogni volta che pregate, ogni volta che sedete in meditazione, ogni volta

> Quante volte veramente amate Dio per il piacere di amarLo e non per chiedergli qualcosa?

che cantate, sarete più liberi, perché non siete legati da alcun senso di colpa. Nel Sacro Vangelo il senso di colpa viene simboleggiato da Pietro. Egli era colpevole di così tante cose. In effetti noi guardiamo costantemente i nostri errori e con il senso di colpa che accumuliamo dentro di noi ci limitiamo.

Parliamo utilizzando grandi paroloni perché questo compiace la mente. Abbiamo letto di queste bellissime esperienze, le conosciamo attraverso i libri, ma voi dovete sperimentarle! Tutti possono sperimentare e non ci sono limiti. Se *veramente* lo desiderate, lo sperimenterete.

In questo breve brano che abbiamo letto proprio ora ci sono molte somiglianze con l'induismo. Il lavaggio dei piedi in realtà non è una tradizione ebraica, è una tradizione indù e serve per mostrare umiltà. Gesù disse: non si tratta di lavare il corpo esteriormente, è l'interiorità che dovete lavare. Ma il lavaggio dei piedi è simbolico. Come sapete molto bene, nei piedi c'è tutto. Tutti gli organi che sono nel corpo sono connessi ai piedi. Quindi lavando i piedi, Egli lava anche la parte interiore.

Vedete quanto sono importanti i piedi. Quando andate in un tempio indù, la prima cosa che vedete sono i piedi della Divinità. La prima cosa che fate è inchinarvi ai suoi piedi. Quando andate dal Maestro, vi inchinate ai Suoi piedi. Vi inchinate alla grandezza, vi inchinate alla Divinità interiore, vi inchinate al Padre dentro l'Insegnante. E questo è ciò che Cristo disse. Egli lo disse parola per parola. Non c'è nemmeno bisogno che io dica nulla in proposito. Non c'è nemmeno bisogno che io lo commenti, è molto chiaro! Questa non-dualità di Dio dentro di voi è così chiara sul cammino della realizzazione Divina, dell'Auto-Realizzazione, ma non raggiungerete la Realizzazione di Dio, l'Auto-Realizzazione, con l'orgoglio. Non la raggiungerete con l'essere arrogante. La raggiungerete solo quando sarete umili. E Cristo disse: la gente sarà contro di voi. Voi sapete dove state andando e sapete perché. Meditate su questo.

Gloria al Padre, al Figlio e allo Spirito Santo, adesso e nei secoli dei secoli. Amen.

LA VENERAZIONE DEI DEFUNTI

Venerdì Santo, Cappella di Shree Peetha Nilaya
Springen, Germania, 10 aprile 2009

Oggi è il giorno in cui si commemorano i defunti. La commemorazione dei defunti non si trova solo nella tradizione cristiana, quando in occidente i familiari vanno a visitare la tomba dei parenti morti. Il rispetto per i morti si trova in molte altre religioni, anche antiche. Nell'induismo i morti e la loro memoria è molto rispettata. Krishna disse nella Gita: "È soltanto tramite loro che tutti voi siete qui". Quando si nasce in una famiglia si è legati a un certo karma verso quella famiglia, così come verso i discendenti. La memoria dei morti si mantiene quindi in loro onore, per dimostrare il vostro rispetto, per dimostrare quanto significano per voi e affinché loro vi possano aiutare. Naturalmente sono morti e magari sono già rinati, ma vedete, le anime eterne che erano dentro di loro, anche se rinascono, possono *ancora* benedirvi, possono ancora aiutarvi nel vostro avanzamento spirituale. E possono anche condividere la loro conoscenza con voi. Questo è il motivo per cui i morti sono molto importanti. Cristo ha mostrato che non dovremmo temere la morte, eppure molte persone pensano che sia una cosa terribile e che la si deve temere. In realtà non bisogna averne paura ma realizzare che voi siete eterni, realizzare che la Luce, quella che avete dentro, la vostra Anima, il vostro Spirito, è parte di Dio Stesso, quindi è eterna.
Cristo disse: "Io sono la Via, la Verità e la Luce. Non c'è nessuno che va dal Padre senza passare da me". Questo significa che dobbiamo

diventare come Cristo. Dobbiamo diventare bambini di Dio. Dobbiamo diventare i figli e le figlie di Dio, così da poterci elevare, da questa natura meramente umana, allo stato Divino.

Quando diventiamo la Verità, quando diventiamo la Luce Stessa, possiamo raggiungere il Padre. Possiamo elevare l'interiorità, che è la purezza del Padre, in modo da poterla intensificare, in modo da poterla diffondere attraverso di noi. E in *questa* gloria, nell'aspetto Divino del vero Sé, non c'è giudizio. C'è solo puro Amore.
Con la Sua morte e risurrezione, Cristo, come tutti i grandi Santi e anche tutti i *Deva*, ha dimostrato che per raggiungere quello stato bisogna essere soprattutto umili. Non bisogna essere legati all'orgoglio e all'ego. Soltanto quando si è umili si può raggiungere il Padre. Soltanto quando si ama nel modo in cui Cristo ci ha dimostrato di amare, come tutti i Santi ci hanno dimostrato, si può veramente raggiungere Dio.
Sono molte le persone che agiscono sempre con orgoglio e giudicando: queste non raggiungeranno mai Dio. Spesso vedete che queste persone che giudicano sempre credono di essere molto spirituali e hanno una grande considerazione di se stesse. Questo è il modo in cui l'orgoglio ci fa credere di essere veramente importanti e veramente speciali. *Tutti* sono speciali. Tutti noi portiamo la stessa Luce, quindi siamo tutti speciali; ma sebbene tutti possediamo la stessa Luce, alcuni riescono a farla risplendere e altri no. La morte [e risurrezione operata da Cristo] di Lazzaro ci dimostra che tutti possediamo questa Luce e che tutti possiamo far accadere le cose.
E non si tratta solo di noi, ma anche di aiutare gli altri. Ma dobbiamo volerlo, dobbiamo volerlo sinceramente. Voi direte: "Sì, lo vogliamo, ma non accade". Non succede perché la vostra volontà è impregnata di troppo orgoglio, di troppo ego "solo per me, solo a me". Dite: "Ma se lo otterrò, allora potrò donarlo". Vi dico una cosa: se lo avrete, non lo darete mai, perché ora pensate che quando lo avrete

lo donerete, ma nel momento in cui lo ottenete, voi scomparirete! Pensiamo di sapere cosa sia meglio, ma solo Dio sa cosa è meglio. Sa quando donare, sa cosa donare e a chi donarlo.

Quello che possiamo fare è purificare noi stessi, continuamente. Se non ci siamo purificati, sarà molto difficile. Se non abbiamo purificato prima di tutto la nostra mente, sarà molto difficile. Come disse Swami Shivananda: "Uno dei passi principali sul sentiero spirituale è l'auto-purificazione, è la purificazione della mente; quando la mente sarà pura, potrete procedere lentamente, passo dopo passo. Non avete bisogno di correre. Lasciate che tutto venga a voi, perché se correte, cadrete, andrete a sbattere, i piedi vi faranno male, e crollerete brutalmente. Ma se andate lentamente, Dio vi aiuterà e la Madre Divina vi aiuterà".

In realtà non bisogna averne paura ma realizzare che voi siete eterni, realizzare che la Luce, quella che avete dentro, la vostra Anima, il vostro Spirito, è parte di Dio Stesso, quindi è eterna.

Il Vangelo ci dimostra quanto la morte sia importante. Ci mostra quanto sia importante riverire tutti coloro che sono morti: vostra madre, vostro padre, vostro nonno, vostra nonna, ecc. Loro vi possono aiutare perché se sono stati buoni probabilmente sono dall'altra parte, sono passati a un altro livello e quindi possono intercedere per voi presso di Lui e dire: "Aiuta coloro che sono laggiù". Perché pregare i Santi? Sono morti, e quando noi ci rechiamo nella Cappella delle *Reliquie,* dove ci sono tutti i defunti e tutte le ossa, pensiamo: "Perché ci sono tutte queste ossa?" Ma le ossa contengono lo Spirito dei Santi, lo racchiudono. Come disse Sant'Agostino: "I Santi sono i templi mobili dello Spirito". Ricordate nella Bibbia, Cristo disse: "Potete parlare contro di me, potete parlare contro il Padre, e sarete perdonati, ma se parlate contro lo Spirito [Santo], non sarete mai perdonati". I corpi dei Santi contengono questa vibrazione dello Spirito [Santo].

La Chiesa Ortodossa ha veramente una grande venerazione per i Santi e sa quanto è importante venerarli. È per questo che se andate in una Chiesa Ortodossa, se andate in Egitto, in Grecia o in Russia, vedrete che la venerazione dei Santi è molto, molto importante e che in questi paesi hanno un grande rispetto, una grande venerazione per i morti. Ma in Occidente, se andate in certe chiese, li trovate ricoperti di polvere, perché nessuno se ne prende cura.

(Nota: Swami chiede a una residente di raccontare un'esperienza ed ella racconta: "La settimana scorsa, al mercato dell'antiquariato, un uomo stava buttando via tutte le ossa, dicendo che gli interessava solo l'oggetto dal punto di vista artistico e che la reliquia non era importante".)

Vedete, le buttano semplicemente via senza alcun rispetto, senza nessuna venerazione. Perché trovate le reliquie nei negozi di antiquariato? Perché la Chiesa le ha buttate via. Se chiedete aiuto ai Santi, loro vi aiuteranno. Tutti i Santi stanno ancora compiendo guarigioni e miracoli per le persone che vanno a visitare le loro tombe, perché loro sono ancora presenti, anche se sono morti da lungo tempo. Sicuramente i Santi si sono reincarnati di nuovo, più volte, e lo Spirito di Dio che risiede dentro di loro, lo Spirito che si è innalzato alla Coscienza Cristica, è *ancora* presente. Non potete ucciderlo, nulla può bruciarlo e nemmeno il tempo può distruggerlo. Gloria al Padre e al Figlio e allo Spirito Santo, adesso e nei secoli dei secoli. Amen.

AMORE E UMILTÀ

Darshan a Springen, Germania, 25 aprile 2009

Qualcuno mi ha suggerito di parlare dell'Amore e della morte – invero temi interessanti, poiché cosa viene sempre insieme all'Amore? L'umiltà. Amore e umiltà sono uniti. Quando c'è Amore, c'è umiltà e in quel momento qualcosa muore. Che cosa? L'orgoglio, l'egoismo. In presenza dell'Amore non c'è egoismo, non c'è orgoglio. Sorgono quindi delle domande: come posso essere umile? Come posso risvegliare questo Amore? Come posso risvegliare quest'umiltà dentro di me? Visto che ci attacchiamo così tanto a questo grande ego o orgoglio, visto che diciamo sempre *io, mio e me*. Avete mai contato quante volte utilizzate queste parole nel corso di una giornata? Se le contaste, vi spaventereste. Sono tantissime! È vero che abbiamo diversi *io*. C'è l'*io* dell'ego e c'è l'*io* del Sé, ma la maggior parte delle volte quello che la nostra mente comprende per primo è l'*Io* dell'egoismo. E con questo *io* è molto difficile risvegliare l'Amore. Anche se l'Amore si risveglia, viene diluito dal potere della mente. L'ego è *molto* forte.

Per raggiungere la realizzazione, per raggiungere Dio dobbiamo essere umili, ma c'è un problema. Spesso quando qualcuno crede di essere umile, comincia a pensare di se stesso: "Io sono molto umile". Queste in realtà sono persone molto orgogliose. Come si chiama? Questo è l'ego dell'umiltà e l'orgoglio dell'umiltà. In verità è molto difficile essere umili, ma non impossibile.

Avete mai sentito parlare del grande poeta persiano sufi Saadi? Dovreste leggere le sue poesie, sono bellissime. Ci fu un episodio nella sua vita che lo segnò molto e che lo rese umile per tutta la sua vita. Un giorno andò con suo padre alla moschea per una veglia notturna. Durante tale veglia si prega per tutta la notte.

Erano quindi tutti seduti nella Moschea con il *Mullah* e pregavano, pregavano. Nel cuore della notte tutti si erano appisolati, tutti si stavano addormentando; perfino il *Mullah* si stava addormentando. Allora Saadi si avvicinò all'orecchio del padre e sussurrò: "Papà, solo tu e io ci manteniamo vigili. Tutti gli altri stanno dormendo". In quel momento suo padre si irritò con lui, si arrabbiò e lo sgridò, dicendo: "È meglio dormire e non riuscire a vegliare tutta la notte piuttosto che giudicare gli altri e considerarsi superiore". In quel momento Saadi comprese che si deve sempre essere umili e prese la decisione che niente avrebbe dovuto frapporsi tra lui e la sua umiltà. Fu così che diventò molto, molto umile.

> Con questo io è molto difficile risvegliare l'Amore. Anche se l'Amore si risveglia, viene diluito dal potere della mente. L'ego è molto forte.

È facile parlare di umiltà, ma è difficile mettere in pratica, perché siamo molto attaccati al nostro orgoglio, che ci fa percepire di essere al di sopra di chiunque altro. Se veramente desideriamo cambiare, se vogliamo veramente lasciar andare quest'orgoglio, succederà; ma prima di tutto dobbiamo volerlo. Dobbiamo dire: "Sì, lo voglio!" ma non superficialmente. Molte persone dicono: "Sì, Swamiji, lo voglio. Faccio del mio meglio per liberarmene, ma è lui che non mi lascia!" Non è lui che non vi lascia, siete voi che non lo lasciate. Questa è la differenza, sapete?

Quando si è umili non ci si preoccupa di porsi completamente in basso e considerare chiunque altro superiore. Questo è il primo passo per imparare a essere umili, imparare a porsi in basso e dire che chiunque altro ne sa più di voi. Continuate a ripeterlo a voi stessi, continuate a ricordarvi di questo, e imparerete da chiunque e da qualunque cosa. Questa è la vera umiltà. Avete sentito della fede Baha'i e del profeta Baha'u'llah? Egli era solito dire ai suoi discepoli: "Se trovate in una persona nove brutti vizi e un lato buono, dimenticate i nove vizi e pensate al lato buono". E voi invece cosa fate? Giudicate. Dovete coltivare l'Amore per qualsiasi cosa. Solo allora potrete essere veramente umili; e vedrete: è molto facile liberarvene [dell'orgoglio], metterlo da parte.

Ma tutto dipende dalla vostra sincerità quando dite: "Sì, voglio cambiare; sì, voglio essere umile". Non ditelo solo superficialmente, solo perché lo avete letto, ma poi quando incontrate qualcuno che vi offende, lo colpite. No, imparate. Non si finisce mai di imparare. Come dicono i grandi santi, avrete da imparare dal primo giorno sino all'ultimo, perché ci sono così tante cose in questo mondo da apprendere. E ci sono così tante cose meravigliose. C'è così tanta bellezza attorno a voi e dentro di voi, ma dovete prendervi tempo e vederla. Se la vostra mente corre avanti e il vostro corpo corre indietro, state perdendo molto. Dunque calmate la mente. È solo nella calma che troverete sollievo. Questo è il motivo per cui meditate, no? Perché meditate? Perché praticate la vostra Sadhana? È per avere un certificato che dice: ho praticato il *Kriya*? Ho praticato questa o quella meditazione? No, non si tratta di questo. Si tratta di Realizzare il vostro Sé, di diventare questo Vero Sé, e per diventare quel Vero Sé, il modo più facile è essere umili e amorevoli verso tutto.

IMPARARE L'UMILTÀ E L'UNITÀ

Venerdì Santo nella cappella di Shree Peetha Nilaya
Springen, Germania, 1° aprile 2010

Nei momenti difficili non avete nessuno, perché anche i vostri buoni amici non vogliono condividere la sofferenza. Ma nei periodi felici tutti siedono con voi e stanno in vostra compagnia, cantando e danzando con gioia. Lo sappiamo molto bene, vero? Ebbene, la vita è veramente così. Tutti sono molto egoisti e si preoccupano solo di se stessi.
Queste persone, anche se si trovano vicino a un Maestro, non ne riconoscono lo splendore, non ne riconoscono la benedizione. Poi in seguito, quando lo leggeranno nei libri, diranno: "Oh, che grande cosa era essere assieme a questo maestro". Ma questo succede nella vita di tutti i giorni, lo vediamo dovunque. Quando le persone sono vicine a un Maestro, lo giudicano sempre. In realtà non stanno giudicando il Maestro, ma il loro stesso sé. Il Maestro è lo specchio di voi stessi, così che possiate imparare qualcosa. Ma se siete sciocchi non imparerete mai, perché anche se il Maestro vi dà la stessa lezione cento volte, la stupidità della vostra mente vi accecherà completamente.
Cristo fece moltissimi miracoli, ma i suoi discepoli erano accecati dall'orgoglio, erano accecati dalla paura, al punto di rinnegarlo, al punto di tradirlo. Anche quando vennero a prenderlo, Cristo non reagì. Sapeva che la volontà di Dio è la cosa più importante. Si arrese alla Sua volontà. Il Maestro si arrese alla Volontà di Dio e fece ciò che Dio gli aveva detto di fare. Anche quando venne la

morte, la accettò serenamente. E disse: "Mentre io, il pastore, vengo condotto al sacrificio, le pecore saranno disperse". Cristo lo aveva già predetto, anche se indirettamente. Aveva già rivelato tutto, ma i discepoli erano *talmente* ciechi che non riuscirono a comprendere. Un Maestro non dirà mai direttamente: "Sei stupido. Tu, stupido, fai così, così, e così". Qualche volta lo fa, ma più spesso il Maestro dà solo delle indicazioni. Se siete abbastanza intelligenti le coglierete, se non lo siete abbastanza, non le coglierete. Cristo aveva dato molti avvertimenti ai discepoli. Gli aveva detto molte volte che il figlio dell'uomo sarebbe stato tradito e sarebbe stato crocifisso, eppure loro non capirono.

In questo Vangelo vediamo anche la bellezza di Cristo, come Egli si è reso umile. Si è reso umile lavando i piedi dei discepoli e quando Pietro disse: "No, Signore, non voglio che tu mi lavi i piedi", Cristo rispose: "Se non lo faccio, tu non avrai il tuo posto con me in Cielo". Pietro quindi disse: "Allora lava anche il mio capo e le mie mani". E Cristo disse: "Non ce n'è bisogno, perché quando lavo i tuoi piedi, lavo l'intero corpo".

Ciò è molto simbolico perché nella tradizione indù i piedi sono considerati la parte più sacra. Ecco perché, ogniqualvolta ci si reca al Tempio, ogniqualvolta ci si prostra davanti alla Divinità, al Maestro, cosa si fa? Ci si inchina e si toccano i piedi, perché i piedi sono la sorgente di tutti i poteri del Maestro. Ecco perché semplicemente toccando i piedi del Maestro si riceve la benedizione e si mostra anche rispetto e umiltà. Cristo disse: "Perché come ho fatto io, facciate anche voi. Tutti voi dovete rendervi umili. Tutti voi dovete essere pronti a *umiliarvi*". Nella Gita Krishna disse: "Se volete realizzarmi, dovete essere *più* umili dell'erba secca". Se osserviamo l'erba secca vediamo che è sempre piegata verso il basso. Quindi se si vuole essere umili si deve essere ancora più chinati di così. E Cristo l'ha mostrato lavando i piedi dei discepoli, egli ha mostrato l'umiltà. Cristo è uno con Dio, ha realizzato l'Unità col Padre, Egli è stato inviato dal Padre eppur tuttavia ha mostrato a tutti questa umiltà. Per poter capire, per poter realizzare Dio, bisogna essere umili. Se non siete umili, potete scordarvelo.

Molto spesso le persone spirituali *credono* di essere umili. E invece hanno l'orgoglio spirituale dell'umiltà. *Credono* di essere umili, ma quando devono agire umilmente, agiscono in modo completamente opposto. Non si tratta di giudicare, ma di auto-analizzarsi e vedere *dove* si può cambiare, *cosa* si può cambiare e come si possono servire i propri fratelli e le proprie sorelle, come si può arrivare a poter dire: "Bene, dimentichiamo per un po' questo io io io, e pensiamo a noi".

Provate a immaginare la vostra mano destra fare qualcosa che non è in armonia con il corpo nella sua totalità. Cosa succederebbe? Ci sarebbe il caos, no? Immaginate se la mia mano adesso cominciasse a muoversi a destra e a sinistra. Cosa accadrebbe? Non sarei in grado di essere qui, di parlare con voi, e fare il mio lavoro correttamente. Immaginate se uno dei miei occhi volesse guardare in su e l'altro volesse fare qualcos'altro, non funzionerebbe niente. È solo quando ogni parte del vostro corpo lavora insieme in unità, quando ognuno sta compiendo la propria funzione, quando ognuno sta compiendo il proprio dovere, il proprio *dharma*, che c'è perfetta unità. È la stessa cosa in una famiglia: per crearla si lavora unitamente. E la stessa cosa è per una comunità. Ma al tempo stesso ciascuno deve fare il proprio dovere. Questo non significa che le persone in una comunità non possono riunirsi. Possono riunirsi e fare della comunità una famiglia; questa è l'unità: stare insieme. Ma se uno comincia a lavorare contro gli altri, ci sarà il caos e sorgeranno problemi. E questa è debolezza.

Vi ho dato molti esempi. L'anno scorso ho raccontato la storia di un maestro che sapeva che si stava avvicinando per lui il momento

di lasciare il corpo. Guardando i suoi discepoli, vide che lottavano gli uni contro gli altri per poter prendere il suo posto. Il maestro meditò sulla situazione e disse. "Bene, tutti voi andate nella foresta e prendete un bastoncino di sessanta centimetri".
Tutti dodici i discepoli andarono nella foresta e tornarono dicendo: "Ecco maestro, abbiamo portato i legnetti". Il maestro prese i bastoncini e cominciò a romperli uno a uno. Poi chiamò uno dei suoi discepoli, gli diede un bastoncino e gli chiese di romperlo. Il discepolo prese il bastoncino e naturalmente lo ruppe. Poi il maestro legò assieme i bastoncini rimasti, chiamò i suoi discepoli e disse: "Adesso provate a romperli". Ma poiché i bastoncini erano tutti legati insieme nessuno riuscì a spezzarli!
Nello stesso modo, se c'è unità tutto è possibile, ma se si è uno è contro l'altro, nulla funzione.
In questo Vangelo Cristo ci mostra l'umiltà reciproca che tutti dobbiamo avere, la mutua comprensione, l'Amore gli uni verso gli altri. L'amore è qui, ma molto spesso non c'è la comprensione. Cristo ha mostrato il suo Sé onnisciente, ha mostrato di conoscere tutto. Sapeva ciò che stava succedendo e quello che sarebbe successo, ma adempì a quello che vi era scritto nelle scritture, ciò che Dio aveva detto ai profeti. Molti discepoli si aspettavano che Gesù distruggesse tutto e costruisse qualcosa di nuovo. E visto che ciò che successe non fu secondo le loro aspettative, ci rimasero male. Ecco perché Giuda tradì Cristo. I discepoli si aspettavano che Cristo facesse questo e quello, ma Gesù sapeva qual era il suo compito. Conosceva il suo dovere. Sapeva perché si era incarnato e fece ciò che doveva fare. I discepoli invece non sapevano quale fosse il loro dovere. Credevano di saperlo, ma quando si accorsero del loro errore, era troppo tardi.
A dir la verità questo succede molto spesso a tutti quanti, non solo ai discepoli di Gesù. Ogni volta che andate da un Maestro, da un insegnante, nella vostra mente vi aspettate già certe cose. Nella

vostra mente vi è già: "Oh, il Maestro farà questo e quello per me, per adularmi mi dirà questo e quello". Avete già creato tutto nella vostra mente, e quindi vi aspettate già qualcosa. E se anche il Maestro vi dirà dieci volte la stessa cosa, voi non ascolterete. Un semplice esempio: la settimana scorsa, mentre ero in viaggio, qualcuno mi ha chiamato per chiedermi una cosa. Per mezz'ora ho detto a questa persona: "Per favore, non farlo". Ma questa persona non voleva ascoltare. Cosa si può fare? Non si può fare niente, no? E così ho detto: "Guarda, non posso fare nulla. Posso solo pregare per te". E la persona fece ciò che io le avevo detto di non fare. Naturalmente il risultato non fu quello che lui si aspettava. Ma è così. Le persone pensano sempre di saperne di più. Ma se ne sapete di più, allora perché chiedete? Se non sapete, allora potete chiedere e ricevere. Chiedetevi se siete in grado di accogliere la risposta, di accettarla e di cambiare; ma se non siete in grado, non chiedete! Se non siete pronti a cambiare, non chiedete. Qual è l'utilità di chiedere? Anche 2000 anni dopo, è la stessa cosa che con i discepoli, *niente* è cambiato! Lo stesso tradimento, lo stesso schema.

Quando leggo questa parte del Vangelo e, diciamo, guardo alla mia vita, è così simile. Ecco perché mentre leggevo stavo ridendo. Ogni anno quando leggo questo passo rido, perché è esattamente così. E le persone non cambieranno finché non vorranno *realmente, sinceramente* cambiare. Solo quando dite a voi stessi: "Voglio *davvero* cambiare", e non lo dite al Maestro, non lo dite a Dio, o a qualcun'altro, ma lo dite a *voi stessi*, "*Io* voglio cambiare!", allora

> È solo quando ogni parte del vostro corpo lavora insieme in unità, quando ognuno sta compiendo la propria funzione, quando ognuno sta compiendo il proprio dovere, il proprio dharma, che c'è perfetta unità.

cambierete. Allora svilupperete questa energia, questo potere dentro di voi, grazie al quale *veramente* cambierete.

Il mondo di oggi è differente dal mondo di 20 anni fa. Ed è differente dal mondo di 2000 anni fa. E fra qualche anno sarà ancora diverso. Quando osserviamo la natura, vediamo che Madre Natura non sta reagendo in un modo piacevole. Ma se guardiamo gli uomini, vediamo che stanno reagendo in modo ancora più sgradevole. Allora è tempo di cambiare le nostre menti, di cambiare il modo in cui vediamo le cose, è il momento di guardare noi stessi e di chiederci: "Cosa posso cambiare? Cosa sono disposto a cambiare?"

Dovete *veramente* desiderare l'Amore di Dio. Dico 'desiderare *veramente* l'Amore di Dio', perché molte persone si mettono l'etichetta 'io Amo Dio', ma in realtà non lo amano. Vogliono solo la qualità di Dio: vogliono solo prendere, prendere e prendere da Dio, ma non vogliono realmente ricevere la manifestazione del Signore, del Divino dentro di loro.

E io vi dico, se le persone non vogliono cambiare, le farà cambiare Madre Natura. A volte, se le persone non vogliono cambiare strada, la natura reagisce in un altro modo, talvolta doloroso, ma che creerà il cambiamento.

Così, lasciamo che questo Vangelo ci insegni a divenire umili come Cristo, ci insegni ad *amarci sinceramente* gli uni con gli altri, impariamo a essere in armonia gli uni con gli altri, costruiamo una famiglia. Come diciamo nell'induismo, *Vasudeva Kutumbakam*, che significa, il *mondo intero è un'unica famiglia*. La pace giunge innanzitutto dentro di voi e poi, attraverso voi, giunge a tutti, ma solo quando c'è unità. Quando lavorate insieme agli altri, diventate più forti. Ma se lavorate contro gli altri, mentre tutti gli altri lavoreranno insieme, voi sarete gli unici a essere deboli.

JUST LOVE

DEVOZIONE

O SIGNORE, CONCEDIMI DI AMARTI,
DI AMARE QUELLI TI AMANO,
E DI AMARE OGNI ATTO
CHE POSSA COMPIACERTI.

PROFETA MAOMETTO

LA STORIA DI AHILIA

Darshan a Fatima, Portogallo, 7 febbraio 2010

In questo momento siamo in preparazione dello Shivaratri, che è la Grande Notte del Signore Shiva, così canteremo un solo *bhajan* e poi cominceremo il *darshan*. Come dico sempre, anche se non conoscete le parole del *bhajan*, partecipate, perché la luce e il suono sono le due cose verso cui la mente corre. E se volete la pace della mente, lasciatela correre dietro il Nome di Dio. Sapete, il Nome di Dio è un mistero. Anche per i grandi santi il Nome di Dio è un mistero. Come è scritto nella *Gita*: "Neppure il più grande dei santi può capire il Mio Nome"; quindi immaginate quale potere ha il Nome.

Perché i santi danno importanza alla meditazione? Cosa si vede durante la meditazione? In meditazione, quando la mente è calma, avete un contatto, un contatto personale, con il divino, non al di fuori, ma dentro di voi. E questo contatto interiore è il più meraviglioso e più potente contatto che possiate mai avere. Gli uomini hanno cercato lungo molte generazioni, ma essendo nati come esseri umani, siamo limitati da *runanubandhana*, che, in breve, è il *karma*. Siamo limitati da certe cose che abbiamo fatto, da azioni compiute in vite precedenti, che non ci lasciano liberi. Certo, potete correre verso molti luoghi, ma se non vi prendete il tempo di andare dentro di voi, tutti i luoghi verso cui correte all'esterno saranno privi di utilità.

Si dice: "Se fai un bagno nel Gange o in un altro Fiume Sacro, ti purifichi di una vita". Ma quando vi immergete nel Nome Divino, qualsiasi Nome, qualsiasi Divinità sentite vicino, che sia il nome di Gesù, di Maometto, di Rama, di Krishna, di Devi, se vi immergete in questo Nome Divino, venite liberati da molte nascite. La sofferenza si allontana solo cantando il Nome Divino. La liberazione si ottiene solo realizzando la connessione che avete con il Divino dentro di voi. Da qui deriva il *Kriya*. Quando praticate il *Kriya* sperimentate il suono dentro il vostro corpo, suono che più tardi, gradualmente, si manifesterà come luce. Molto spesso quando parliamo dello Spirito, quando parliamo dell'*atma*, immaginiamo una luce. Dove risiede questa luce? Dentro di noi. Tutte le pratiche spirituali ci guideranno a raggiungere i Piedi di Loto del Signore, anche se ci vorranno molte vite.

> Il Divino ascolta le preghiere di tutti. Se Egli può sentire le piccole cavigliere ai piedi di una formica, sicuramente Egli ode anche le vostre preghiere.

Quando preghiamo, per cosa preghiamo? Preghiamo, chiediamo e il Divino non è sordo. Il Divino ascolta le preghiere di tutti. Se Egli può sentire le piccole cavigliere ai piedi di una formica, sicuramente Egli ode anche le vostre preghiere.

Ma molto spesso quando preghiamo ci aspettiamo di ottenere molto velocemente ciò che abbiamo chiesto. Non siamo pazienti. Ma il Signore ci ha creati. Lui sa cosa è meglio per noi, no? Allora perché non abbiamo fiducia in Lui? Perché non abbiamo fiducia nella Sua Volontà? Cristo ha detto: "Sia fatta la Tua Volontà, non la mia". Questa è una grande affermazione con la quale Lui stesso, che è parte del Divino, ci insegna a essere pazienti e ad aver fiducia nella Volontà di Dio. A dire il vero la base di tutta la nostra ricerca è la fiducia. Fiducia in cosa? Fiducia in chi? Fiducia in Dio. Qualcuno dirà: "Ma io non Lo conosco"; non importa. Anche se non Lo conosciamo, Lui conosce noi. Quando cominciamo ad aver fiducia in noi stessi, nella voce interiore, nel suono interiore, allora Lui comincerà a rivelarsi.

Sono veramente felice di essere qui in questo luogo per la seconda volta. Il primo *darshan* che ho fatto in Portogallo era in questo monastero e qui, Fatima, dove risiede la Madre Divina, è un luogo benedetto. Questo non significa che Lei non dimori in altri luoghi. Lei dimora ovunque. Risiede nel nucleo del vostro stesso cuore. Ma essere in un luogo dove Lei ha lasciato un'impronta della Sua manifestazione è qualcosa di speciale. Così oggi Lei sarà insieme a tutti noi.

(*Dopo aver cantato un bhajan su Rama, Swami riprende a parlare*).

Conoscete la parola, il nome Ram. Tre lettere: R, A, M. Questa parola suona molto semplice, ma ha un grande potere. Se guardate Shiva, Egli sta sempre seduto in meditazione profonda e, nello Shiva Purana, dice a Parvati: "Quando siedo in meditazione, l'unico nome che è nella mia mente, nella mia coscienza, è il nome di Rama", perché questo semplice Nome può liberare tutti. Può garantire la liberazione immediata. Tutto il vostro karma passato può essere cancellato cantando il Nome di Rama. Se si penetra realmente il mistero di queste tre lettere: R, A, M, si ottiene la liberazione.

Nel *Ramacharitamanasa* si racconta la storia di quando Rama doveva attraversare Lanka per liberare Sita. Rama era un grande Re, una manifestazione del Signore Vishnu, e Sita, che era stata rapita dal malvagio re Ravana, era una manifestazione di Lakshmi. Rama doveva liberare Sita, tanto per sintetizzare il grande volume del *Ramacharitamanasa*, e quindi andò a Lanka. Il padre di Rama aveva tre mogli. Una delle mogli aveva detto al padre di Rama: "Devi promettermi che qualunque cosa ti chiederò, non me la rifiuterai". Rama sarebbe dovuto diventare Re, ma questa moglie voleva che diventasse re suo figlio Bharat, anche se egli era più giovane.

Tradizionalmente sono i figli più vecchi che acquisiscono il governo del regno. La moglie disse al re: "Esaudisci il desiderio che mi hai promesso. Voglio che tuo figlio, Rama, vada nella foresta per 14 anni". In quella foresta era vissuta una grande Santa chiamata Ahilya. Ahilya era stata condannata da una maledizione a trasformarsi in pietra: Indra, volendola mettere alla prova, aveva preso le sembianze di suo marito e lei non se ne era accorta. Quando suo marito l'aveva scoperto, le aveva lanciato la maledizione di trasformarsi in pietra, dicendo: "Solo il Signore ti libererà". Ahilya si era quindi trasformata in una grande pietra. Quando Rama durante il Suo cammino arrivò nel luogo in cui giaceva la pietra, la toccò con i suoi piedi e istantaneamente la maledizione fu annullata. Ahilya tornò alla sua forma reale. Rama le disse: "Ahilya, voglio concederti un favore, una benedizione. Chiedimi quello che vuoi. Te lo darò". Ahilya rispose: "Mio Signore, ho aspettato per molte vite. Per molti secoli ho atteso il momento in cui anche solo la polvere dei Tuoi piedi mi toccasse e mi liberasse. Non chiedo nessun favore. L'unica cosa che chiedo è che io non dimentichi mai il tuo Nome. Anche se dovessi rinascere come maiale, possa io sempre cantare il Tuo Nome, perché solo il Tuo Nome può dare la liberazione".
Tale è il potere del Nome Divino. Per quale motivo pensate che in tutte le religioni si dice di cantare il Nome di Dio, di recitare il Nome di Dio? Anche qui a Fatima, basta che usciate e vedrete che ovunque vendono rosari. E per che cosa? Non è solo per indossarli e farvi belli. No, si usa per pregare, per cantare il nome del Signore, così che voi possiate realizzare l'unità fra *Atma* e *Paramatma*. Quando realizzate l'unità fra l'*Atma* e il *Paramatma*, cosa resta? Resta solo *Paramatma*, perché l'unica realtà di *Atma* è *Paramatma*, l'unica realtà dell'anima è Dio. La vostra anima vuole fondersi di nuovo con Dio e divenire Uno con Lui, vuole raggiungere i Suoi Piedi di Loto. Colui che realizza questo si riunirà [a Dio]. E ciò si otterrà solo attraverso un semplice Nome, Ram.

IL SIGNORE HANUMAN
LA FORZA DELLA DEVOZIONE PROFONDA

Hanuman Jayanti, Shree Peetha Nilaya
Springen, Germania, 30 marzo 2010

Non c'è bisogno che io spieghi molto riguardo a Hanuman perché ne ho già parlato lo scorso anno. Veramente, se oggi volessimo chiedere qualcosa a Hanuman, bisognerebbe chiederGli di infondere in noi anche solo un po' del Suo modo di amare Dio, del modo in cui Egli ha dedicato la sua vita a Rama, perché avere anche solo una minima parte della Sua devozione sarebbe meravoglioso. Hanuman è considerato il modello della *Bhakti*. Rappresenta come si deve essere quando si è sul sentiero spirituale e quanto bisogna essere devoti. Sotto questo aspetto Hanuman ci dona la saggezza e ci mostra anche che non si deve aver paura di niente quando Egli è vicino a noi. Secondo le *Shastra*, oggi è il compleanno di Hanuman, il giorno in cui Egli si manifestò sulla terra. Come sapete Hanuman è un' incarnazione del Signore Shiva.

Quando Rama venne sulla terra, tutte le divinità si manifestarono sotto forma di scimmie, *Vanara Sena*. Hanuman è Shiva Stesso. Ecco perché si dice che quando pregate Hanuman, ricevete anche la Benedizione di Gauri Shankar. Come ho spiegato durante il Ram Navami, il nome Rama è una mescolanza di *OM Namo Narayanaya* e *OM Namah Shivaya*. La prima sillaba di Rama, *Ra*, è in: *OM Namo Na**ra**yanaya* e la seconda, *Ma*, è in: *OM Na**mah** Shivaya*.

Il Nome di Rama è infuso in Hanuman grazie alla Sua devozione. Hanuman venne iniziato al nome di Rama sin dall'infanzia e la

Sua devozione non aveva limiti. Ancora adesso si dice: dove si pronuncia il nome di Rama, Hanuman è il primo ad arrivare e l'ultimo ad andarsene. Hanuman è immortale e viaggia nel mondo proteggendo e dando le Sue benedizioni ai devoti di Rama, a chiunque preghi il signore Rama.

Tulsidas sapeva che non sarebbe stato capace di raggiungere Rama da solo. Sapeva che la sua devozione era debole e che avrebbe dovuto renderla più forte. L'unico modo per rinforzare la sua devozione verso il signore Rama era diventare un *Rama Bhakta*, divenire un devoto del Signore Rama. È quello che Krishna dice nella Gita: "Chiunque vuole giungere a Me sia devoto ai miei servitori. I devoti dei miei servitori sono i miei prediletti".

Così Tulsidas seguì ciò che è scritto nella *Rama Charitra Manas*. Si abbandonò a Hanuman e gli chiese il Suo aiuto, anche se non sapeva chi fosse Hanuman. Come penitenza vagabondò per giorni e giorni sino a quando, giunto in un luogo, udì una voce che diceva: "Vai a Varanasi. Vai al tempio dove viene letto il *Rama Charitra Manas* e lì troverai Hanuman". Tulsidas chiese: "Ma come lo riconoscerò?" E la voce disse: "Lo riconoscerai perché Egli verrà nella forma di un vecchio uomo. Sarà il primo ad arrivare e l'ultimo ad andarsene".

Sotto questo aspetto Hanuman ci dona la saggezza e ci mostra anche che non si deve aver paura di niente quando Egli è vicino a noi.

Tulsidas andò al tempio; era pieno di gente, ma egli notò solamente un vecchio, seduto. Quando tutti se ne andarono il vecchio fu l'unico a rimanere e l'ultimo ad andarsene. Tulsidas capì che era Hanuman. Si avvicinò, toccò i piedi del vecchio e disse: "Ti prego, *Prabhu*, tu che sei un così grande devoto del Signore, per favore guidami a Lui e benedicimi con un po' della devozione che Tu hai per il Signore Rama". Hanuman, che in quel momento era sotto mentite spoglie, disse: "No no no, cosa stai facendo?" Voleva

metterlo alla prova. Lo rimproverò, lo scacciò via, ma Tulsidas non lasciava andare i Suoi piedi. Alla fine Hanuman, compiaciuto dalla sua devozione, disse: "Ti benedico con la promessa che il Signore verrà a te, ma tu dovrai riconoscerlo".
Pochi giorni dopo Tulsidas si trovava sulla sponda del Gange a preparare la pasta di sandalo, quando due giovani si avvicinarono e dissero: "Abbiamo visto che stai preparando una delicata pasta di sandalo. Possiamo averne?" Tulsidas rispose: "Questa pasta di sandalo è per il Re, per la stirpe reale e vedo che voi siete di stirpe reale, quindi potete averne". Ma non aveva riconosciuto chi aveva di fronte. Hanuman che si trovava sull'albero sotto il quale Tulsidas stava seduto, lo chiamò e disse: "Tulsidas, quello di fronte a te è il tuo Signore". Quando Tulsidas comprese che Colui che gli era di fronte era il Signore, gli mise il *chandam* sulla fronte e toccò i Suoi piedi. Ecco come Hanuman aiuta i devoti a trovare il Signore. Hanuman è un modello di devozione; pregate di poter cambiare e divenire un po' come Lui.

IL CUORE ARDENTE

Gaura Purnima a Shree Peetha Nilaya
Springen, Germania, 2 marzo 2010

La giornata di oggi è in preparazione della celebrazione di domani, il *Gaura Purnima*, giorno della manifestazione del Signore Chaitanya Mahaprabhu, e di Holi, il giorno dopo. Holi è conosciuto come la festa dei colori. Ci sono molte storie sulla ragione per cui gli indù giocano con i colori.
Naturalmente è un momento di gioia. Holi è diversa dalle altre feste. In India la celebrano per un mese e nelle Mauritius per due o tre giorni. Ma il giorno più importante è dopodomani (lunedì): domani è *Holika Dahan*. Holika era la sorella di Hiranyakashipu (il re demone che è venne ucciso da Narashimha), ed era stata benedetta dal dono di uno scialle come risultato di una sua penitenza durata molti anni: questo scialle, quando indossato, l'avrebbe protetta dal fuoco che non avrebbe potuto bruciarla.
Probabilmente conoscete la storia di Pralhad il cui padre, Hiranyakashipu, voleva convertirlo e farne un piccolo demone. Lo mandò alla scuola dei demoni, ma invece di trasformarsi in un demone, fu Pralhad a trasformare gli altri in devoti del Signore, cantando e facendo cantare loro i Nomi del Signore e mostrandogli il potere dei Nomi Divini. Tentarono di tutto per farlo cambiare, ma invano. Alla fine suo padre, furioso, decise: "Ucciderò mio figlio a ogni costo!"
Sapete che, prima che il cristianesimo venisse legalizzato, i cristiani erano perseguitati per la loro fede, e la stessa cosa succedeva anche

a quel tempo. Il padre cercò in ogni modo di uccidere il figlio, ma non ci riuscì perché il Signore era sempre lì a proteggerlo. Alla fine la sorella disse: "Sono stata benedetta da Brahma con questo scialle; io non posso bruciare e quindi se prendo tuo figlio e mi siedo nel fuoco, lui sarà ridotto in cenere e io no". Pensando così, si gettò nel fuoco, ma, per sua grande sfortuna, lo scialle scivolò, coprì Pralhad e al posto di Prahlad, fu lei a essere ridotta in cenere.

Holika accusò Brahma: "Brahma, la tua benedizione è stata inutile, mi avevi detto che mi avrebbe protetta, e invece guarda, sono morta bruciata!" Brahma le rispose: "Lo scialle ti era stato donato come tua protezione, per aiutarti, non per distruggere la vita di qualcun'altro". Questo è il motivo per cui lo scialle le era scivolato via e aveva protetto Prahlad. Domani alle Mauritius costruiranno un'immagine di Holika sottoforma di spaventapasseri e la bruceranno cantando la gloria del Signore Krishna, di Nrsingadev e di Rama.

Questa storia mi ricorda molto il modo di essere di noi uomini e la nostra tendenza a farci prendere dall'orgoglio se solo progrediamo un po', come l'arroganza riesca a sopraffarci facendoci credere di essere i migliori, gli unici. Pensiamo: "Mi merito tutto". Se la mente potesse comprendere la vastità di Dio, non saremmo suoi schiavi, e invece permettiamo ancora che lei ci governi. Non la controlliamo. Non siamo liberi, eppure creiamo l'illusione di essere liberi. Crediamo di essere i migliori, ma in questo modo come possiamo trovare Dio? Come possiamo trovare i Piedi di Loto del Signore se interiormente siamo così pieni di orgoglio? Dio lo si può trovare solo attraverso l'umiltà, e non nella mente. Dite: "Sì, io sono umile, sono umile", ma deve essere così nella vostra interiorità, in voi. Quando dite a voi stessi: "Sì, tutti sono migliori di me", allora siete in grado di imparare. Ci sono così tante cose che potete imparare, ma a quanti piace imparare? Non a molti.

Si dice che a questo mondo ci siano quattro tipi di persone: colui che è attaccato al mondo, colui che sta cercando la libertà, colui che è libero e colui che è sempre libero. Questi quattro tipi di persone costituiscono il mondo; e in quale di questo ognuno di noi è situato? Stiamo cercando di essere liberi? Siamo liberi? Non possiamo essere sempre liberi perché Colui che è sempre libero è il Signore Stesso. Naturalmente ogni volta che Lui si manifesta è sempre libero. Egli non è limitato da nessuna legge del *karma*, come lo sono le persone, e tuttavia guardate quanto è umile, come quando uccise Hiranyakashipu per salvare Prahlad. Il Signore si è manifestato in una forma, qui, a questo livello, e ha limitato Se stesso per il suo devoto, per mostrare la grandezza della devozione, per mostrare quanto sia importante la devozione del Suo *bhakta*. Il Signore è sempre libero di assumere qualsiasi forma, a Suo piacimento, e tuttavia noi litighiamo e diciamo: "La nostra forma, e non la vostra, è la migliore!" dimenticando che Egli è il Signore, che Egli ha creato tutto e che Egli non è limitato dalla mente come invece lo sono le persone.

> "Signore fammi Realizzare Chi sei Tu e fammi Realizzare chi sono io".

C'è una bella storia che ci mostra queste quattro categorie di esseri umani. Quando un pescatore getta la sua rete nel mare, coloro che sono sempre liberi non verranno mai catturati. Il pescatore può provare di tutto, ma loro sono troppo saggi. Quando la rete di *Maya* è lanciata, i rimanenti, gli altri tre, vengono catturati: colui che è attaccato, colui che è libero e colui che è sul sentiero della liberazione, che sta cercando la liberazione. Sono come quei pesci che vengono catturati nella rete.

Coloro che stanno facendo del loro meglio per essere liberati vedono la rete e cercano di saltarne fuori, ma senza successo; provano e riprovano, ma non ce la fanno. Coloro che sono liberi invece, riusciranno a saltare fuori dalla rete e se ne andranno! Il pescatore dirà: "Guarda quel grosso pesce, se ne sta andando". Coloro che sono intrappolati nella rete sono come i pesci che non fanno neanche lo sforzo di venirne fuori. Non fanno nulla. Pensano: "Sì, verrò salvato; lascia che sprofondi nel fango e mi nasconda", dimenticando che sono comunque presi nella rete. Si nascondono scordando che quando il pescatore tirerà la rete, verranno catturati. Tali sono gli uomini che sono stati catturati dal mondo esterno, quelli che neanche provano a realizzare il motivo per cui sono qui. Non fanno nulla. Non vogliono neanche pensarci, perché si dicono: "La vita è bella; godiamocela!" Godersela per quanto? Dieci anni, vent'anni? Intanto invecchiano; il tempo passa! E noi non ce ne accorgiamo, sapete. Non capiamo che un giorno arriverà il momento in cui guarderemo la vita e diremo: "Cosa ho fatto?" Abbiamo ballato tutto il tempo nella routine, ogni giorno. Abbiamo ballato nella routine che ci ha reso schiavi di questo mondo. Il Signore misericordioso ci ha dato la possibilità di cambiare, ma noi non l'abbiamo colta.

Poi quando guardate indietro, vi accorgete di quale spreco di vita, quale spreco di tempo c'è stato. Allora direte (probabilmente qualcuno di voi l'ha anche già detto): "Oh, quella era la volta in cui avrei dovuto cambiare". Vi accorgete che ci sono state delle occasioni in cui avreste potuto cambiare, ma non avete colto l'opportunità. E così cadete in quella categoria di pesci che sono stati presi nella rete e che, quando il pescatore la tira fuori, esclamano: "Oops! Troppo tardi!".

Ma quando si pratica l'abbandono a Dio non è mai troppo tardi. Quando ricevete la Grazia, cogliete l'opportunità e cambiate! Non tocca a me dirvi di cambiare, ma a voi dire a voi stessi di farlo. Naturalmente non otterrete il Divino immediatamente appena provate.

Certo, per qualcuno è facile, grazie al *karma* passato. Provano e molto velocemente ottengono un risultato. Ma per qualcun altro ci vuole tempo; tuttavia non bisogna perdere la speranza. Quando il Divino vede che state provando, vi invierà il Suo aiuto. Se accetterete l'aiuto, Egli vi condurrà alla liberazione, ma dipende da voi. Questa è la libertà che Egli dà al genere umano: scegliere la strada che vogliamo.

Questo è il motivo per cui vedete il mondo in questo stato. Abbiamo dimenticato perché siamo qui. Dimentichiamo che la nostra anima vuole essere uno con il Divino; la nostra anima vuole raggiungere i Piedi di Loto del Signore. Un grande esempio è il Signore Chaitanya, che per qualche anno visse normalmente. Anche se era una manifestazione del Signore, visse una vita normale sino a quando il Signore lo chiamò, quando ricevette la Grazia, comprendendo che: "Non sono qui solo per questo, non sono qui solo per insegnare. Non sono qui solo per essere in questo mondo. C'è qualcosa di più grande da realizzare: chi sono io".

Stavo proprio leggendo, prima, la preghiera di Sant'Agostino. Egli recitava sempre questa preghiera "Signore fammi Realizzare Chi sei Tu e fammi Realizzare chi sono io". Questa era la preghiera che recitava e il suo cuore bruciava di questo Amore Divino. Vedete, quando parliamo di un cuore ardente, alcuni di voi capiscono e alcuni no, perché guardiamo alle cose con la nostra mente.

Come stavo dicendo all'inizio del discorso, se la nostra mente potesse comprendere la vastità del Divino, non saremmo qui, saremmo con Lui. Ecco perché Egli ci ha dato così tanti aspetti di Se stesso: perché la nostra mente possa concentrarvisi sino a quando realizzeremo il nostro sé. E non dico sino a quando realizzeremo Dio in noi stessi, ma sino a quando realizzeremo che siamo parte di Lui.

Il Signore Chaitanya dimostrò che solo attraverso la *bhakti*, solo attraverso la devozione, questo Amore può essere risvegliato. Ma questa devozione deve provenire dal vostro cuore, perché se provate solo con la mente e dite: "Sì, io ho devozione", rimanete bloccati all'esterno e dentro di voi il cuore non arderà. Non abbiate paura, perché quando il cuore brucia non è come in medicina dove quando si dice che c'è bruciore di stomaco significa che si ha un problema di acidità! Non è così. Il cuore sta bruciando d'Amore e questo è ciò che i santi sperimentano realmente!

Succede in tutte le religioni, perché tutti stanno cercando i Piedi di Loto del Signore. Chiamatelo con qualsiasi Nome, raffiguratelo in qualsiasi forma, ma è sempre lo stesso Signore.

> **Nel momento in cui chiudete gli occhi e Lo chiamate in una qualsiasi delle Sue forme, è qui e ascolta ogni preghiera. Sia che voi lo vediate oppure no, Lui è qui. Questo mi ricorda quello che disse Cristo: "Benedetto è colui che crede senza aver visto"**

Questo è il motivo per cui ciascuno di voi ha il proprio *Ishta Dev*, per rendervi più facile focalizzarvi sul vostro *Ishta Dev*, così che questa brama del Divino in quella forma possa manifestarsi dentro di voi. Quindi possa il Signore Chaitanya infiammare il vostro cuore e aiutarvi ad amare il Signore nel modo in cui Egli l'ha amato, sino a divenire, alla fine, Uno con Lui. Chaitanya non poteva vivere in questo mondo, non sopportava la separazione. Quando la nostra anima guarda al Signore, ha lo stesso desiderio: "Quando sarò Uno con te ancora? Quando tornerò di nuovo a quello stato in cui mi rendo conto che sono Uno con Te e Tu sei Uno con me?". Questo è il motivo per cui avete la vostra *sadhana*. Questo è il motivo per cui pregate e meditate, che è una cosa molto buona; ma cercate di farlo in modo disinteressato, senza aspettative, perché ogni volta che avete aspettative, ci vorrà più tempo.

Ogni volta che pregate con aspettative, dite: "Bene, adesso prego il Signore, così Lui sarà felice di me e verrà". Ma Lui è comunque contento di voi, sapete. Sia che voi Lo vediate o non Lo vediate, Lui è qui! Nel momento in cui chiudete gli occhi e Lo chiamate in una qualsiasi delle Sue forme, è qui e ascolta ogni preghiera. Sia che voi lo vediate oppure no, Lui è qui. Questo mi ricorda quello che disse Cristo: "Benedetto è colui che crede senza aver visto".
Sappiate che ogni volta che pregate, Egli ascolta, e soprattutto Egli sa quando darvi qualcosa. Quando sarete pronti, quando sarete in grado di ricevere, Egli vi darà; ma sino a quando non siete pronti, lavorate per farvi trovare pronti. Desiderate il Signore ardentemente, chiamateLo giorno e notte, in modo da avere anche solo un barlume di questo desiderio ardente del cuore. Anche solo un barlume vi renderà capaci di attendere molto pazientemente per tutta la vita.

IL SIGNORE NEL CUORE

Darshan in Kenya, settembre 2010

È bello essere qui con tutti voi. Ultimamente qualcuno mi ha posto una domanda: "Tutto ciò che facciamo in questa vita, sia nella nostra *sadhana* che nella vita quotidiana, dipende da questa vita o dalle vite passate?" A dir la verità dipende da entrambe. La maggior parte di tutto quello che fate in questa vita dipende da ciò che avete fatto nelle vostre vite precedenti.
A volte avete un grande progetto ed esso non va nel modo in cui avevate pianificato, perché in questa vita la vostra mente funziona in modo tale per cui create ciò che percepite necessario per essere felici, ma c'è ancora il *karma* del passato che dovete bruciare.
Ecco perché molto spesso i vostri progetti non si realizzano come volete voi: a causa del *karma* passato. Cos'è permanente in questo mondo? Nulla! Con il tempo tutto cambia, con il tempo tutto viene distrutto, eppure ancora ci si aggrappa a cose deperibili, dimenticando l'Eterno. Sino a quando ci si aggrappa alle cose deperibili, ci sarà sofferenza, perché ciò che vi darà la vera gioia è aggrapparsi al Signore Eterno. Solo quando sarete completamente rivolti a Lui, Egli si rivolgerà completamente a voi. E come arrivare a questo? Attraverso la vostra *sadhana*, attraverso la vostra pratica spirituale, facendo *japam*, cantando il nome del Signore e prestando servizio. Attraverso il servizio realizzerete che non state agendo dall'ego, con orgoglio, ma state servendo attraverso il vostro cuore. Naturalmente quando cominciate a servire c'è sempre dell'orgoglio.

Siete orgogliosi di ciò che state facendo e dite: "Guarda quanto sto facendo". L'Io, il grande Io, è sempre lì e vi dimenticate che è solo Lui ad agire attraverso voi. Ma col tempo, facendo servizio, arrivate al punto in cui [l'idea che siete voi ad agire] viene trascesa; cominciate poi a realizzare che, indipendentemente da chi state servendo, in realtà state servendo Lui; ed infine realizzate che è solo Lui che sta servendo. Solo allora sarete in pace. Perché se cercate la pace in questo mondo, se cercate la gioia, non la troverete. Tutti cercano la pace. Chi non vuole essere in pace? Tutti sono alla ricerca di una cosa sola: essere in pace.

In sanscrito chiamiamo il mondo *Jagad* e la traduzione di *Jagad*, è 'moto incessante'. Il mondo è sempre in movimento. Se osserviamo il mondo, lo vediamo sempre in movimento. Quando ci prendiamo tempo e con calma guardiamo noi stessi, quando guardiamo gli esseri umani, vediamo che sono costantemente in movimento. Anche mentre sono seduti qui, la loro mente è lontana, da qualche altra parte. Sono seduti qui, ascoltano, ma la loro mente è in qualche altro posto, sta facendo qualcos'altro. Allora come ci può essere pace quando non si è neanche in pace con se stessi, quando non ci si possono prendere cinque minuti per sedersi in un luogo e riuscire a portare il corpo, la mente e lo spirito lì, tutti nello stesso luogo? E tuttavia, gli esseri umani stanno cercando la pace.

Per avere questa pace bisogna imparare a calmarsi. Sapete, è così per qualsiasi cosa. Quando avete un bambino e volete che studi, cosa fate? Lo fate sedere e poi lo fate studiare, no? Per prima cosa dovete farlo sedere, poi potete farlo studiare. La stessa cosa per voi: senza uno sforzo da parte vostra, senza autodisciplina, se non vi mettete seduti a praticare la vostra *sadhana*, sarà difficile trovare una vera pace. Perché oggi potete avere qualcosa ma non sapete se domani l'avrete ancora. Mentre la vera pace, una volta ottenuta, l'avrete per sempre. È la stessa cosa con l'Amore. Parlo dell'Amore vero, il puro Amore. Una volta che l'avrete realizzato, l'avrete sempre con voi.

Vedete, in questo mondo alle persone piace aggrapparsi ai propri problemi e alle proprie preoccupazioni. Perché? Quando sorge un problema, c'è anche la soluzione, eppure l'uomo si concentra facilmente sul problema, ma non sulla soluzione. Vi piacciono i problemi? Se non vi piacciono, perché vi fate trascinare dalle preoccupazioni? Non possono darvi la pace, no? Più vi attaccate ai problemi, e più ne avrete; più vi attaccate alle preoccupazioni, meno riuscirete a vedere la soluzione. Ma se vi prendete un po' di tempo per sedervi nella vostra stanza di preghiera e vi abbandonate sinceramente al Divino, il problema si risolverà. È per questo che ogni volta che c'è un problema, cosa fate? Correte nel tempio, no? E pregate: "Oh, Signore, ho questo o quel problema" perché nel profondo di voi stessi sapete che Lui è l'unico che lo può risolvere, nessun altro. Potete raccontare il vostro problema a centinaia di persone, ma cosa faranno? Diranno: "Oh, poveretto, hai un problema". Molto spesso dicono 'povero te' esteriormente, ma dentro stanno dicendo: "Ben ti sta". Allora chi è il tuo migliore amico? Chi è l'unico che realmente si sta prendendo cura di te? Chi è l'unico che ti sta realmente ascoltando? È solo Lui. È solo il Signore. Finché nella vita c'è felicità, le persone danno poca importanza alla loro pratica spirituale. Dicono: "Quando sarò vecchio avrò tempo per farla". Questo è il motivo per cui spesso sul vostro cammino ci sono problemi, perché nella vostra vita ci sono problemi; è perché possiate ricordare Dio in continuazione. È come ciò che dice Gandhari nel *Mahabharat* quando la guerra finì. Gandhari era la madre dei *Kaurava* e la zia di Krishna. Durante questa guerra tutti i *Kaurava* erano stati uccisi, e lei era molto arrabbiata con Krishna perché, sapete, Krishna avrebbe potuto fermare la guerra, ma non lo fece. Dopo la guerra Krishna andò a trovare sua zia per avere la sua

> **Solo quando sarete completamente rivolti a Lui, Egli si rivolgerà completamente a voi.**

benedizione e le chiese: "Cosa posso fare per te?" Lei rispose: "Tu sei il Signore del mondo, eppure non hai fermato la guerra, allora cosa posso chiederti? L'unica cosa che posso chiederti è di darmi più problemi possibili, in modo che io non possa mai dimenticarmi di Te". Tale era il suo amore per il Signore! Possedeva così tanto amore che disse al Signore: "Dammi molti problemi in modo che io possa sempre ricordarmi di te".

È così anche nella vostra vita. Nella vita accadono situazioni che ci inducono a ricordarci di Dio. Ma non ci piace ricordare continuamente Dio; ci piace invece ricordare continuamente il problema. Amiamo concentrare la nostra mente, tutta la nostra attenzione, tutta la nostra energia, sul problema, pensando che così troveremo la soluzione. Ma non succederà, perché avete dei limiti. Siete limitati dalla vostra mente. La vostra mente è limitata solo alla materia. Se vi concentrate su Dio non importa cosa arriva nelle vostre vite: lo accetterete e lo accoglierete positivamente. Non lasciate che la mente diventi negativa, perché quando diventa negativa, cominciate a pensare negativamente e a causa di questa negatività tutto ciò che farete nella vita sarà negativo. Ma se la vostra mente è positiva, qualunque cosa facciate nella vita, il frutto della vostra fatica, sarà positivo. Quando la vostra mente è concentrata sul Divino, andrà sempre tutto bene.

Quando cantate, quando pregate il Signore, dovete essere felici, perché Lui è sempre con voi. I vostri genitori, vostro padre e vostra madre, saranno con voi per qualche tempo, ma Lui sarà con voi sempre. È con voi dall'inizio, e sarà sempre con voi fino alla fine, sino a quando non realizzerete il vostro Sé e sino a quando non Lo raggiungerete. Lui è il vostro migliore amico, è *l'unico* di cui vi potete *realmente* fidare ed è l'unico che vi dà soluzioni per tutto; non gli esseri umani. Ogni essere umano che vi dà una soluzione, ogni vostro amico che vi dà una soluzione, avrà poi un'aspettativa.

Diranno: "Io ti do questo, ma tu devi fare questo per me!". Ne sapete qualcosa, vero?

Tutti gli esseri umani agiscono così, sapete, è una reazione umana. Ma non dimenticate che dentro questo sé umano siete anche Divini, avete una parte di Dio dentro di voi. Dico *parte*, ricordate questa parola, *parte*. Non siete completamente Dio perché siete talmente attaccati alla vostra umanità che la parte Divina viene nascosta. Ecco perché il karma del passato può influenzarvi. Ma quando realizzate il vostro Sé, quando realizzate che il Signore è dentro di voi e che il vostro *Atma* è parte del *Paramatma*, trascendete questa qualità umana.

È come quando fate *japam*. Perché fate *japam*? Fate *japam* per realizzare il Divino. Fate *japam* in modo che la vostra mente pensi e canti continuamente il Nome di Dio. Più cantate i Nomi Divini più le Sue qualità risplenderanno in voi. Le qualità di bontà, amore, compassione, tutte queste qualità cominceranno a risplendere in voi, ma ciò avverrà solo se cantate con sincerità.

Gli uomini sono molto attaccati alle cose esteriori e poco a quelle interiori, perché non conoscono l'interiorità. Conoscono solo quello che c'è all'esterno, quello che possono vedere e toccare. Con queste due cose pensate che sarete felici. Ma voi possedete una cosa che non può essere vista, ed è il vostro *Atma*. Si parla dell'*Atma*, si dice: "Sì, dentro di noi c'è lo spirito, dentro di noi c'è l'anima", ma quanti *realmente* conoscono l'*Atma*?

Ogni volta che si parla della morte, la gente si spaventa. Non vogliono nominare la morte. Ebbene, siete nati e quindi morirete! Non è qualcosa a cui potete sfuggire. Dovrete passarci attraverso. Ma *voi*, il vostro Vero sé , e non il vostro corpo, siete permanenti. Realizzando l'*Atma*, lasciando che l'*Atma* si riveli a voi, sperimenterete la gioia più grande, sarete *sempre* felici. Sarete felici anche quando arriveranno i problemi, perché ormai avete conseguito lo scopo della vita, di vite! Non di una vita sola, ma di vite.

Quindi fate del vostro meglio per praticare la vostra *sadhana*. Fate del vostro meglio per ricordare Dio in qualsiasi cosa facciate; anche se non lo considerate come *seva*, cercate di pensare a Dio in ogni azione che fate nella vita. Se avete cinque minuti durante il giorno, cercate di sedervi in silenzio e durante questi cinque minuti dimenticate marito, moglie, figli, tutti. Quando vi sedete nella vostra stanza della preghiera, sedetevi e basta: voi e Dio. Se non avete cinque minuti, anche due minuti vanno bene. Ogni volta che avete problemi dite: "Oh, mio Dio!" vero? Cercate Dio. Ma quando siete felici non dite: "Oh, mio Dio, sono felice!".

Perché aspettare di avere un problema per arrivare a pensare a Dio? Potete ricordarlo ogni giorno. Non dico tutto il giorno, perché non lo farete, ma *almeno* mattina e sera, per un minuto al mattino e un minuto alla sera. Egli ha una molteplicità di forme in cui appare. Ognuno si sente più vicino a certe Divinità, anche se alla fine è solo Una, è solo Lui. È come quando si guarda un albero: ci sono molte foglie, molti rami, ma tutti derivano da un solo seme. Immagina: da un piccolo seme può nascere un enorme albero con migliaia di foglie, centinaia di rami, eppure il seme è uno.

Cercate quindi di realizzare questa unità e costruite questa relazione con il Divino. Più la vostra relazione con il Divino diventa intensa, più Lui si rivelerà a voi. È come quando vi innamorate. All'inizio dite: "Sento qualcosa per quella persona", eppure ancora non la conoscete. Come conoscere quella persona? Standole vicino, standole accanto comincerete a conoscerla, vero? Più vi avvicinate a lei, più la conoscete, più l'amore cresce.

È la stessa cosa con *Bhagavan*, sapete. Più pensate a Lui, più cantate il Suo nome, più Egli si rivelerà a voi. Così, poco alla volta, comincerete a percepirlo. Piano piano comincerete a Realizzare che Lui è vicino a voi. Qualche volta Lo vedrete nei sogni e qualche volta Lo vedrete apparire di fronte a voi. Poi, nel corso del tempo, gli oggetti in cui Egli si è manifestato cominceranno a scomparire. Rimarrà solo *Lui*. E allora, dovunque andrete, vedrete solo Lui. E mentre il vostro amore cresce, vedrete Lui dentro di voi, Lo vedrete fuori di voi, sino a quando non realizzerete che è solo Lui. Stiamo solo giocando a un grande gioco. Egli sta solo giocando con tutti noi. Sta agendo attraverso tutti noi. Sta facendo quello che deve fare attraverso ognuno di noi.

TULSIDAS E LA BELLEZZA DELLA DEVOZIONE

Darshan in Steffenshof, Germania, 8 agosto 2007

Si dice che per Realizzare Dio bisogna avere fiducia assoluta, bisogna dedicarsi completamente a ciò che si vuole veramente, perché se ci concediamo a metà, anche Dio si concederà a metà. Ma se ci doniamo a Lui completamente e Lo chiamiamo sinceramente dal nostro cuore, Egli ci risponderà. Questo era l'amore che aveva Tulsidas. Tulsidas fu un santo indiano che visse nel 16° secolo e il suo amore per il Signore Rama era così grande che ovunque egli guardasse vedeva solo Rama. Tulsidas era orfano e apparteneva a una casta molto bassa. In quel tempo in India, e anche adesso, la gente seguiva il sistema delle caste. C'erano i *Brahmini*, la casta superiore, e i *Sudras*, la casta più bassa. L'amore di Tulsidas per Rama era così grande che egli portava sempre con sé una piccola statua del Signore Rama. Quando i suoi genitori morirono, nessuno si prese cura di lui e ovunque andasse la gente lo allontanava perché apparteneva a una casta inferiore. Un giorno il suo Guru lo prese nel suo *ashram* dicendo: "Voi credete di conoscere Dio, ma Lo conoscete solo attraverso le scritture, solo attraverso ciò che si dice nei libri, niente di più. Ma il Signore Sri Hari è al di là di tutto ciò. Egli ama tutti e davanti a Lui tutti sono uguali. Egli è con chiunque lo chiami con cuore sincero". Così Tulsidas venne preso sotto la protezione del suo Guru. Tulsidas crebbe e divenne un esperto di sanscrito. La sua aspirazione principale era scrivere il *Ramcharitmanas*, cioè *La storia del Signore Rama*, nella lingua del popolo.

Componeva poesie e cominciò anche a cantare il *Ramcharitmanas* in marathi, la sua lingua nativa. Ai *Brahmini* questo non piaceva per nulla, perché dicevano che il sanscrito era la lingua dei *Deva*, degli Dei. Beh, questo era quello che dicevano. Similmente, qualcuno pensa che Dio parli solo latino. L'obiettivo principale di Tulsidas era tradurre il *Ramcharitmanas* e donarlo al popolo, a tutti, senza distinzioni; e per questo si creò molti nemici.

Venne per Tulsidas il momento di sposarsi, e anche se uno dei suoi fratelli era contrario perché voleva sposare lui la ragazza destinata a Tulsidas, alla fine fu il padre della ragazza a decidere che sarebbe stato Tulsidas a sposare sua figlia, Ratnavali. Così alla fine si sposarono e furono molto felici. Si recarono dal Guru per ricevere la benedizione e il Guru, restituendo la statuetta di Rama che Tulsidas aveva portato nell'ashram quando era bambino, gli disse: "Non ho niente da donarti in questo giorno speciale, ma prendi questa statua di Rama e non dimenticarti mai di Lui!". Tulsidas replicò: "Guruji, come potrei dimenticare Rama?" Portò la statua a casa, la mise sull'altare e in quel momento si dimenticò completamente di Rama, perché la sua mente era concentrata solo su sua moglie. Era così ossessionato che lei diventò tutto per lui. Ogni momento, giorno e notte, voleva solo starle vicino.

Tulsidas e la moglie avevano un negozio regalatogli dal suocero quando si erano sposati. Un giorno Tulsidas dovette andare in un'altra città a comprare dei vestiti per il negozio. Così al mattino salutò sua moglie e andò per negozi a comprare la merce. Lo stesso giorno sua moglie ricevette un messaggio che suo padre non stava bene e che chiedeva di vederla per l'ultima volta prima di morire. Ratnavali si precipitò velocemente a casa di suo padre. Al suo ritorno, non trovando la moglie a casa, Tulsidas letteralmente impazzì. Trovò sul letto un biglietto che diceva: "Devo andare da mio padre perché è ammalato e ho anche bisogno di un po' di tempo per me stessa, perché ho visto quanto sei ossessionato da me". Tulsidas non riuscì ad accettarlo e partì per andare dal suocero. Lungo il tragitto ci fu una violenta tempesta e dovette attraversare il fiume a nuoto. Quando finalmente arrivò, vide che la porta era chiusa e si chiese cosa fare e come poter entrare. Cominciò così a scavalcare il muro della casa. Alcune persone lo videro e pensarono subito che fosse un ladro. Cominciarono così a correre in giro e a chiamare altra gente dicendo: "C'è un ladro, venite, prendiamolo!" Ma Tulsidas era riuscito a entrare in casa e quando anche le persone che cercavano di prenderlo riuscirono a entrare e videro che era lui, gli chiesero: "Perché hai scavalcato il muro in questo modo? È la casa di tuo suocero. Potevi usare la porta". Quando si resero conto quanto fosse follemente innamorato, andarono dalla moglie e dissero: "Sai che razza di marito hai? E' così innamorato che non può allontanarsi da te neanche un momento".

> Abbiamo un solo Dio, ma Lo adoriamo nelle Sue molte forme sino a quando arriveremo al punto di vedere questa Unità ovunque.

La moglie si arrabbiò *moltissimo*. Andò da Tulsidas e gli disse: "Apprezzo tutto ciò che stai facendo per me, ma voglio dirti una cosa: se tu avessi questo genere di Amore per Rama, sicuramente otterresti la liberazione, Lui ti renderebbe libero. Se tu avessi un tale Amore per Lui, Egli sarebbe sempre con te. Invece guardi solo me, per il tuo piacere personale, con i tuoi occhi colmi di lussuria. Tu desideri solo il mio corpo, che è semplicemente una sacco di ossa e può darti soddisfazione giusto per qualche tempo. Abbi un Amore così per Rama e Lui ti libererà da tutto questo!" E poi se ne andò. Ma le sue parole restarono nella mente di Tulsidas. Continuava a pensare e ripensare e di nuovo un ardente desiderio per Rama si risvegliò nel suo cuore. Lasciò tutto e disse: "Come ho potuto dimenticarTi, Rama? Ti ho dimenticato a causa dell'illusione di questo mondo. Ti ho dimenticato per un sacco di ossa, ma poiché questo sacco di ossa è diventato il mio guru, ora sono di nuovo alla ricerca di Te. Rama, rivelaTi a me!" Per giorni e giorni girovagò, ripetendo continuamente il Nome di Rama. Alla fine non riusciva neanche più a camminare e stramazzò a terrà in una foresta, ma continuando a cantare il nome di Rama: *Ram Ram Ram Ram Ram Ram*. Continuava a cantare e cantare e cantare.

Dopo un po' udì una voce che diceva: "Tulsidas, sei una grande anima. So perché stai cantando il nome di Rama e ti dirò come trovarLo". Tulsidas sollevò la testa e si guardò intorno, ma non vide nessuno. Allora chiese: "Chi sei? Non riesco a vederti". La voce rispose: "Sono uno spirito che vive in questo albero. Sono diventato uno spirito a causa di un mio desiderio. L'ultimo giorno della mia vita ho desiderato avere dell'acqua del Gange, ma non l'ho avuta. Adesso mi considero molto fortunato perché ho potuto ascoltarti cantare per nove giorni continuamente il Nome di Rama. Ora io te Lo mostrerò, ma per questo dovrai portarmi un po' di acqua del Gange".

Tulsidas accettò e andò a raccogliere una brocca d'acqua del Gange. La portò all'albero e lo spirito disse: "Sono benedetto e sono libero, prima di tutto perché hai esaudito il mio desiderio portandomi l'acqua del Gange, e poi perché ho ascoltato il Sacro Nome di Rama continuamente per nove giorni. Quindi io te Lo svelerò. Vai a Kashi, là troverai un prete che starà cantando la storia di Rama. Ci sarà anche un vecchio, che sarà il primo ad arrivare e l'ultimo ad andarsene. È Hanuman, il servitore di Rama ed Egli ti guiderà a Lui". Mentre diceva queste parole, lo spirito dell'albero venne liberato.

Tulsidas si diresse a Kashi e giunse nel luogo dove lo spirito gli aveva detto di andare. Si sedette e ascoltò il sacerdote leggere il *Ramcharitmanas* in sanscrito. Era così noioso che una alla volta le persone si addormentavano e un po' alla volta se ne andarono tutte. Quando tutte se ne furono andate, Tulsidas si avvicinò al sacerdote

e gli disse: "Perché fai questo? Perché canti il *Ramcharitmanas* in sanscrito? Perché non lo canti in hindi, la lingua madre della gente di qui?" Il prete, che era invidioso, rispose: "Non si può cantare il *Ramcharitmanas* in nessun'altra lingua perché sarebbe blasfemo. Lo si può cantare solo in sanscrito!" Allora Tulsidas gli disse: "Se fosse stato in hindi, sarebbe stato più interessante, la gente non se ne sarebbe andata e ti avrebbero ascoltato". Il prete si arrabbiò moltissimo con Tulsidas e lo mandò via, ma mentre Tulsidas se ne stava andando vide che seduto lì vi era un vecchio.
Tulsidas si avvicinò al vecchio e questi gli disse: "Hai ragione. Hai fatto bene a dirgli che sarebbe meglio cantare il *Ramcharitmanas* nella lingua madre della gente locale". Tulsidas riconobbe, in quel vecchio con la barba bianca, Hanuman in incognito. Si gettò ai Suoi piedi e disse: "Ti prego, mostrami Rama!" Il vecchio disse: "Io? Come ti posso mostrare Rama?" Tulsidas rispose: "Tu sei Hanuman!" Il vecchio esclamò: "Io Hanuman? No, no, no". Ma Tulsidas insistette: "*Ti prego*, togliti il travestimento, mostra chi sei veramente! Lo so che sei Tu, il servitore di Rama". Lo chiese con così tanta fede e devozione che alla fine Hanuman apparve nella sua vera forma. Benedì Tulsidas e gli disse: "Tu incontrerai Rama. Domani recati al Gange e là vedrai Rama. Rama verrà da te".
Il giorno successivo Tulsidas sedeva sulle rive del Gange, preparando una pasta di *chandan*. Due giovani principi si avvicinarono a lui e dissero: "Sant'uomo, dacci un po' di *chandan*". Senza neanche guardare, Tulsidas ne mise un po' su delle foglie di betel e lo porse a loro. Naturalmente questi uomini erano sotto mentite spoglie. Povero Tulsidas! Non poteva sapere chi era di fronte a lui. Era suo desiderio vedere Rama, ma quando Rama gli fu di fronte, Tulsidas fu troppo cieco per riconoscerlo. Nello stesso tempo apparve, sull'albero lì vicino, Hanuman che disse: "Benedetto è Tulsidas a ricevere il *darshan* del signore Rama e di Lakshmana, giunti a lui direttamente dal Cielo". Udendo queste parole, Tulsidas fu in grado

di riconoscere Rama e Lakshmana in coloro che stavano di fronte a lui. Si inchinò ai loro piedi e Rama lo benedisse senza dire nulla. Anche solo il sorriso di Rama era sufficiente per lui.

In seguito Tulsidas tradusse il *Ramcharitmanas* in hindi e moltissime persone cominciarono a seguirlo. Molti sacerdoti *brahmini* cambiarono e cominciarono a cantare in hindi, ma uno di loro, invidioso, fece di tutto per fermare Tulsidas. Sapeva che Tulsidas aveva una sola copia del *Ramcharitmanas,* così decise di rubarla. Inviò un suo uomo, ma mentre questi si stava avvicinando alla capanna di Tulsidas, vide Rama e Lakshmana che facevano la guardia alla porta. Quando quest'uomo fece un passo in più, Hanuman, con la sua coda, lo tirò a sé e cominciò a picchiarlo. L'uomo ritornò velocemente dal malvagio sacerdote e gli disse: "È impossibile, sono stato picchiato e ci sono delle guardie a difesa della capanna". Allora cercarono di bruciare la capanna, ma il fuoco venne assorbito dal *Ramcharitmanas,* dal libro, e scomparve. Colpirono Tulsidas molte volte.

Un giorno il genero del Re di Kashi morì e durante la processione funebre la figlia del Re camminava a fianco di suo marito morto. Era pronta a farsi bruciare viva, perché a quel tempo quando un marito moriva la moglie doveva essere bruciata viva con lui. Questa usanza era chiamata *sati*. In realtà questa tradizione continuò sino a quando gli inglesi occuparono l'India. Gandhi fu uno dei massimi oppositori dell'usanza di commettere *sati,* dove la moglie veniva bruciata sulla pira funebre assieme al marito.

Durante questa processione incontrarono Tulsidas e quando la moglie passò davanti lui, Tulsidas la benedì e le disse: "Possa tu essere sempre felice nella tua famiglia". Quando il malvagio *Brahmino* udì ciò, con rabbia disse a Tulsidas: "Come puoi benedirla dicendole di essere sempre felice nella sua famiglia, quando suo marito è appena morto?" Tulsidas gli rispose: "Non lo so, l'ho benedetta perché il Signore Rama mi ha detto di farlo". Allora il *Bramino* disse: "Si dice

che se la tua fede è veramente forte, attraverso il Nome di Rama si può essere riportati in vita, allora riportalo in vita!"
Tulsidas cominciò a pregare Rama: "Rama, se sono fedele a Te, ridona la vita a quest'uomo. Tu ridai la vita a molte persone, quindi puoi ridare la vita anche a questo uomo morto". Il suo amore e la sua fede in Rama erano così intensi, la sua preghiera era così forte che mentre cantava *Sri Ram, Jai Ram, Jai Jai Ram* l'uomo cominciò a respirare di nuovo, ritornò in vita (dopo essere stato morto per diversi giorni) e cominciò a cantare il Nome di Rama. Ma neanche questo miracolo fece cambiare idea al malvagio sacerdote. Questi cercò nuovamente di bruciare la casa di Tulsidas, mentre Tulsidas era dentro. Tutti cercarono di spegnere l'incendio, ma non vi riuscirono. Solo per grazia di Dio, solo grazie all'amore che Tulsidas aveva per Rama, il fuoco si estinse da solo. Si condensò in una palla di fuoco che cominciò a inseguire il malvagio prete, il quale corse da sua moglie gridando: "Salvami!" La moglie disse alla palla di fuoco: "Signore, per ignoranza mio marito ha offeso il tuo devoto. Ti prego, abbi pietà di lui". Poi disse a suo marito: "Va, e chiedi perdono a Tulsidas. Sicuramente egli ti perdonerà". Il prete andò da Tulsidas, chiese perdono, divenne un suo devoto e cominciò anche lui a cantare il *Ramcharitmanas* in hindi.
Un giorno la moglie di Tulsidas tornò e disse: "Per rabbia ti ho mandato via, ma adesso ti sto richiamando. Ti prego, torna". Tulsidas replicò "Non posso tornare, ma grazie al fatto che tu mi hai mandato via, ho ottenuto che ora Rama risieda completamente nel mio cuore. Tu sei il mio Guru e ogni cosa che dirai, io la farò". Allora la moglie disse: "Io seguirò te, ovunque tu sia, qualunque cosa tu faccia. Tu vuoi vivere per Rama, io vivrò per servirti".
Ogni volta che si legge il *Ramcharitmanas,* viene menzionata la *bhakti,* la devozione di Tulsidas. La prima cosa da fare, prima di leggere il *Ramcharitmanas,* prima ancora di pronunciare il nome di Rama, è inchinarsi a Tulsidas, che donò il Nome di Rama al mondo

intero, e a Ratnavali che lasciò libero Tulsidas, così che il Nome di Rama potesse essere diffuso.

Questa storia ci insegna che ci si deve abbandonare completamente a Dio, ci si deve abbandonare completamente al proprio cammino, ci si deve abbandonare totalmente alla Divinità che si percepisce dentro il proprio cuore. E si deve sapere che Dio è al di là di tutto e che ama tutti nello stesso modo. Nessuno deve cercare di far cambiare idea a qualcun altro, dicendo: "La mia strada è giusta; la tua è sbagliata". Pensare così è assolutamente sbagliato. Abbiamo un solo Dio, ma Lo adoriamo nelle Sue molte forme sino a quando arriveremo al punto di vedere questa Unità ovunque. La storia della vita di Tulsidas o di qualunque santo Auto-Realizzato è al di là della comprensione della mente, perché essi vivono completamente in Dio e stanno invitando tutti a vivere completamente in Dio, a vivere nell'Amore di Dio e a riconoscere che Dio è ovunque, che Dio è presente in tutti. Per prima cosa vediamo la dualità, la separazione, e poi, attraverso questa separazione, Dio ci unisce e ci rende Uno con Lui. Ci fa Realizzare la Sua Divinità. Poi smettiamo di parlare di Lui e diveniamo completamente silenziosi. Sino a quando non avete trovato Dio, sino a quando non avete realizzato Dio, sino a quando non avete raggiunto l'Auto-Realizzazione, non dovete *mai* perdere la speranza, non dovete *mai* abbandonare il Nome di Dio. Non dovete *mai* lasciare andare quello che state facendo.

C'era una volta un contadino che viveva in un piccolo villaggio. In questo villaggio ci fu una grande siccità; non pioveva. Il contadino decise così di costruire un canale che dal fiume arrivasse sino ai suoi campi così da poterli annaffiare e così da poter avere acqua da bere per le sue mucche. Disse: "Farò questo canale e non mi riposerò, non mangerò e non berrò nulla finché non lo avrò terminato".

Durante il giorno arrivò sua figlia con il cibo e gli disse: "Padre, vieni a mangiare; è già ora di pranzo". Ma lui rispose: "No, va via. Devo prima finire questo canale. Poi mangerò". La figlia tornò a casa e lo disse alla madre. Allora fu la madre ad andare dal contadino e gli disse: "Mio caro, hai lavorato tutto il giorno, sicuramente puoi fermarti 5 minuti e pranzare". Di nuovo l'uomo disse: "No". Ma la moglie insistette così tanto che alla fine il contadino smise di scavare il canale e corse dietro alla moglie, urlando: "Lasciami solo! Ti ho detto che finché non finirò il canale, non lascerò questo posto! Vattene!" Quando la moglie si rese conto che il marito era veramente molto arrabbiato e che non avrebbe cambiato idea, si zittì e tornò a casa.

L'uomo continuò a scavare. A sera tardi terminò il canale e così l'acqua cominciò a scorrere dal fiume verso i campi. Allora, soddisfatto, si sedette e rimase in ascolto del piacevole rumore dell'acqua che scorreva. Poi andò a casa e chiamò sua moglie: "Vieni e dammi del tabacco. Voglio fumare". Fumò felicemente il suo tabacco, poi si fece una doccia, cenò e dormì molto serenamente.

Anche il suo vicino cercò di costruire un canale dal fiume. Quando sua moglie andò a chiamarlo per il pranzo, anche lui rispose di no, ma quando la moglie insistette dicendo: "Vieni, mio caro, cinque minuti non ti costeranno niente", lui lasciò il suo lavoro, dicendo: "Visto che lo dici in modo così dolce, verrò!" Così andò e si sedette e pranzò; e dopo il pranzo, naturalmente, fece un pisolino. E alla fine della giornata non aveva fatto nient'altro se non mangiare e dormire. Così non portò mai a termine il canale che portava l'acqua ai suoi campi.

Il significato dietro questa storia è che ci si deve *completamente* abbandonare al proprio percorso, e bisogna sempre dire: "No!" a tutti gli ostacoli e gli impedimenti che arrivano sul nostro cammino. Il vostro scopo è realizzare Dio, il vostro scopo è l'Auto-Realizzazione. Sino a quando non avete raggiunto questa meta, sino a quando non siete arrivati al punto di completa fiducia e completa fede in voi stessi e in Dio, continuate a provare. Non lasciate che nulla vi ostacoli il cammino.

Spesso la mente si metterà in mezzo e dirà: "No, no, no, no, no, no, non devi fare così, devi fare cosà!" Ma se ascoltate la mente, vi fermerete e diventerete pigri. Solo quando *veramente, sinceramente* vi dedicate e vi arrendete al vostro percorso, vi abbandonate a quello che realmente volete, raggiungerete il vostro scopo. Lo scopo è realizzare questo amore che avete dentro e diventare questo Amore completamente, in modo che *ogni* atomo del vostro corpo irradi questo Amore di Dio. E questo Amore, lo diffonderete intorno a voi. Questo Amore è al di là di ogni cosa; al di là della mente, al di là del corpo, anche al di là dello stesso spirito ed è questo l'Amore che dobbiamo raggiungere.

LO YOGA DELLA DEVOZIONE

Darshan a Monaco, Germania, 19 settembre 2007

È bello essere con voi dopo tanto tempo. Ciò di cui voglio parlarvi riguarda l'Amore e la devozione. Tutto ciò che facciamo nella nostra vita quotidiana, nel nostro lavoro, nel nostro percorso spirituale, lo facciamo per ottenere un'unica cosa: la purezza dell'Amore, per Auto-Realizzarci. Ma non potete raggiungere questa purezza, non potete Realizzare il Sé senza devozione. Realizzare il Sé è possibile solo attraverso la *bhakti*, attraverso la devozione. Senza *bhakti* è difficile. Come dice Sri Krishna nella *Gita*: "Getta via ogni dogma. Getta via tutto ciò che viene dalla mente e arrenditi a Me. Solo allora si potrà realizzare il vero Amore".

Con *jnana* ci si attacca alla mente. Non dico che *jnana* non vada bene. Va bene, ma essa vi guiderà solo sino a un certo livello. Va molto bene fare *karma yoga* per aiutare, ma se non lo fate con l'attitudine giusta, vi porterà anche solo sino a un certo livello. Mentre come Sri Krishna dice a Uddhava: "Al di sopra di tutti gli yoga, preferisco il *bhakti* yoga. Preferisco lo yoga della devozione in cui il devoto e il Signore divengono Uno, in cui non resta nessuna differenza, mentre negli altri yoga, la differenza rimane".

Quando parlo di devozione, non mi riferisco al genere di devozione che svanisce dopo un mese, ma alla pura devozione che resta per sempre. Ci sono tante persone che all'inizio hanno devozione, che quando cominciano il loro percorso spirituale sono molto entusiaste, ma nei quali dopo qualche tempo la devozione svanisce. Ma la *vera* devozione è, come dice il Signore, "Se ti abbandoni a me, se apri il tuo cuore e dici, 'Signore, prendi pieno possesso del mio cuore. Sto cercando solo te!'"

In realtà, tutta la felicità che state cercando, qualunque cosa stiate facendo esteriormente, è ottenere *Satcitananda*. Ovunque voi guardiate, chiunque voi guardiate, vedrete che stanno tutti correndo verso questo. Il prete prega, e perché pensate che stia pregando? Sta pregando per la felicità vera. Anche le persone sul sentiero spirituale stanno cercando la vera felicità. Anche le persone che si drogano, perché pensate che lo facciano? Stanno cercando la vera felicità. Certo la nostra mente non la pensa così, ma in fondo anche loro stanno cercando la vera felicità. E questa vera felicità si trova in profondità dentro di voi.

Attraverso la devozione, attraverso il canto della gloria di Dio, tutti i dogmi saranno rimossi e sentirete che Lui è continuamente presente in voi, sentirete il Suo amore continuamente con voi. Più Lo sentite, più divenite parte di Lui. Come è detto nella *Gita*: "Quando qualcuno canta il Nome di Dio, il Signore prende pieno possesso di quella persona". Più perdete voi stessi, più perdete il vostro ego e il vostro orgoglio, e più realizzerete il Divino; ma più vi attaccate all'orgoglio, più vi attaccate all'identità, e meno troverete la vera felicità. Il modo più facile che il Signore ci ha dato è cantare la Sua gloria. Semplicemente cantate qualsiasi Nome e, quando cantate, immergetevi in esso e non cercare di pensare con la mente. So che, specialmente in occidente, ci piace molto usare la mente. Amiamo capire le cose con la mente, ma essa ha un limite. La mente capisce il cuore? Non lo capirà mai. La mente capisce le cose solo quando sono limitate, quando c'è un muro dove potete sbattere contro. E poi, naturalmente, vi lamentate perché fa male. Mentre, quando vi centrate nel vostro cuore e risvegliate questa Coscienza Divina, questa Coscienza interiore più alta, fluirete sempre.

Indipendentemente da tutto, entrerete nell'Estasi Divina e sentirete energie diverse scorrere dentro di voi. La mente non comprenderà e griderà: "Voglio capire, ma non riesco!" Quando il potere della mente diminuisce, il potere del cuore aumenta. È così semplice; e il Signore vi ha mandato qui per Realizzare questo, per sviluppare la *bhakti* e Auto-Realizzarvi.

Ogni volta che cantiamo *Radhe Shyam*, abbiamo nella mente l'immagine di *Radha* e *Krishna*, ma chi sono questi *Radha* e *Krishna*? Krishna è *Puro Amore* e Radha è *Bhakti*, così che uno non può esistere senza l'altro. Ecco perché li vediamo sempre insieme e citiamo i loro nomi insieme. *Radhe Shyam*, che significa *Prema Bhakti*, Amore e Devozione. Se questo vero amore, se questa vera devozione nasce dentro di voi, vi guiderà all'Auto-Realizzazione. Dobbiamo tenere in mente qual è il nostro scopo. La vita è come salire su una barca nell'oceano di *Samsara*. Il timoniere è il *Satguru*, ma in quale barca volete salire? Dovete sapere la destinazione, dovete sapere dove la barca vi condurrà. Non salite su qualsiasi imbarcazione senza conoscere la sua destinazione! Quindi lasciate nascere la devozione, vi guiderà sul vostro cammino spirituale. Lasciate che il puro Amore vi guidi, perché quando Realizzate la purezza dell'Amore, non ci sarà differenza nella vostra mente. La mente vedrà il Signore ovunque.

Nell'Andhra Pradesh, nel Sud dell'India, c'era un santo chiamato Annamacharya. Il suo amore per Narayana era così grande che decise di camminare sino a Tirupati, dove si dice che Narayana risiedesse quando si incarnò come Venkateshwara. Il santo desiderava moltissimo vedere Venkateshwara, ma aveva un attaccamento: le scarpe che indossava. Mentre saliva verso il tempio, Annamacharya cadde. Domandandosi il perché di quello che era accaduto, cominciò a pregare Narayana e lo pregò così intensamente che Narayana disse: "Lasciamo che sia la Madre, lasciamo che sia Lakshmi ad andare a trovarlo sulla Terra". Così Lakshmi andò sulla Terra, cambiando però il suo aspetto e trasformandosi in una vecchia signora. Arrivò dal santo e gli disse: "Tu vuoi vedere il Signore, ma sei ancora attaccato alle tue scarpe. Toglitele e Lo vedrai. Lui è presente ovunque. Risiede in ogni pianta e in ogni pietra di questo luogo". Il santo pensò per un attimo e poi si tolse le scarpe e, nel momento in cui le tolse, vide luce dappertutto. Tutto si era trasformato in luce. Se veramente abbiamo questo forte desiderio di vedere il Signore, se abbiamo questo forte desiderio di RealizzarLo, di sentirLo, Lui verrà, ma se, quando arriva, vede che noi siamo ancora attaccati alle cose, non farà nulla.

È come la storia di Draupadi. Draupadi aveva cinque mariti, i Pandava. Giocando a dadi con i Kaurava i Pandava persero tutto. Così i Kaurava dissero: "Puntate al gioco vostra moglie". I Pandava accettarono. Pensarono: "Lei è una Dea e forse, con la sua *shakti*, può cambiare le cose a nostro favore". Ma furono battuti e persero Draupadi. Per umiliare i Pandava, i Kaurava trascinarono Draupadi a corte e cercarono di spogliarla strappandole i vestiti. Draupadi si teneva stretta i vestiti e nello stesso tempo chiamava Krishna: "Govinda, Govinda, Govinda!". Lo chiamava con molta fede e forza ma nulla accadde: Govinda non andò in suo soccorso. Alla fine Draupadi alzò le braccia e gridò: "Govinda!". I Kaurava stavano ancora cercando di strapparle il sari ma metri e metri di stoffa continuavano a uscire senza fine. Non riuscirono a spogliarla. I Pandava furono in seguito mandati in esilio nella foresta e un giorno, mentre erano in esilio nella foresta, Draupadi chiese a Krishna: "Mio Signore, non è che dubito di te, ma nella mia mente c'è una domanda che vorrei porti. Ti ricordi quando i Kaurava stavano cercando di togliermi il sari? Io ho continuato a chiamarti, perché non sei venuto?" Krishna la guardò e disse: "Mia cara sorella, quando tu dicesti Govinda, nel momento in cui sentii *Go*, lascia il mio palazzo e quando tu dicesti *Vinda*, Io ero già lì. Ma quando arrivai, vidi che tu eri attaccata al tuo vestito. Come potevo aiutarti? Se tu mi chiami in aiuto, devi abbandonarti a Me; ma se tu mi chiami in aiuto e non hai davvero fede in Me, io non posso aiutarti".

Succede la stessa cosa al giorno d'oggi. Diciamo che vogliamo l'Auto-Realizzazione, ma non vogliamo prenderci nessuna responsabilità. Non vogliamo lasciare andare certe cose nella nostra vita. Vogliamo avere tutto. Vogliamo ogni cosa. Ma sappiate che quando arriverete all'Auto-Realizzazione, la vostra vita cambierà automaticamente. Ci saranno cose nuove nella vostra vita e dovete essere pronti a questo. Solo allora Egli potrà dire: "Sì, questa persona è pronta. Posso darMi a lei completamente, questa persona è in grado di accogliermi". Perché se Dio vi dovesse dare facilmente l'Auto-Realizzazione e voi non foste in grado di gestirla, potreste rovinare tutto.

JUST LOVE

ABBANDONO

ABBANDONA LA MENTE E IL CORPO
AL SIGNORE TUO AMICO.
È QUESTO IL PIACERE PIÙ ECCELLENTE.
GURU NANAK DEV

PER LA GRAZIA DI DIO

Darshan a Kiel, Germania, fine dicembre 2006

Mi fa molto piacere essere qui con voi. Tutti noi siamo molto felici in questo periodo di grandi festività: Natale è appena trascorso e l'Anno nuovo sta per arrivare. Tutti sono felici e pronti per nuove cose, ma la gioia non dovrebbe esserci unicamente in questo periodo. Il Nuovo Anno arriva sempre, in ogni momento. Chiedete a voi stessi se state cambiando e come state cambiando. Esteriormente ci sono sempre molti cambiamenti: nuove cose arrivano in ogni momento; ma anche interiormente ci sono sempre nuove cose: ci sono sempre alti e bassi. Questo è il momento in cui dovete dire veramente: "Sì, voglio andare avanti. Voglio progredire nella mia spiritualità". È così che realizzerete il grande cambiamento dentro di voi, questo grande cambiamento che poi porterete nel mondo.
Il cambiamento non è esterno, bensì interiore. I cambiamenti che avvengono all'esterno portano cose nuove e cose nuove se ne vanno, sempre. Così scopriamo che rimanere aggrappati a ciò che si trova all'esterno è molto doloroso, perché l'esterno porta aspettative e le aspettative portano infelicità e sofferenza. Tutti i tipi di aspettativa portano sofferenza, perché la vera aspettativa, ciò che veramente la nostra anima vuole, è l'Amore di Dio. E il vero Amore di Dio lo possiamo trovare, attraverso la devozione, dentro il nostro cuore.
Potete recarvi da un Maestro ed Egli può mostrarvi la via, ma sta a ognuno di voi desiderare veramente Dio, anelare a Dio, perché sino a quando non vi struggerete per Dio, sino a quando *veramente* non desidererete Dio, continuerete a cercare, continuerete a stare con i

piedi in due staffe.

Trovare questo vero Amore e realizzare questa profonda connessione con Dio dentro di voi, è possibile solo attraverso la *bhakti*, attraverso la devozione.

Quando vi abbandonate con tutto il cuore, con amore totale e dite: "Dio voglio Te. RivelaTi a me", Dio si rivelerà. Egli non vi può dire: "No" perché il vostro Sé non può celarsi a Se Stesso. Questa coscienza superiore che voi avete dentro di voi, può rivelare se stessa quando la vostra mente è centrata su Dio. Quindi anelate a Dio. Chiamatelo dal profondo del vostro cuore: "Dio rivelati a me. So che Tu sei qua dentro, da qualche parte nel profondo. So che sei qui. A volte ti percepisco, ma vorrei percepirTi costantemente, tutto il tempo".

> Dietro tutte le nostre azioni, dietro a tutto ciò che succede, vi è la Grazia di Dio. E se cominciamo a vedere le cose in questo modo, saremo molto felici, troveremo la pace in ogni cosa.

Non è quello che tutti voi volete? Percepire continuamente l'Amore di Dio? Perché è così difficile? Perché è così difficile amare incondizionatamente? La mente è troppo occupata con il mondo esterno? Per quanto ancora cercherete l'amore nel mondo esterno? Sino a quando guarderete il mondo esterno, ne rimarrete intrappolati; dovete realizzare il vero Amore qui [nel vostro cuore] e sentirlo prima di tutto qui. Se prima realizzate Dio e dopo andate nel mondo, tutto sarà gioioso e pacifico.

Ma le persone scelgono l'opposto. Preferiscono prima mettere i piedi nel mondo e poi vogliono realizzare Dio. Una volta entrati nel mondo, rimarrete intrappolati nella presa di Maya. È piuttosto difficile uscire dalla Sua forte presa una volta che vi ha afferrato. Solo cantando il Nome di Dio potrete realizzare voi stessi; solo dicendo dal vostro cuore, sinceramente: "Dio voglio Te. Mi abbandono completamente a Te, fa di me ciò che vuoi" che Maya vi lascerà andare. Non pensiate che Maya agisca solo sulle persone normali. Agisce anche sulle persone spirituali. Credo anzi che ci siano molti più attacchi contro questi che non contro chiunque altro; ma le persone spirituali ne sono consapevoli, sanno quando Lei sta giocando il Suo gioco e sanno come venirne fuori. E ognuno di voi lo sa.

Questo mi ricorda un breve storia. C'era una volta, in un villaggio, un calzolaio. Confezionava le sue scarpe cantando continuamente il Nome di Dio. Quando andava a vendere le sue scarpe al mercato del villaggio, era molto sincero. Diceva alle persone: "Ho comprato la pelle per 1€ per la Grazia di Dio. Ho comprato gli aghi per pochi centesimi e ho avuto un guadagno di 2€ e il tutto costa 5€, per la Grazia di Dio". Era sincero. In tutto ciò che egli faceva, la sua mente era centrata su Dio ed egli accettava ogni cosa come Grazia di Dio. La gente vedeva questa sua innocenza e questo Amore per Dio, e così, senza alcun mercanteggiamento, compravano le sue scarpe.

Una notte in cui non riusciva a dormire, mentre era seduto in cortile, arrivarono dei ladri e lo rapirono. Poi questi andarono a rubare in un'altra casa portandoselo dietro. Quando il proprietario della casa sentì i rumori, i ladri scapparono lasciando lì il calzolaio con tutti i gioielli che volevano rubare. Quando il proprietario vide questo pover'uomo innocente lì, con nelle mani tutti quegli oggetti che appartenevano alla sua casa, si disse: "Impossibile!" ma quando vide che aveva con sé anche tutti i gioielli, cominciò ad avere dei dubbi e si disse: "Fammi chiamare la polizia". La polizia portò il calzolaio in prigione e il giorno dopo venne portato davanti al giudice. Di fronte al giudice il calzolaio disse: "Per la Grazia di Dio ieri sera non riuscivo a dormire. Per la Grazia di Dio sono uscito di casa e mentre sedevo lì, per la Grazia di Dio, alcuni ladri sono arrivati e mi hanno rapito. E per la Grazia di Dio quest'uomo mi ha trovato. E per la Grazia di Dio egli ha creduto che io era a casa sua per rubare. E per la Grazia di Dio io ora sono qui". Rendendosi conto della sua innocenza, il giudice disse: "Quest'uomo non è colui che ha rubato. Egli ha detto la verità". Mentre usciva dal tribunale il calzolaio disse a un suo amico: "È per la Grazia di Dio che sto uscendo dal tribunale".

Questo dimostra che molto spesso quando facciamo qualcosa, prendiamo tutto per scontato. Ci dimentichiamo che dietro tutte le nostre azioni, dietro a tutto ciò che succede, vi è la Grazia di Dio. E se cominciamo a vedere le cose in questo modo, saremo molto felici, troveremo la pace in ogni cosa. Anche quando la cosa peggiore arriva nella nostra vita, guarderemo ad essa in modo diverso. Così, come ho detto, visto che un nuovo anno sta per arrivare, rafforzate la devozione, costruite le fondamenta della *bhakti* dentro il vostro cuore, dentro la vostra mente, e crescete su di essa. E fidatevi, prima di tutto, di ciò che percepite, fidatevi della vostra intuizione e seguitela. Con questo auguro a tutti voi un Felice Anno Nuovo. Possa Dio guidarvi lungo il vostro sentiero spirituale e, qualsiasi sentiero stiate seguendo, possiate crescere e fiorire.

APRI IL CUORE E ABBANDONATI

Darshan, Vienna, Austria, 2 agosto 2006

Mi dà grande gioia essere qui con voi. Alcuni di voi sono qui per curiosità, alcuni sono alla ricerca spirituale e alcuni di voi sono qua giusto per vedere chi è Swami Vishwananda. Ma a dir la verità tutti voi, consapevolmente o inconsapevolmente, siete qui per aprire il vostro cuore, per scoprire chi siete veramente, non qui in questa stanza, ma qui in questo mondo. Spesso le persone vengono e mi chiedono: "Come possiamo aprire il nostro cuore?". Per me rispondere a questa domanda è veramente facile perché io so come aprire il cuore. Tutto dipende se la persona lo vuole o meno. La prima domanda che vi pongo è: "Amate?" La risposta sarà: "Sì, io amo". Ma amate voi stessi? Questa è la cosa più importante. Noi amiamo verso l'esterno, ma, nello stesso modo in cui amiamo l'esterno, lo giudichiamo anche. Così come è facile amare, così è facile giudicare.

Vedete, l'umanità è fatta in modo tale che la sua attenzione è sempre rivolta verso l'esterno. Molto raramente si rivolge all'interno. Ma questa è la ricerca: andare all'interno. Nel momento in cui smettete di giudicare, nel momento in cui smettete di cercare la colpa negli altri, comincerete sinceramente ad amare tutti. E per questo dovete cominciare a rivolgere lo sguardo dentro voi stessi, a guardare cosa dovete cambiare nella vostra vita. Non sto dicendo di giudicare voi stessi, ma di guardare i propri lati negativi e affrontali. Osservando la negatività, scoprirete che siete *voi* a create questa negatività.

Capire l'Amore è facile. È semplicemente assenza di paura. Non potete comprendere l'Amore Incondizionato con la paura. Se volete veramente capire l'Amore, se volete veramente scoprire chi siete, ci riuscirete; ma spesso la paura è così grande che crea una barriera e così vi domandate: "Se realizzo Chi sono, cosa succede dopo?" La paura dell'ignoto blocca il desiderio di realizzazione. Ma se accettate qualsiasi cosa come la Volontà di Dio e dite: "Dio, sia fatta la Tua volontà", allora realizzerete che la Volontà di Dio è la vostra volontà senza egoismo. Cristo lo ha dimostrato dicendo: Dio, sia fatta la Tua volontà, la Volontà di Dio. La Volontà di Dio è la nostra stessa volontà, è la volontà dell'anima, la volontà della vera identità, che è senza alcun egoismo. La purezza risiede interiormente ed è il proprio Sé.

Gli *yogi* sapevano che in questa era per l'uomo sarebbe stato difficile aprire veramente il cuore, a causa di come il mondo è. Oggi ho acceso la televisione solo per un momento, è ho visto che la guerra non finisce mai. E così ho pensato: l'umanità cerca la sicurezza, ma se guardi il mondo, che sicurezza ti può dare? Ognuno di noi deve sentirsi sicuro dentro se stesso, e questa sicurezza risiede solo nella fiducia in Dio. Credete in voi stessi. Se una persona è positiva e raggiunge questo stato, è meraviglioso.

Vi voglio insegnare un *mudra*. È molto semplice. Vi aiuterà nel vostro sentiero spirituale, su qualsiasi sentiero voi siate. Lo potete praticare ovunque, perché questo *mudra* genera Amore verso qualsiasi cosa. Vi aiuterà ad aprire il cuore e ad avere una mente positiva. Il mudra si chiama *Hridaya mudra*. I *mudra* sono semplici. Normalmente li praticate con le mani, ma vi sono alcuni mudra che si fanno con il corpo. Siccome non vi è spazio qui per fare il mudra con il corpo, lo facciamo con le mani. Come stavo dicendo prima, gli *yogi* sapevano come sarebbe divenuto il mondo, sapevano che sarebbe stato difficile aprire il cuore dell'uomo, e così con i loro poteri yogici hanno creato alcuni esercizi che si sarebbero rivelati molto efficaci per il cuore, per il corpo e per l'anima. Siete pronti ad

aprire il vostro cuore? Vedete, per aprire il cuore lo dovete volere sinceramente. Rispondete 'sì' perché io ve lo sto chiedendo, il che è carino, ma perseverate nel dire 'sì'. In qualunque situazione siate, sappiate che Dio è sempre con voi. Anche se non state pensando al Divino, il Divino è sempre con voi, tutto il tempo.
(Sri Swami Vishwananda spiega l'Hridaya mudra)
Nota editoriale: per maggiori informazioni sull'Hridaya mudra e altri mudra, contattate l'Atma Kriya Yoga - www.atmakriya.org

RENDITI LIBERO

Darshan a Steffenshof, Germania, 12 gennaio 2008

Nella nostra vita arriviamo spesso a un punto in cui, nonostante preghiamo e cantiamo il Nome di Dio, non abbiamo ancora la pace della mente. Qualsiasi cosa facciamo, sentiamo questa pressione su di noi e ci chiediamo perché, perché non ci sentiamo liberi? È perché siamo troppo attaccati alle nostre aspettative. Ecco perché non ci sentiamo mai liberi. In qualsiasi cosa facciate ci sono sempre delle aspettative, dirette o indirette, che ne siate coscienti o meno. Nessuna aspettativa vi renderà mai liberi. Sul sentiero spirituale solo quando lasciate andare tutto completamente, solo quando vi abbandonate a Dio, avrete la pace della mente, sentirete di essere liberi.

Ma, triste a dirsi, anche le persone spirituali sono troppo attaccate. Dicono: "Sì confido in Narayana. Credo in Dio". Eppure non ci credono completamente, dentro vi è ancora il dubbio. Quando avete fiducia che Dio si prenderà cura di voi, quando dite: "Dio, mi abbandono a Te", non continuate poi a pensare alle cose, non continuate ad affliggervi. E invece ecco che ci affliggiamo, ci poniamo domande, dubitiamo dei nostri sentimenti, dubitiamo di tutto; allora, dov'è la fiducia? Come ho detto, ci aggrappiamo a qualsiasi cosa. Ci aggrappiamo alle aspettative.

C'era una volta un nibbio che volò su un lago e, catturato un grande pesce, si alzò di nuovo in volo. Mentre stava volando in alto, uno stormo di corvi vide il nibbio trasportare il pesce, e tutti quanti, uno stormo, a migliaia, cominciarono a inseguirlo. Il nibbio si diresse a nord e tutti quanti lo seguirono, facendo un gran trambusto. Allora il nibbio si diresse verso sud e tutti i corvi si voltarono verso sud. Quando il nibbio andò verso est, tutti quanti gli andarono dietro. Quando andò verso ovest, la stessa cosa.

Il nibbio si domandava perché mai quel gruppo di corvi lo stesse seguendo. Poi, all'improvviso, il nibbio aprì il becco e il pesce cadde. Nel momento in cui il pesce cominciò a cadere, tutti i corvi lasciarono perdere il nibbio e si diressero verso il pesce. Il nibbio si posò su un ramo e guardando verso il basso disse: "Oh santo cielo, era solo per il pesce che quelli mi stavano inseguendo e mi hanno stressato così tanto!"

È la stessa cosa nella vita. Quando lasciamo andare le cose, ci sentiamo liberi, liberi da tutto. Dovete fare il vostro dovere ma senza aspettarvi grandi cose. Aspettatevi solo Lui. La sola aspettativa che si deve avere, la sola vera aspettativa, è l'Amore di Dio. I santi vi diranno che non si aspettano neanche quello, che non ne sono degni. Questa è l'umiltà dei santi: non considerarsi neanche degni di poter ricevere l'Amore di Dio.

Se veramente volete qualcosa, abbattete le vostre aspettative e rendetevi liberi, lasciate andare le cose che vi affliggono. Se vi è qualcosa che vi affligge o che vi blocca, auto-analizzatevi e vi renderete conto che quella cosa che vi turba è dentro di voi. Dovete lasciarla andare. Come il nibbio ha lasciato andare il pesce, lasciate andare il problema e quando lasciate andare, abbandonatevi a Lui. Sappiate che Egli è con voi tutto il tempo, ma sino a quando non lascerete andare, sarà difficile.

> Solo quando lasciate andare tutto completamente, solo quando vi abbandonate a Dio, avrete la pace della mente, sentirete di essere liberi.

C'è una bellissima storia su Draupadi, la moglie dei Pandava.

Draupadi venne coinvolta nel *Chaturam game*. È come il gioco a dadi. A questo gioco i Pandava persero tutto: anche la moglie. A quel tempo era cosa comune. Anche ora, se guardate, i giocatori d'azzardo possono perdere tutto. Così i Pandava persero la loro moglie e per disonorarla venne portata alla corte dei Kaurava, gli avversari. I Kaurava cercarono di toglierle i vestiti. Draupadi era in piedi, tutti gli uomini le erano intorno, ma nessuno poteva dire nulla, neanche la regina, perché quella era la legge del regno.
I Kaurava, che erano i cattivi, cercarono di strappare i vestiti di Draupadi, ma ella resisteva. Certo, non poteva dire: "Ecco, toglietemi i vestiti!" così si aggrappava ai vestiti e nello stesso tempo chiamava Krishna: "Govinda, Govinda, vieni ad aiutarmi!" ma non ci fu risposta. Alla fine lasciò andare la presa, sollevò le braccia verso l'alto e dentro di sé, profondamente, cantò il Nome di Krishna. I Kaurava intanto stavano ancora tirando i suoi vestiti ma metri e metri di tessuto continuavano a uscire. Continuarono a tirare per ore e ore, un'infinità di stoffa continuava a uscire e alla fine non furono in grado di toglierle i vestiti.
In seguito Draupadi chiese a Krishna: "Tu sei mio fratello, dimmi una cosa. Quando ero alla corte e i Kaurava volevano strapparmi i vestiti da dosso, perché hai impiegato così tanto a venire in mio soccorso?" Krishna rispose: "Non ho assolutamente impiegato tanto tempo. Quando chiudesti gli occhi e mi chiamasti dicendo "Govinda", nel momento in cui tu dicesti "Go" lascia il mio palazzo e quando dicesti "Vinda" io ero già là! Quando fui là, vidi che loro stavano cercando di strapparti i vestiti da dosso, ma tu ti ci stavi aggrappando così tanto, che io non potevo aiutarti! Solo quando li hai lasciati andare, io ti ho potuta aiutare".
Le persone vengono da me e dicono: "Swamiji, ho un problema".

Io vi do la soluzione ma poi voi dovete fare la vostra parte: dovete lasciar andare il problema! Altrimenti potete andare ovunque ma il problema non si risolverà mai. È così per ogni cosa, sapete: sino a quando rimarrete aggrappati, soffrirete. Prima lasciate andare e prima sarete liberi.

NON VERGOGNATEVI DI DIRE "TI AMO"

Darshan ad Algarve, Portogallo, 10 aprile 2008

(Nota: Swami è seduto e canta assieme ai presenti, ma alcune persone non cantano)

Vedo che alcune persone non stanno cantando. Forse per voi questa canzone è nuova o diversa a causa della lingua, ma vi è un linguaggio che tutti comprendono ed è il linguaggio delle mani, del battere le mani. Vedete, se andate sotto un albero e vi sono degli uccelli sui rami e cominciate a battere le mani cosa succede? Gli uccelli volano via. L'albero è il vostro corpo e le foglie sono la vostra testa, che è colma di negatività, rappresentata dagli uccelli. Quando battete le mani, state dicendo a questa negatività della mente di volare via. Gli uccelli della negatività voleranno via nel momento in cui comincerete a battere le vostre mani. Inoltre battere la mani crea felicità. Quando siete felici, cosa fate? Battete le mani, no?
(Nota: a questo punto tutti cominciano a battere le mani).
È bello vedere tutti voi felici. La spiritualità è felicità, la felicità di riscoprire il proprio Sé. Quindi non vergognatevi di battere le mani quando cantate il Nome di Dio. Il battere le mani non dipende dal capire o meno ciò che state cantando. E voi non state battendo le mani per me, non state battendo le mani per gli altri, state battendo le mani per Dio, sapete? È una cosa che Egli ama! Nella *Srimad Bhagavatam*, si dice che in qualunque modo voi cantiate il Nome di Dio, che la vostra voce sia bella oppure no, Egli non se ne preoccupa.

Quello che Gli importa è che provenga dal vostro cuore. Si dice che sia positivo usare il Nome di Dio anche quando si è arrabbiati; perché il Nome di Dio porta con sé una tale vibrazione che trasforma ogni cosa in positivo.
Quindi non siate timidi. Non preoccupatevi di quello che il vostro vicino pensa. Solo voi conoscete i pensieri negativi della vostra mente; nessun'altro li conosce. Quando questi uccelli voleranno via, voi sarete liberi, non il vostro vicino. In seguito anche loro beneficeranno del vostro essere liberi, perché quando i pensieri cattivi se ne saranno volati via ciò che prenderà il loro posto sarà l'Amore Puro. E questo Amore Puro, è ciò che voi siete in realtà.
Adesso cantiamo. Provate a partecipare. Desidero che tutti voi partecipiate.
Anche se credete di non essere capaci di cantare, cantate e basta. Se proprio non potete cantare, battete le mani. Canterò un *bhajan* che a dir la verità canto sempre in Portogallo. Racconta di un colloquio tra un Santo chiamato Surdas e Krishna. Surdas chiede a Krishna: "Qual è la forma di devozione che ti è più gradita? Dimmi, cosa posso fare per compiacerTi, per renderTi felice?"
Vedete, amare Dio significa compiacere il Divino; quando amate qualcuno, fate qualsiasi cosa per compiacere quella persona. E qui Surdas chiede a Krishna: "Dimmi, quale tipo di preghiera o quale tipo di servizio devo fare per renderti felice?" E Krishna risponde: "Ama! L'Amore è la più grande forma di devozione".
Ovunque si dice che l'Amore è Dio, no? Dio è presente nel cuore dell'uomo come Amore. Quindi la più grande forma di devozione è offrire questo Amore al Divino. Questo canto parla di questo Amore.
Ve la spiego velocemente. Il primo verso parla di Duryodhana. Se avete letto la *Gita*, sapete che ci sono i buoni e i cattivi. I cattivi sono Duryodhana e la sua famiglia, i Kaurava, che simboleggiano le qualità negative, mentre i buoni sono Yudhishtira e i suoi

fratelli, i Pandava. Questo canto parla di quando Krishna era sulla terra e Duryodhana Lo invitò a pranzo. Duryodhana preparò innumerevoli prelibatezze e una grande, incantevole festa ma Krishna rifiutò. Andò invece da un uomo umile, chiamato Vidura, nella cui casa Krishna mangiò del cibo molto semplice. E ciò successe solo grazie all'Amore di Vidura, perché chi è pieno di orgoglio, è privo di amore.

> Surdas chiede a Krishna: "Dimmi, quale tipo di preghiera o quale tipo di servizio devo fare per renderti felice?" E Krishna risponde: "Ama! L'Amore è la più grande forma di devozione".

Il secondo verso parla di Sabari. Questo è un verso del poema epico *Ramayana*. C'era una vecchia signora che attendeva di incontrare Rama sin da quando era bambina. Sabari recitava continuamente il Nome di Rama. Ogni giorno si recava nel bosco e raccoglieva tutta la frutta che riusciva a trovare scegliendo la più dolce. Un giorno Rama andò da lei ed ella era così felice; offrì a Rama la frutta ma voleva scegliere la più dolce. Così prima la assaggiava e poi la dava a Rama. Quando il fratello di Rama vide ciò esclamò: "Oh, è disgustoso! Mangi quello che lei ha prima assaggiato. Guarda la sua bocca, non ha neanche più i denti". Rama lo guardò e gli disse: "Tu non capisci. Non è il frutto che conta per me, ma l'Amore che lei mi sta dando". Riguarda solo l'Amore per Dio, sapete, come differenti Santi, differenti persone hanno espresso il loro amore verso il Divino, quanto l'amore sia importante. Voi tutti sapete quanto sia importante.

Nella canzone io canterò *Sabse Oonchi*, e voi risponderete *Prema Sagai*. Sabse Oonchi significa *'la più grande forma di devozione è'* e *Prema Sagai* significa *'la relazione d'Amore'*.

Quando siete innamorati volete sempre dimostrare il vostro

amore. Fareste qualsiasi cosa per dimostrare il vostro amore. Qui state dicendo a Dio: "Dio, io ti Amo!". Non vergognatevi di questo, perché quando Lui dice: "Io ti Amo" non si vergogna; Egli si dà a voi completamente, interamente.

Il modo più facile per calmare la mente e raggiungere la felicità è attraverso il canto perché quando cantate non siete in grado di pensare. Pensate solo a ciò che state cantando, e quindi se state cantando il Nome di Dio, state pensando solo a Dio. In Dio trovate la felicità completa. Sapete, Dio ha dato all'Umanità una moltitudine di Suoi Nomi. Potete chiamarlo Allah, potete chiamarlo Krishna, potete chiamarlo Gesù, potete chiamarLo con molti Nomi ed è sempre lo stesso, è sempre uguale. Sosteniamo che vi è un solo Dio, eppure l'Uomo ripete sempre: "Il mio è il migliore". Se sono tutti lo stesso Dio, come può uno essere migliore dell'altro? Nella *Srimad Bhagavatam* Krishna dice: "Non giudicate nessuno. Non giudicate alcuna religione. Non giudicate nessuno in base al suo colore, non giudicate nessuno in base alla sua cultura, perché anche loro mi amano, ed Io sono presente anche in tutte queste forme". Cristo ha detto la stessa cosa: "Non giudicate e non sarete giudicati", perché la nostra mente è sempre tentata a giudicare, pensa sempre: "Io ho ragione, tu hai torto!". Ma come possono avere torto gli altri quando tutti hanno lo stesso Dio? Ditemi, ci può essere qualcosa di sbagliato? Non ci può essere nulla di sbagliato. Le vie, i sentieri, sono differenti, ognuno adatto a ciò che amiamo. Quello che tutti vogliono è raggiungere la felicità eterna, diventare *Satchitananda* e raggiungere la Realizzazione di Dio.

Osservate il mondo di oggi, osservate com'è, guardate come lavora la mente dell'uomo. Non sto dicendo che vi è solo negatività o solo positività, l'un l'altra si compensano, ma le persone spirituali hanno la Grazia di Dio, e quando siete spirituali dovete risvegliate questo Amore Divino dentro di voi. Cercate di

comprendere chi siete: sapete che la mente è limitata da qualcosa e che il corpo è limitato da qualcosa ma sapete anche che vi è una forza più grande, che governa tutto, che si trova nel vostro profondo. Questa forza immensa non può essere soddisfatta da nulla che si trova all'esterno, ma solo dal Puro Amore, solo dalla devozione totale al Divino.
E tuttavia, continuate a correre verso cose che sono limitate. Sbattete la testa e dite: "Oh, mi sono fatto male!" ma non imparate nulla. Perché? Dio ci darà sempre tutto, perché Dio è l'Albero dei Desideri. Qualunque cosa desideriate sotto questo albero, Egli ve lo darà.
C'era una volta un uomo che stava andando verso casa passando per la foresta. Casa sua era molto lontana e lungo la via cominciò a sentirsi stanco. Vide un bellissimo albero e vi si sdraiò sotto. Senza sapere di essersi sdraiato sotto l'Albero dei Desideri, nella sua mente desiderò: "Oh, che meraviglia se ci fosse qui un bellissimo letto". Immediatamente, accanto a lui, apparve un bellissimo letto. Appena lo vide vi saltò sopra, godendosi la sua sofficità. Il pensiero successivo fu: "Oh, che meraviglia se ci fosse un'incantevole signora a massaggiarmi i piedi". Anche questo desiderio si realizzò: nel momento in cui il desiderio apparve nella sua mente, comparve una giovane donna a massaggiargli i piedi. L'uomo era molto felice. Cominciò a pensare: "Tutti i miei desideri sono stati soddisfatti, e a proposito del cibo? Sono affamato". Nel momento in cui lo desiderò, apparve una grande quantità di cibo tutto attorno a lui. Mentre mangiava felicemente, pensò: "Davvero tutti i miei desideri sono stati soddisfatti. Cosa succederebbe se, mentre sono qui seduto in mezzo alla foresta, un leone apparisse, mi saltasse addosso e mi sbranasse?". E cosa successe? Un leone apparve, gli saltò addosso e lo sbranò!
La stessa cosa succede con gli uomini. Veniamo mangiati ogni giorno da questi leoni, eppure ci piace, vero? Dite al Divino: "Vogliamo

Realizzare Te. Vogliamo essere liberi da tutta questa sofferenza. Vogliamo essere liberi da tutte le preoccupazioni". Non è questo ciò che vogliamo? O no? Non tutti vogliono essere liberi dalla sofferenza. Volete *veramente* essere liberi dalla sofferenza e dalle preoccupazioni? Ci sono persone a cui la sofferenza e le preoccupazioni piacciono. Volete *veramente* conquistare la felicità eterna? Quello che dovete fare è chiederlo a Dio! E dovete *veramente* fare del vostro meglio, dare il massimo per poterla raggiungere. Solo quando fate del vostro meglio Dio vi darà la Sua Grazia e la Sua benedizione. Egli dirà: "Guarda, questa persona ce la sta mettendo tutta, andiamo da lei". E di sicuro riceverete la Grazia di Dio. Fate del vostro meglio, sempre. E non che appena soffia un po' di vento, crollate. Dovete essere forti! Sappiate che Dio è sempre con voi, ovunque voi siate, qualsiasi cosa stiate facendo, che siate positivi o negativi, Lui è sempre con voi. Quando entrate nella quiete del vostro cuore, attraverso la meditazione, attraverso lo yoga, voi sperimentate questa quiete. Tutti voi avete meditato, no? In questa quiete, cosa percepite? Percepite pace e armonia. E voi potete essere ininterrottamente in questa pace e in questa armonia attraverso il controllo della mente.

Il punto debole è la nostra mente. La nostra mente vuole sempre capire le cose. Ma nella meditazione, nella preghiera, nello yoga, cosa fate? Calmate la mente. Non volete capire nulla; volete solo conoscere il vostro Sé. E lo conoscerete, non con la mente, ma utilizzando la mente e trascendendo la mente stessa, e trascendendo il corpo fisico.

> **Molti Lo cercano all'esterno invece che dentro se stessi, dentro i loro cuori. Egli è seduto qua, nel cuore dell'uomo, sta bussando e sta dicendo "Apri la porta. Fammi uscire!"**

Quando avrete trasceso la mente e il corpo, cosa rimarrà? Lo spirito. Questo è ciò che Cristo ha detto: "Date a Cesare ciò che è di Cesare". La mente e il corpo appartengono a Cesare; dateli a lui, ma lo spirito appartiene a Dio! Date a Dio ciò che appartiene a Dio. Quindi realizzate il vostro Sé. Quando Egli disse: "Il regno di Dio non è lontano, è qui" intendeva qui [dentro di voi]. Egli stava mostrando la via per RealizzarLo ma molti Lo cercano all'esterno invece che dentro se stessi, dentro i loro cuori. Egli è seduto qua, nel cuore dell'uomo, sta bussando e sta dicendo "Apri la porta. Fammi uscire!"

Quindi aprite il vostro cuore e lasciate che l'Amore fluisca; lasciate che l'Amore Incondizionato fluisca. Questo è un Amore che veramente vi aiuterà nel vostro cammino spirituale, su qualsiasi sentiero spirituale vi troviate, qualsiasi religione o qualsiasi sentiero stiate seguendo, non importa. L'Amore è l'Amore, e questo è ciò che dovete comprendere. Se volete che il mondo cambi, se veramente volete che la pace regni in questo mondo, prima di tutto cambiate voi stessi. Il vostro cambiamento farà la differenza; il vostro diventare questo puro Amore, farà la differenza!

Ma se continuate a dire: "Vedremo più tardi", sappiate che il tempo sta correndo, il mondo sta cambiando. Quando vi si presenta l'opportunità, afferratela! Non lasciatevela scappare. Perché se ve la lasciate sfuggire, avrete sì un'altra opportunità, ma non sarà la stessa. Quindi lasciate che l'Amore Divino si risvegli; solo attraverso questo Amore il mondo cambierà, solo attraverso questo Amore la sofferenza e il dolore scompariranno dalla vostra vita, solo attraverso l'Amore e la devozione!

Vorrei fare con voi una piccola meditazione. Non è proprio una meditazione, ma è un modo per provare, ovunque voi siate, a centrarvi interiormente. Quello che faremo è cantare *Om Namo Narayanaya*. Questo *mantra* è molto potente. Attraverso il canto di questo *mantra* otterrete la quiete della mente, vi libererete di tutte le preoccupazioni, rimuoverete tutta la sofferenza; e vi donerà abbondanza. Non si prende cura solo del vostro progresso spirituale, vi aiuta anche a progredire materialmente, perché so che non a tutti piace focalizzarsi solo sul sentiero spirituale; anche il sentiero materiale piace ed entrambi sono importanti. Quando cantate Om Namo Narayanaya non c'è bisogno che stiate seduti.

Meditazione guidata

Chiude gli occhi e visualizzate nel terzo occhio un fiore di loto.
All'inizio canteremo Om Namo Narayanaya a voce alta. Poi lo intonerete a bocca chiusa e terzo andrete completamente in silenzio, ma continuando ad ascoltare il suono interiore Om Namo Narayanaya dentro di voi. Quindi: prima si canta a voce alta e poi si canterà a bocca chiusa. Inizialmente dirò di cantarlo, dopo 5 minuti vi dirò di intonarlo a bocca chiusa e voi sentirete la vibrazione dentro di voi. Cantandolo a bocca chiusa percepirete ogni parte dentro di voi vibrare. Poi quando dirò 'Silenzio', smettete immediatamente e andate dentro di voi. Sentirete interiormente il suono che avete prodotto anche se non state emettendo alcun suono. La vostra mente deve sempre essere concentrata sul fiore di loto.
Visualizzate un fiore di loto chiuso. Mentre cantate a voce alta il fiore di loto è ancora chiuso. Quando cantate a bocca chiusa il fiore di loto si dischiude e si apre completamente, come un meraviglioso fiore. E quando siete in silenzio, contemplate l'*OM* cosmico o i piedi di Dio, i Piedi di Narayana, all'interno del fiore di loto.

- Chiudete gli occhi e visualizzate nel terzo occhio un fiore di loto chiuso. Ora:
- Cantate OM Namo Narayanaya. (5 minuti).

- Cantate a bocca chiusa *OM Namo Narayanaya* e osservate il fiore di loto che si dischiude completamente (5 minuti).
- Silenzio. Osservate l'*OM* Cosmico o i Piedi di Narayana all'interno del loto dischiuso (5 minuti).
- Ora, lentamente, aprite gli occhi, ma rimanete in quella quiete. Aprite gli occhi e con gli occhi aperti godetevi la quiete.

Se praticate questa meditazione, praticatela per 15 minuti: per 5 minuti cantate a voce alta, per 5 minuti cantate a bocca chiusa e per 5 minuti state silenzio; avrete la pace. Lo scopo del cantare è controllare la mente e rendere la mente positiva. L'intonare a bocca chiusa è far vibrare l'energia cosmica dentro il vostro corpo. E il silenzio serve per raggiungere la calma interiore, dove il Divino si rivela a voi. Sono solo 15 minuti.

DALL'ASPETTATIVA ALLA REALIZZAZIONE

Darshan, Sudafrica, 23 giugno 2009

Il significato della canzone che abbiamo appena cantato è bellissimo. Per questo ho scelto di cantarlo oggi. Parla della vita. Vedrete quante similarità questa canzone ha con la nostra vita. La prima parte, *Sukha me sab saathi dukha me na khoi*, significa: nei momenti di prosperità, quando sei felice e tutto nella tua vita sta andando bene, avrai molti amici, ma nel momento in cui nella tua vita arriva la sofferenza, le persone che dicono di amarti tanto, le persone che dicono che saranno sempre con te, saranno le prime a scappare via. C'è questo famoso detto: "Quando nel pozzo c'è l'acqua, ci sono molte rane, ma nel momento in cui il pozzo si prosciuga, le rane spariscono". Succede proprio così. Ma se voi siete sinceri prima di tutto verso voi stessi e poi nelle vostre relazioni, che sia amicizia o qualsiasi tipo di relazione, non importa ciò che succede, nulla vi potrà smuovere; perché né la vostra relazione né ciò che provate dentro di voi deve dipendere da ciò che è esterno o dalle vostre aspettative.
L'aspettativa: questa è la cosa principale nella nostra vita che ci rende infelici. Qualsiasi cosa facciamo ci aspettiamo qualcosa in ritorno; nutriamo aspettative per qualsiasi cosa.
Quante volte nella vostra vita avete agito incondizionatamente? Ve lo ricordate? Tutti voi lo avete fatto perché questa è la vostra vera natura. E non sto parlando della natura esteriore, che ha sempre aspettative.
È vero che siamo dominati dalla nostra mente e ci aspettiamo

molte cose, ma nella vostra vita avete sicuramente agito incondizionatamente. Poi però lo avete facilmente dimenticato, come altrettanto facilmente ricordate quando avete fatto qualcosa per qualcuno aspettandovi qualcos'altro in cambio. Oppure vi ricorderete sempre che qualcuno vi ha ferito. Ma ciò che di buono qualcuno ha fatto a voi, si cancellerà [dalla vostra memoria]. Il tempo cancella ogni cosa.

Vi è una domanda che ci poniamo sempre. In origine eravamo con Dio, e allora perché ci dobbiamo incarnare qui? Perché dobbiamo essere separati dal Divino? Questa è una domanda che si pongono tutti, vero? Abbiamo letto libri e probabilmente abbiamo incontrato molti Maestri che hanno detto: "La cosa principale nella vita è realizzare il proprio vero Sé, realizzare il nostro vero aspetto". Ma la domanda, che è ancora nella mente, è: "Perché siamo separati dal Divino?".

In realtà il Divino non è separato da noi, ma è vero che la nostra mente ci percepisce come separati dall'Uno Illimitato perché ci lasciamo governare solo dall'esterno. Ci dimentichiamo di ciò che vi è all'interno. L'ultima parte del canto che abbiamo cantato dice: "Visitiamo luoghi sacri, visitiamo una quantità di luoghi di pellegrinaggio, ma un luogo che ci dimentichiamo di visitare è il nostro cuore". Perché ci siamo ritrovati separati? Certo il Divino nella forma manifesta e nella forma immanifesta è presente ovunque, in ogni cellula del nostro corpo, e permea ogni cosa manifesta e immanifesta. Quando pensiamo alla manifestazione del Divino, consideriamo solo i *Santi* e gli *Avatar* ma Egli è anche in ognuno di voi. Questi *Santi* e questi *Avatar* sono grandi manifestazioni del Divino tramite i quali Egli viene per aiutare l'umanità.

Egli viene sempre per aiutare le persone, o, in effetti, per aiutare Se Stesso, ma noi siamo così vincolati dall'esterno che creiamo *karma*. Abbiamo creato *karma* nel corso di molte vite e questo ci lega. Alcuni diranno: "Sì, ma noi siamo qui per rimuovere questo *karma*".

Noi siamo qui per Realizzare il nostro Sé". È assolutamente vero e questo è lo scopo della nostra vita; questo è anche lo scopo della religione. Non è solo agitare una lampada davanti alla Divinità o cantare la gloria di Dio, che va anche bene, ma quello che noi dobbiamo fare è raggiungere Lui.

Per questo ci deve essere uno sforzo anche da parte vostra. Ma se vi lasciate catturare dall'illusione, Maya vi avrà. Anche l'illusione è una creazione del Signore ma Egli ci ha dato la possibilità di scegliere tra *Lui* e il mondo. Alcune persone *credono* di essere molto furbe e dicono di volere tutto! Vogliamo il mondo e vogliamo il Signore! Ma Cristo ha detto nella Bibbia: "Date a Cesare quel che è di Cesare e date a Dio quel che è di Dio". Egli ha anche detto che se pensate a voi stessi come Spirito sarete Spirito; se pensate a voi stessi come umani sarete solo umani perché limitate voi stessi.

Tutti voi conoscete Shiva e Parvati. Shiva è un rinunciante. Egli aveva rinunciato al mondo e viveva come un mendicante, girovagando ed elemosinando il proprio cibo. Era vestito solo con una pelle di tigre. Parvati desiderava moltissimo sposare Shiva. Sposare Shiva era piuttosto difficile ma Parvati praticò molta penitenza e attraverso la Sua *tapo shakti*, la *shakti* della tapasya, attraverso tutta la penitenza che Ella fece, conquistò Shiva.

Dopo che ebbe conquistato Shiva, Parvati gli disse: "Signore, permettimi di stare sempre con te. Ogni volta che mediterai, mi siederò accanto a te ti guarderò soltanto". Shiva semplicemente sorrise. Il tempo passava. Shiva era ancora in meditazione e Parvati sedeva vicino a Lui. Ma dopo un po' anche ciò che ami comincia a perdere la sua attrattiva, perché diventa abituale, mentre noi vogliamo sperimentare sempre lo stesso intenso desiderio e lo stesso sentimento che avevamo all'inizio.

La stessa cosa successe a Parvati. Era sempre seduta lì, sull'Himalaya, al freddo. E con il passare del tempo la cosa divenne un po' noiosa. Così un giorno si rivolse a Shiva e Gli disse: "Mio Signore, sono stata qui per così tanto tempo. Vorrei andare nel mondo a incontrare i tuoi *bhakta*, i tuoi devoti". Shiva non disse nulla; ascoltò soltanto. Così Parvati sedette lì, ancora, per un altro mese. Sapete benissimo come funziona con le *mataji*; quando si mettono in mente qualcosa, è molto difficile fargli cambiare idea. E non è una brutta cosa. Anzi è una cosa buona, perché con questa attitudine, se si vuole Dio, succeda quel che succeda, Lo avrete!

> L'aspettativa: questa è la cosa principale nella nostra vita che ci rende infelici.

Così trascorse un altro mese e Parvati chiese di nuovo a Shiva: "Mio Signore, posso andare nel mondo? Mi piacerebbe tanto incontrare i tuoi devoti, i tuoi *bhakta*". Alla fine Shiva rispose: "Va bene, vai". Parvati ne fu molto felice. Scese dalle pendici dell'Himalaya e visitò molti *bhakta*; tutti la accolsero con gioia e organizzarono per lei grandi feste e banchetti. Parvati continuò a viaggiare e trascorsero molti anni. Alla fine arrivò nell'India del sud e per quella occasione così importante fu costruito un grande tempio. Nonostante venisse accolta con tutto quello splendore, quando Parvati entrò nel tempio si sentì improvvisamente molto triste. Incominciò a provare un desiderio intenso per il Suo Amato, ma a causa di tutto il suo viaggiare aveva perso la strada del ritorno. La cercò, ma non riuscì a trovarla. Alla fine Parvati si rivolse al Signore e disse: "Con tutto questo viaggiare mi sono persa, e ora non riesco più a trovare la strada del ritorno. Come ti troverò? L'unico modo è che Tu venga e sia Tu a trovare me". Parvati pianse, pianse e pianse. Shiva fu compiaciuto di ciò, andò da Lei e la riportò in Himalaya.

Nello stesso modo, se voi sedete serenamente e svuotate completamente la vostra mente attraverso la meditazione, attraverso il canto, controllando la mente e specialmente sapendo che tutto è Uno, il Signore verrà, perché Egli è sempre nel vostro cuore. Noi Lo cerchiamo all'esterno e va bene: ci rechiamo al tempio e Lo preghiamo fino a quando si rivelerà a noi dal *nostro interno*. Diciamo che vogliamo Dio ma nella nostra mente Dio deve essere *come diciamo noi*. Tutti noi abbiamo una relazione personale con il Divino, ed Egli verrà a noi sempre a seconda del modo in cui Lo chiamiamo. Egli non ha limitazioni, Egli ha milioni di forme, ma dobbiamo permettergli di compiere la Sua Volontà. Questo è il significato della parola abbandono.

Ma molto spesso abbiamo la presunzione di credere di sapere di più. Questo è l'errore che gli umani compiono sempre: pensare di sapere più di chiunque altro. Vi è un proverbio che dice: "Il saggio tace; l'ignorante fa un sacco di rumore". Il saggio conosce la verità su se stesso e su tutti gli altri. Lo stolto non sa ed è per questo che vuole l'attenzione di tutti.

Vi siete mai seduti tranquillamente, solo con voi stessi? Non sto parlando della meditazione, la meditazione è un'altra cosa; sto parlando di sedersi e godersi il momento, silenziosamente, con la mente vuota, senza pensare a cosa vostro marito o vostra moglie sta facendo o cosa stanno facendo i vostri bambini.

Vorrei fare con voi una breve e semplice meditazione. Sedetevi e rilassatevi. Sapete, noi viviamo in un mondo di energia, ogni atto che compiamo è costituito di energia. Se non mangiamo, il nostro corpo si indebolisce. Abbiamo bisogno

L'Amore è l'unica cosa che può legare il Signore.

di energia e questa fluisce costantemente; ma vi è un'energia più grande di cui noi abbiamo bisogno. E cos'è questa energia? È l'Amore. E anche questa energia fluisce costantemente. Qualsiasi cosa noi facciamo, la facciamo solo per ottenere Amore, null'altro, perché nell'Amore voi avrete la pace, nell'Amore voi troverete ciò che state cercando. Ma per raggiungere questo Amore dovete fare uno sforzo. Non potete semplicemente sedervi e dire: "Bene, ho un po' di amore dentro di me" ed è finta così. È vero che l'Amore è già presente ma lo si può rendere più intenso, e utilizzare questa energia anche per risvegliare se stessi. Ora vi chiedo di sedervi e cercare di non pensare. Non è difficile sapete; è molto semplice.

Meditazione guidata

- Mettete la vostra mano davanti al cuore, ma senza toccare il torace. Semplicemente ponete la vostra mano davanti a voi a livello del cuore. Chiudete gli occhi.
- Concentratevi sul vostro respiro, sull'inspirazione e l'espirazione. Non trattenente il respiro; inspirate e immediatamente espirate.
- Non aggrappatevi ai vostri pensieri. Anche se pensate, lasciate che i pensieri arrivino e poi vadano oltre.
- Rilassatevi. Rilassate le vostre mani, soprattutto quella che state tenendo davanti al vostro cuore.
- Ora appoggiate la vostra mano sul cuore, senza pressione. Semplicemente appoggiatela e percepite i miliardi di bit di energia scorrere attraverso il vostro cuore in ogni parte del vostro corpo.

Avete sentito qualcosa? Cosa avete sentito? Se non avete sentito nulla, continuate a provare. È molto semplice. Dovete solo mettervi in contatto con voi stessi. Vedete, dobbiamo risvegliare l'Amore che custodiamo gelosamente e che teniamo sempre solo per noi stessi. Quando siete innamorati, cosa vi piace fare? Donare, vero? Volete diffondere questo amore. Allo stesso modo, quando siete desti, la Sua grazia scorrerà attraverso di voi, uscirete da questo stato di

sogno nel quale vi ponete sempre.
Questo mi ricorda una storia. C'era una volta un boscaiolo il quale un giorno, finito il suo lavoro e tornando a casa, si sedette e si addormentò. Nel sonno sognò di essere un re con sette mogli e molti bambini. Il boscaiolo si stava godendo molto il suo sogno. All'improvviso arrivò un suo amico, non nel sogno ma nella realtà, e gli disse: "Svegliati!". Il boscaiolo uscì dal sogno e cominciò a urlare contro il suo amico: "Ero un re e tu sei venuto a disturbarmi!" L'amico disse: "Ma era solo un sogno!". Ma il boscaiolo era molto contrariato e rispose: "Per te era solo un sogno ma per me era la realtà".
È la stessa cosa per noi: stiamo vivendo in uno stato di sogno. Quando ci risveglieremo vedremo la realtà. Ma questa realtà non può essere compresa con la mente, è differente. Questo è ciò per cui gli essere umani sono qui, per raggiungere la realtà di ciò che sono, per comprendere che non sono solo questo, diciamo così, sacco di ossa. Raggiungeremo questa realtà solo attraverso l'Amore, l'Amore incondizionato, solo amando nello stesso modo in cui Lui ci ama. Credete che il Suo Amore sia legato alle limitazioni di ciò che noi comprendiamo di Lui o di come lo abbigliamo? L'Amore di Dio non è vincolato da nulla, eccetto che dall'amore dei Suoi devoti. Quando guardiamo alla vita di Krishna, cosa poteva legarLo? Cosa lo legava? Egli è libero, sempre libero. Egli è nato libero. L'unica cosa che Lo lega, che Gli pone dei limiti, è l'amore dei Suoi devoti. C'era uno Swami di Vrindavan la scorsa settimana nell'ashram in Germania. Ha raccontato una bellissima storia, che si trova anche nella Srimad Bhagavatam, di quando Krishna era piccolo. Come sapete Krishna era molto discolo, rompeva sempre i recipienti del burro, infastidiva tutti perché voleva che l'attenzione fosse solo su di Lui e su nient'altro. Un giorno Yashoda lo aveva in grembo e vi era del latte sul fuoco. Il latte cominciò a bollire e a spandersi sul fuoco. Questo Swami ha spiegato quanto incredibile fosse questo latte,

che addirittura piangeva perché nonostante il Signore gli fosse così vicino, non poteva andare da Lui. Vedendo che il latte stava bollendo, Yashoda mise giù Krishna e corse a togliere il latte dal fuoco.

Vi sono grandi *yogi* che cercano, senza riuscirci, di raggiungere il Signore tramite la meditazione e la penitenza. Ed ecco, Egli sta stava giocando sulle ginocchia di Yashoda, e lei si lascia distrarre dall'esterno, dimenticandosi del Signore. Così Krishna ruppe tutti i contenitori per il burro e lo diede da mangiare alle scimmie. Quando Yashoda tornò e vide tutti i contenitori rotti e le scimmie tutte intorno, capì subito che era stato Krishna. Cominciò a cercarlo e a correrlgi dietro ovunque. Naturalmente Krishna con le sue piccole gambette cominciò a correre tutto intorno e Yashoda non riuscì a prenderlo. Alla fine Lui stesso si lasciò catturare. Così Yashoda decise di legare Krishna con una corda ma ogni volta che cercava di legarlo, la corda risultava troppo corta di due centimetri. Così andò a prendere altra corda da aggiungere, ma di nuovo risultò troppo corta.

E provò di nuovo con altra corda, ma era troppo corta. Alla fine Yashoda era veramente sfinita. Quando Krishna vide quanto amore ella aveva in quel momento, pensò: "Bene, sono riuscito ad attirare tutta la sua attenzione su di me". E a quel punto si lasciò legare. L'Amore è l'unica cosa che può legare il Signore. Quando diciamo che dobbiamo trovare Dio dentro di noi, in realtà significa trovare il Suo Amore dentro di noi, catturare il Signore completamente e poter così dire: "Sì, io Lo posseggo". A dir la verità tutti i Maestri di tutte le religioni, non solo dell'Induismo, ma anche Maometto, Gesù, Krishna, tutti sono venuti solo per insegnare all'umanità come arrivare a questo Amore Universale, come arrivare a questo Amore Incondizionato, perché questa è la vostra vera natura. *Non esiste nulla* oltre a questo. Tutto ciò che possedete lo lascerete qui. Lo prendete da qui e lo lascerete qui. E una volta che avete raggiunto questo Amore, donatelo semplicemente, perché siete uno strumento

dell'Amore Divino. E lasciate questo Amore fluire, sempre.
La vita passa. Eravate piccoli, adesso siete cresciuti, domani sarete vecchi e poi morirete. E tornerete. Lo stesso ciclo si ripete, ma arriverete a un punto in cui direte: "Adesso basta!" O vi piace essere sempre in questo ciclo? Quanti di voi sono contenti di stare in questo ciclo? Vedete, nella vita non capite questi cicli sino a quando non vi si presenta un problema. Allora vi rivolgete a Dio e dite: "Oh, mio Dio, vieni a salvarmi". Solo allora capite questi cicli. Quando nella vostra vita qualcosa non va per il verso giusto, vi volgete a Dio e dite: "Aiutami". Ma prima vi rivolgete a tutti gli altri. Credete che le persone vi possano aiutare. Dico bene? Ma poi alla fine dite: "Loro non possono fare nulla. Lascia che mi rivolga a Lui solamente".
La vita è raggiungere il Suo Amore e nel momento in cui avrete Lui, avrete tutto! Le vostre preghiere, la vostra meditazione, la vostra *sadhana*, servono per raggiungere questo Amore, per Realizzarlo o per risvegliarlo. Se possedete una pietra preziosa e la lasciate dentro la cassaforte non potrà brillare, ma quando la tirate fuori essa risplenderà sempre più. Cristo ha detto: "Se si possiede una lampada, non la si nasconde sotto il letto ma la si pone in alto in modo che possa rifulgere tutto intorno". È la stessa cosa con ciò che possedete dentro di voi. Non tenetelo rinchiuso. Lo avete fatto così per *così tante* vite: lo avete oscurato, gli avete posto intorno così tanti veli. Ora avete la possibilità di lasciarlo risplendere, di nuovo. Siate sinceri verso voi stessi e praticate la vostra *sadhana*. Potete parlare della sincerità, potete anche essere sinceri verso Dio, potete andare di fronte a Dio e pregare ogni giorno, ma dovete essere sinceri qui [nel vostro cuore] perché deve provenire da dentro di voi. Se lo chiedete dal vostro interno, otterrete sia le più piccole che le più grandi cose. Dio è raffigurato nei templi in modo da poter avere una forma esteriore su cui concentrarsi e ciò va bene sino a quando Egli non rivelerà la Sua Forma Cosmica all'interno. E una volta che avrete trovato questa Sua Forma Cosmica dentro di voi, vedrete che

Egli è ovunque, Egli è chiunque. *Voi* siete in ognuno, perché alla fine c'è solo Lui.

Noi siamo governati dalla nostra mente, dal nostro orgoglio e dal nostro ego. Diciamo sempre: "Io, io, io, io sto facendo questo". Ma se lo state facendo voi, perché non sempre avete successo? Perché siete limitati dal vostro piccolo orgoglio. È così piccolo, eppure sembra *molto* grande. Vi rende così ciechi che non siete neanche capaci di vedere la realtà. Ma vi è una via più facile per abbandonarsi ed è ricordare il Divino. Qualunque cosa voi stiate facendo, ovunque voi siate, ricordate a voi stessi che è solo Lui che agisce, perché se Egli non vuole, nulla accade. È la vita, in effetti, Dio. Ci sono vie diverse, ma alla fine tutti raggiungeranno Dio. Perché tutti noi proveniamo dallo stesso luogo e tutti noi torneremo a quell'unico luogo. Il viaggio può essere lungo, oppure può essere breve, ma alla fine Lo raggiungeremo.

LASCIATE ANDARE

Darshan a Steffenshof, Germania, 5 agosto 2007

Ovunque vi troviate, è sempre attraverso la Grazia di Dio, attraverso la Grazia di Narayana che raggiungerete la vostra destinazione. Potete tentare il vostro meglio nel fare qualche cosa, spirituale o materiale non importa, ma se il vostro cuore non è presente, non avrete la Grazia di Dio e non funzionerà mai. Potete fare tutto il possibile, ma sino a quando non avrete ottenuto la benedizione del Divino ciò che fate sarà sempre incompleto.

Ecco perché la *bhakti*, la devozione, è molto importante. La devozione, come ho detto durante il *Guru Purnima*, non è schiavitù, come pensano certe persone, ma è prima di tutto la gioia di servire il Signore, la gioia nel cercare di conoscere Dio. Parliamo di Dio, pensiamo a Dio, eppure la nostra mente non Lo può comprendere, la nostra mente non Lo può raffigurare. Con la Sua umiltà Egli si manifesta sotto differenti aspetti, differenti forme, cosicché noi si possa focalizzare la nostra mente su queste forme. Ed ha differenti Nomi, cosicché noi si possa focalizzare la nostra mente su questi Nomi. Ma l'uomo è così assorto nel proprio sapere con l'intento di alimentare la propria mente, che si dimentica della realtà. Alimentando la mente l'uomo rimane sempre nella coscienza della mente, a livello della mente. E non crediate di poter comprendere e realizzare il vostro vero Sé, di Realizzare Dio, con la vostra mente. È solo quando abbandonate la vostra mente ai Piedi di Loto di Dio che veramente libererete voi stessi da questa schiavitù, da tutta questa sofferenza. Allora potrete dire: "Dio, sono qua. Mi

abbandono a Te. Aiutami, conducimi fuori da questa illusione".
C'è una bellissima storia su Draupadi. Draupadi era sposata con i cinque Pandava e considerava tutti e cinque suoi mariti. Ella amava tutti e cinque nello stesso modo. Un giorno i Pandava stavano giocando a dadi con i loro cugini, i Duryodhan. I Pandava avevano scommesso tutto ciò che avevano e avevano perso tutto, perché i dadi che venivano usati erano magici. Così persero tutto. A questo punto i Kaurava dissero: "Cos'altro avete? Ora che non vi è rimasto nulla, vogliamo che puntiate vostra moglie". I Pandava accettarono. Così puntarono anche la moglie, Draupadi, e persero anche lei. Per ridicolizzarli, i Kaurava ordinarono che Draupadi fosse portata a corte e lì cercarono di strapparle il sari di dosso. Quando qualcuno cerca di strapparti i vestiti di dosso, e voi non volete, cosa fate? Vi ci aggrappate no?
Draupadi chiamava Krishna: "Govinda, aiutami! Vieni! Dove sei?" ma nello stesso tempo si aggrappava strettamente ai suoi vestiti. Continuò a chiamare Govinda, ma Egli non venne, e così alla fine, stanca, Draupadi lasciò andare la presa. Alzò le braccia e chiamò di nuovo: "Govinda". In quel momento il Signore apparve e il sari cominciò a fuoriuscire senza fine. I Kaurava tiravano, tiravano e tiravano; metri e metri di stoffa fuoriuscivano, e ancora non erano in grado di rimuovere il sari. Così si stufarono e la lasciarono andare. Un giorno finalmente Draupadi chiese a Krishna: "Krishna, quando ero lì a corte, ti ho chiamato. Perché hai impiegato così tanto tempo ad arrivare?" Krishna rispose: "Mia cara sorella, quando tu mi chiamasti pronunciando il mio nome Govinda, nel momento in cui dicesti 'Go', lasciai il mio palazzo per venire da te. Quando tu dicesti 'vinda', io ero già lì. Ma quando fui lì, vidi che ti stavi aggrappando ai tuoi vestiti, così non venni in tuo soccorso. Solo quando lasciasti andare, quando lasciasti andare la tua presa sui vestiti, Io ti ho aiutata".
È la stessa cosa con le persone. Vogliono la liberazione, vogliono la

Realizzazione del Sé, ma nello stesso tempo si aggrappano alle cose. E non vogliono lasciar andare nulla. Vogliono la realizzazione ma vogliono anche qualcos'altro. Non è sbagliato volere qualcosa, ma lo dovete desiderare nel modo giusto. Volere e allo stesso tempo essere distaccati vi guiderà alla Realizzazione di Dio; ma se volete e in più vi aggrappate alle cose, sarete sempre miseri e infelici. E sta solamente a voi decidere se volete lasciare la presa e abbandonarvi completamente al Signore e alla Sua Volontà oppure no. Sino a quando la vostra mente giudica le cose: "Questo è così. Io ho ragione. Io sono l'unico che ha ragione" non raggiungerete mai la Realizzazione di Dio.

C'era una volta un prete molto colto, un pandit, che si recò dal re e gli disse: "Ti insegnerò la *Bhagavatam*". Il re, che naturalmente conosceva quella Scrittura, guardò il prete e disse: "No, non voglio che mi insegni la *Bhagavatam*, perché tu stesso non l'hai compresa, perciò come pensi di potermela insegnare? Vattene, studiala e quando l'avrai compresa, torna da me". Il prete se ne andò furioso, perché il suo ego e il suo orgoglio erano stati feriti. Si chiuse in camera sua, prese tutti i libri e rilesse, di nuovo, la *Bhagavatam*. Quando terminò, si recò nuovamente dal re e disse: "Re, ho letto tutto e ora torno di nuovo da te per insegnarti la *Bhagavatam*". Il re rispose: "No, no, no, vattene!". Così il prete fu mandato via per la seconda volta. Ma questa volta pensò: "Se il re mi caccia ogni volta, c'è sicuramente un significato. Fammi studiare più accuratamente". E di nuovo si chiuse in camera sua e questa volta si arrese veramente e con Amore aprì il suo cuore e lesse la *Bhagavatam*.

Mentre leggeva, nuova conoscenza nacque nella sua mente, nuova saggezza arrivò. Cose che prima non conosceva sorsero in lui. E capì che era andato dal re per le ragioni sbagliate, per la fama e la ricchezza, e per questo il re lo aveva cacciato. Quando comprese ciò, non tornò più dal re. Dopo qualche mese, il re si ricordò di lui e andò a visitarlo. Disse: "Sono venuto perché non ti ho più visto tornare, ed ero curioso di sapere cosa era successo". Ma quando vide il prete irradiare una intensa luce, senza chiedergli null'altro cadde ai suoi piedi e disse: "Adesso mi puoi insegnare. Mi abbandono a te, ti prendo come mio Guru. Ora vedo che hai compreso la *Srimad Bhagavatam*".

Gli esseri umani commettono sempre l'errore di volere le cose per la ragione sbagliata. Pregano Dio, chiedono la Realizzazione, ma lo fanno per egoismo. Chiedono: "Dio, concedimi questo, concedimi quello, dammi quest'altro". Non hanno veramente fiducia; chiedono e basta. Egoisticamente e per orgoglio, chiedono sempre cose che li renderanno felici per un certo tempo. Quando vi siete goduti queste piccole cose e la felicità è sparita, vi ritrovate di nuovo nella stessa sofferenza.

La felicità permanente, è possibile solo quando vi abbandonate completamente a Dio. Quando il vostro corpo, la vostra mente e la vostra anima sono diventati uno e vengono offerti all'altare del Signore, Egli vi darà felicemente ogni cosa. Egli vi darà Se Stesso. Il re si è abbandonato al prete che ha compreso che il vero insegnamento è dentro di noi, non nei libri. Allo stesso modo, quando date totalmente voi stessi a Dio, Dio anche darà totalmente Se Stesso a voi. Ma se Gli date solo una metà, il 50%, non aspettatevi che Egli dia Se Stesso a voi al cento per cento.

Quindi chiamate il Signore dal vostro cuore. Quando tutto il vostro cuore Lo chiama, quando la vostra mente è *totalmente* focalizzata su di Lui, vedrete che anche Egli si abbandonerà completamente a voi. Allora sarete in questo stato di beatitudine, in questo Amore, continuamente. Sarete continuamente innamorati di Dio. Sarete continuamente innamorati di tutti e di tutto ciò che è attorno a voi. Questo Amore non lo potete capire con la mente. Oltrepassa *tutto* ciò che questo mondo può dire dell'amore. Dovete raggiungere questo Amore Divino, questa Estasi Divina, e ciò succede *solo* quando vi abbandonate.

La vera felicità giace nel profondo del vostro cuore. Abbandonate la vostra mente, che è così orgogliosa ed egoista, e non lasciate che vi lusinghi facendovi credere che siete a conoscenza di molte cose, quando in realtà non sapete nulla. Sino a quando non siete arrivati al punto di Realizzazione di Dio, non potete dire di essere realizzati o di sapere. Ma continuate a provare e non perdete mai la speranza. Sappiate che Egli è sempre con voi. Qualsiasi Sua forma chiamiate, Egli sarà con voi.

Il *Maha Mantra OM Namo Narayanaya*, che cantiamo sempre, nasconde molto al suo interno. È uno dei principali *mantra* che si usa cantare ed è costituito dalla forza, dalla potenza di Dio, sia materialmente che spiritualmente. Cantando OM Namo Narayanaya otterrete benefici spirituali e quando avrete ottenuto benefici spirituali, il Signore si prenderà cura dei vostri bisogni materiali. Egli vi sosterrà. Dovete avere totale fiducia in Lui. Dovete avere completa fiducia in voi stessi. Sviluppate questa fiducia. Quando la vostra mente dice "No" a proposito di qualcosa e voi sentite di aver ragione, seguito il vostro sentire. Ascoltate il vostro sentire e dite alla vostra mente "Taci!". Mentre, più ascoltate la mente, più essa penserà: "Ecco, ho un'altra vittima. Adesso sono soddisfatta". Spesso vediamo che anche le persone spirituali che sono su questo sentiero, non riescono a spegnere la mente, perché quando la loro mente comincia a parlare, sono contenti di ascoltarla. E quando hanno ascoltato a sufficienza non riescono più a uscirne! È come se veniste scagliati in mare: fareste di tutto per uscirne. Anche se non sapete nuotare, cerchereste di venirne fuori. Sapete che l'acqua è profonda, ma voi cerchereste comunque di uscirne. Continuate a cercare di stare a galla, sapendo che qualcuno vi aiuterà a uscire, che qualcuno vi tirerà fuori. Sapete

> **Quando date totalmente voi stessi a Dio, Dio anche darà totalmente Se Stesso a voi.**

che un aiuto arriverà. Ma se vi lasciate andare, perderete tutto. Questo è ciò che le persone fanno. Vanno su e giù. Riemergono e poi giù di nuovo. Per quanto tempo lo farete ancora?
Il *Maha Mantra OM Namo Narayanaya* vi porterà fuori da questa illusione nello stesso modo in cui il Signore ha salvato Gajendra quando stava affogando. Gajendra chiese aiuto a tutti, ma nessuno era in grado di aiutarlo. Allora si rivolse al Signore e disse: "Signore, Tu sei l'unico che mi possa aiutare. I miei amici e la mia famiglia mi hanno abbandonato. Non avrebbero potuto fare di più. Mi trovo qui in questa illusione. Questo coccodrillo, questa bestia feroce mi ha preso e mi ha fatto sprofondare in questa illusione. Tu sei l'unico che mi possa aiutare". Egli chiamò il Signore con il cuore colmo di Amore. Si rivolse a Lui dicendo: "Signore aiutami! Toglimi da questa illusione". In quel momento Narayana apparve e lo salvò. Il potere del Nome di Dio è molto forte, quindi cantate!
Si possono fare molte cose, ma controllare la mente è la cosa più difficile sino a quando non rinunciate a essa, sino a quando non la offrite all'altare di Dio dicendo: "Ecco, abbandono la mia mente a Te!" Ma non ditelo soltanto. Credeteci! E più ci credete, più vedrete che Egli è proprio accanto a voi. Egli è sempre pronto a tirarvi fuori da questa illusione e vi sta porgendo la mano. La Sua mano è sempre lì. Quando guardate Gesù, la sua mano è sempre lì, ed Egli dice: "Ehi, sono qua!" Anche Narayana dice: "Non ti preoccupare. Io sono qui". Ma anche *voi* dovete dargli la vostra mano.
Qualunque cosa voi facciate, ovunque voi siate, cantate sempre interiormente *OM Namo Narayanaya*. Più cantate e più il potere della mente diminuisce, più sarete nella beatitudine Divina, e più il vostro cuore si aprirà a quello che noi possiamo solo chiamare Amore, anche se in realtà è molto più di questo.

CHI È DIO?

Darshan a Boulder, Colorado, Stati Uniti, 9 giugno 2007

Spesso sentiamo le persone chiedere: "Chi è Dio?" Lo chiedo io ora a voi: "Chi è Dio?". È vero che, sino a quando non Lo avete conosciuto, non siete in grado di rispondere. Amore è Dio, ma quanti realizzano questo amore? A quale religione appartiene veramente Dio? Dio è cristiano? Dio è indù? Dio è musulmano? Dio è buddhista? A quale religione appartiene? Amore.

Ovunque voi andiate, vedrete che esiste un solo Dio ed Egli è l'Amore che risiede nel cuore di ognuno. Ma come realizzare questo Amore? Siamo così indaffarati con questo mondo materiale che ci dimentichiamo dell'Amore Divino. Cerchiamo questo Amore nel mondo esterno, cerchiamo questo Amore negli altri, cerchiamo questo Amore viaggiando nel mondo; ma ci dimentichiamo che non dobbiamo viaggiare all'esterno, non dobbiamo cercare questo amore negli altri: dobbiamo trovare questo amore in noi stessi, dobbiamo realizzare la vicinanza di questo Amore Divino che è qui, dentro il nostro cuore. Alcune persone diranno che è un punto difficile da raggiungere, ma io invece vi dico che è davvero facile. Dovete solo volerlo! Le persone cercano la via più facile e se potessero comprare l'Amore, lo farebbero. Ma l'Amore non si può comprare. Qualcuno potrebbe venire e dirvi: "Ascolta, ti farò realizzare questo Amore Divino", ma sappiate che questo lo può fare solo il Guru. Solo con la grazia del Maestro sarete in grado di realizzare questo Amore Divino.

Questo Amore Divino che risiede nel profondo del vostro cuore è

come l'oro. Quando l'oro si trova allo stato naturale è ricoperto di impurità. Sia l'oro che i diamanti allo stato naturale sono saturi di impurità. Per ottenere da un diamante grezzo un bellissimo gioiello, per ottenere una bellissima gemma, cosa fate?
Lo raffinate. La stessa cosa con l'oro: per ottenere oro puro lo dovete purificare, dovete rimuovere tutte le impurità. La stessa cosa succede con l'uomo. Sino a quando sarete bloccati nella mente, sino a quando non la purificherete, questo Amore non risplenderà mai. Non realizzerete mai questo Amore. Anche se credete di conoscerlo, perché ne avete letto o qualcuno ve ne ha parlato o perché lo ha detto Swami, sino a quando non purificherete la vostra mente, sino a quando non purificherete voi stessi, sarà difficile realizzare questo Amore.
E come si fa a purificare la mente? Il modo più semplice per purificare la mente è cantare, cantare il Nome di Dio continuamente. Prima stavate cantando il *Mahamantra: Hare Ram Hare Ram, Ram Ram Hare Hare, Hare Krishna Hare Krishna, Krishna Krishna Hare Hare*. Si dice che semplicemente cantando questo mantra si possa ottenere la liberazione. Ma lo si deve cantare con fede. Cantare soltanto non aiuta, ma cantare con il cuore sì. E come si canta con il cuore? Come si allena la mente a calmarsi? Forzandola. Quando vi disciplinate e dite: "Oggi canterò", e iniziate prendendo il vostro *japa mala* o il rosario e cantate il vostro *mantra* concentrandovi, state attirando la mente a porre la vostra attenzione sul mantra.
Più lo fate e più vedrete che con il tempo non avrete neanche più bisogno del *japa mala*. Non avrete bisogno di alcun rosario, perché il *mantra* verrà cantato nel vostro cuore. Quando diventerete il *mantra*, avrete raggiunto un grado di realizzazione, avrete raggiunto un grado di innalzamento, ma questo non sarà la meta finale. C'è ancora molto da fare. E come si fa ad arrivare a questa meta finale? Solo abbandonandosi nelle mani di Dio, solo quando dite: "Signore, mi abbandono a Te. Io mi abbandono corpo, mente

e anima completamente a Te", solo allora arriverete alla meta. Ma fatelo sinceramente, non superficialmente. E come poterlo fare sinceramente? Essendo sinceri con voi stessi e dicendo: "Sì, Dio, voglio Te. Mi abbandono a Te".

Se proviene sinceramente dal vostro cuore, succederà.

Ma oggigiorno la gente vuole le cose velocemente. Quando gli dite di cantare dieci *japa mala*, rispondono: "Swami, è *troppo* – dieci *japa mala*. Quando finirò?" e quando iniziano a cantare stanno già pensando a quando finiranno. La loro mente non è concentrata su ciò che stanno facendo, ma su ciò che faranno una volta terminato. Quando siete centrati, quando siete concentrati, quando pregate, quando cantate il Nome di Dio, quello è un momento tra voi e Dio. Cristo ha detto: non rendere la tua preghiera uno spettacolo. Corri nell'angolo più buio, dove tu e tuo Padre, tu e Dio siete da soli, dove puoi conversare con il Divino. E questo angolo dove puoi stare quieto, è il tuo cuore.

La mente non è mai tranquilla. La mente pensa sempre, ma voi la potete zittire cantando. Quando attraverso il canto avrete allenato la mente ad andare dentro il vostro cuore, in quella quiete profonda, realizzerete che Dio è là; e non lo capirete con la mente, non lo capirete perché lo avete letto, ma perché lo avete realizzato, perché lo percepite.

Siamo tutti alla ricerca. Le persone vanno a destra e a sinistra, cercando la verità. Sino a quando non si è trovato il sentiero spirituale, non si è mai soddisfatti. È come prendere un treno: la gente va a destra e a sinistra, ma quando si conosce la destinazione si va direttamente a quella destinazione. Quando si conosce il proprio sentiero, ci si va direttamente. Prendete questo sentiero, andate e realizzate il vostro Sé!

C'era una volta in India un santo che viveva come eremita in una piccola capanna fatta di sterpaglie. Un giorno una coppia andò a visitarlo e gli disse: "Guruji, ti amiamo così tanto, vorremmo costruire per te una capanna più bella e più resistente. Ti preghiamo, vieni con noi". Il santo rispose: "No, no, io sono felice dove sono. Non voglio venire". Dopo un po' di tempo il santo chiamò la coppia, e disse: "Sì, verrò con voi, ma mi

potete fare un favore?"
La coppia era molto contenta e rispose: "Faremo per te tutto ciò che ci chiederai". Il santo disse: "Fatemi venire a vivere nel vostro gabinetto". La coppia si meravigliò: "Perché mai vuoi venire a vivere nel nostro gabinetto se ti possiamo costruire una bella capanna solo per te?" Il santo rispose: "Preferisco stare nel vostro gabinetto piuttosto che in mezzo a devoti e persone che sono solo alla ricerca di fama e gloria.

> Non dovete temere di abbandonarvi alla Sua volontà. Non dovete aver paura di aprire il vostro cuore e Amare.

Queste persone mi cercano solo per porre fine alle loro miserie ma non stanno realmente cercando Dio. Preferisco sopportare l'odore del gabinetto piuttosto che sopportare l'insincerità di queste persone…e inoltre l'odore del gabinetto le terrà lontane". Grazie a questo la coppia si rese conto di come sono le persone: sono alla ricerca ma non sono sincere con se stesse.
Solo quando sarete sinceri con voi stessi, troverete il vostro sentiero. Quando accettate voi stessi, quando accettate la volontà di Dio, quando sarete capaci di accettare che qualsiasi cosa Lui vi dà è cosa giusta, quando vi abbandonerete alla Sua volontà, quando vi abbandonerete al Suo Amore, allora potrete dire: "Sì mio Dio, io credo in Te, e ho fiducia in tutto ciò che Tu fai per me. Ho fiducia nel tuo Amore e non dubito di te". Ma quando dubitiamo di Lui e Lo contestiamo, non siamo sinceri. Diciamo: "Dio, hai sbagliato, hai commesso un errore". Ma come è possibile che Dio commetta un errore, visto che Egli è perfetto? Come può l'Amore, che è la purezza del vostro Vero Sé, commettere un errore? Non è possibile. Vi è errore solo quando vi è dubbio, quando c'è paura. Ma quando vi è chiarezza, quando tutte queste cose vengono accantonate grazie al Sacro Nome di Dio, che ha migliaia di Nomi, allora vedrete la Sua Gloria, percepirete il Suo Amore.
Mentre cantavamo, alcune persone stavano ballando. Quando ballate

per Dio, state praticando una sorta di yoga-danza. Vi dimenticate del vostro corpo, vi dimenticate della vostra mente, state cantando la Gloria di Dio, state cantando il Nome di Dio. In questo modo state diminuendo il potere della mente. Noterete che dopo esservi mossi, quando vi sedete e vi rilassate, la concentrazione è molto migliore che non se siete rimasti semplicemente seduti. Quando state semplicemente seduti la vostra mente salta qua e là. Quando ballate nel modo giusto, vi state energizzando; state invitando il Sé interiore a rivelarsi. E quando alzate le braccia, state chiamando il Signore, Dio: "Sono in questa illusione. Guarda, sto alzando le braccia verso di Te. Mi sto abbandonando". Noterete che in tutte le Sacre Scritture c'è questa frase: "Signore, sto alzando le mie braccia verso Te. Vieni a salvarmi". La trovate nei Salmi, la trovate nel Corano e la trovate anche nella *Gita*. Cantare la gloria di Dio trascende tutte le religioni, trascende tutte le culture, trascende tutte le razze, trascende tutto ciò che la mente può creare, e troverete Dio dentro di voi.

Molti vivono nell'ignoranza. Certamente avete bisogno di conoscere Dio almeno un po', avete bisogno di un po' di conoscenza del Divino per poter uscire [dall'ignoranza], ma alla fine dovrete abbandonavi completamente. Non sarà né la vostra intelligenza né la vostra ignoranza che vi porterà alla realizzazione, ma sarà il vostro vero Sé, sarà il vostro abbandonarvi. È come se steste camminando scalzi e una spina penetrasse nel vostro piede: avreste bisogno di un'altra spina per rimuoverla. Nello stesso modo, quando la spina dell'ignoranza è nel vostro piede, avete bisogno di un'altra spina per rimuoverla. Ma poi cosa fate? Conservate entrambe le spine nella tasca dicendo: "Bene, ora le custodisco gelosamente"? Non le conservate. Le gettate via entrambe. Così, anche la conoscenza vi porterà a un certo livello, ma per il resto dovete abbandonarvi completamente all'Amore di Dio. Prima di tutto dovete far sì che la vostra mente si arrenda completamente, poi che si arrenda il vostro corpo e poi che si arrenda la vostra anima. Il potere del cantare il

Nome di Dio non purifica solo la mente, purifica anche il corpo e anche l'anima. Purifica la mente rendendola più sana. Quando la mente è purificata, quando la vostra mente è positiva, anche il vostro corpo sarà sano. Quante volte succede che le persone ammalate, quando si abbandonano completamente, dicono: "Sono stufo. Dio, io Ti prego e mi abbandono a Te. Fa di me ciò che vuoi".

Allora cosa succede? Il miracolo accade, il miracolo della fede, il miracolo dell'Amore, il miracolo dell'abbandono. Ma oggigiorno la gente ha così paura di abbandonarsi. Dicono: "Mi abbandonerei ma...dopo cosa succederà? Se mi abbandono, come vivrò?" Vi è già l'insicurezza. Come possono avere fede quando l'incertezza è già presente? Solo quando avete fiducia completa in Dio, fiducia completa in voi stessi e chiedete Dio, solo allora Egli si concederà a voi. Confidate che tutto ciò che Egli fa è giusto. Anche se la mente non lo capisce, è giusto!

C'era una volta un re molto generoso e buono, ma con un difetto: era irascibile. Per questo molti lo temevano. Nel suo regno vi era però un ministro che amava molto il re. Questo ministro pregava ogni giorno e aveva molta fede in Dio. Un giorno il re andò a caccia nella foresta e lungo il tragitto un cobra apparve davanti al suo cavallo. Il cavallo si spaventò e sbalzò in aria il re. Il re cadde proprio vicino al cobra e venne morso al dito medio. Il re sapeva che se non si fosse tagliato il dito, il veleno del cobra lo avrebbe ucciso. Così estrasse il suo pugnale e si mozzò il dito. Il re soffriva molto, così il ministro corse da lui, prese un pezzo di stoffa e bendò il dito del re. Mentre stava fasciando il dito, disse al re: "Sire, non vi preoccupate, è Volontà di Dio che voi vi siate tagliato il dito ed è Volontà di Dio che voi stiate soffrendo". Per un po' il re lo sopportò, ma il ministro continuava, continuava e continuava. Sino a quando il re non ne poté più e ordinò ai suoi soldati: "Prendete quest'uomo e gettatelo in prigione. Non lo posso più sopportare. Non lo posso più sentire. Continua ripetere 'è Volontà di Dio, è Volontà di Dio'. Io soffro e lui dice che è Volontà di Dio". Così il ministro venne portato in prigione e rinchiuso, ma egli era felice e diceva: "Grazie Dio, ora sono qui, in pace e posso cantare il Tuo Nome. Nel mondo, dove sono sempre così impegnato, canto il Tuo Nome solo quando ho un po' di tempo ma ora che sono qua posso cantare il Tuo nome tutto il tempo".

Qualche giorno dopo, il re andò di nuovo a caccia ma questa volta venne attaccato da una tribù. Catturarono il re e lo portarono dal loro capo che fu molto contento di avere il re prigioniero e gli disse: "Sire, siete davvero fortunato. Oggi ti sacrificheremo alla Dea Kali". Il re pensò: "Non sono fortunato per niente! Oggi verrò ucciso!" Intanto il capo della tribù diceva alla sua gente: "Non succede spesso che la Dea riceva sangue reale. Prendete il re, lavatelo e vestitelo degnamente. Poi lo offriremo alla Dea". Ma mentre stavano togliendo i vestiti al re per lavarlo, si accorsero che gli mancava un dito. Corsero velocemente dal loro capo e gli dissero: "Capo capo, non possiamo offrire questo re alla Dea, perché egli è incompleto. Gli manca un dito". Il capo ci pensò un attimo e poi disse: "Va bene, lasciatelo andare. Siete veramente fortunato, sire. Poiché siete senza un dito, non vi possiamo offrire alla Dea".

Il re, molto felice, corse a palazzo, andò direttamente nelle prigioni e abbracciò il ministro. Mentre lo stava abbracciando disse: "Grazie! È vero, avevi ragione. Era la volontà di Dio! Mi sono salvato perché mi manca un dito".

Poi chiese al ministro: "Però non capisco una cosa. Perché tu ti sei ritrovato rinchiuso qui? Tu che sei così buono. Tu che preghi Dio tutto il tempo".

Il ministro rispose: "È semplice. Ti ho detto che tutto accade per volontà di Dio. Se io fossi venuto con te la seconda volta, se tu non mi avessi rinchiuso qui in cella, cosa sarebbe successo? Gli indigeni ci avrebbero catturati entrambi. E quando si fossero accorti che a

te manca un dito, che sei incompleto, ma che io sono integro, mi avrebbero preso e avrebbero offerto me alla Dea!"
Perciò qualsiasi cosa la Coscienza Suprema, Dio, o qualunque nome Gli attribuiate, vi dà, Egli ha sempre ragione, Egli è sempre nel giusto. Se succede qualcosa di negativo, può darsi che ora non ne capiate la ragione, ma più tardi nella vita capirete che qualunque cosa Egli ha fatto è stato per il vostro bene. Non dovete temere di abbandonarvi alla Sua volontà. Non dovete aver paura di aprire il vostro cuore e Amare.
Incominciate ad amare ora, in questo momento. Aprite il vostro cuore e amate. Lasciate fluire questo amore. Più vi aprite, più la vostra mente è pura, più la vostra mente è positiva, e più diventerete amorevoli e più darete amore. E sappiate che qualunque cosa facciate con questo Amore, sarà sempre perfetto. Mediterete e proverete gioia nella vostra meditazione. Praticherete yoga e proverete gioia nel praticare il vostro yoga. Canterete il Nome di Dio e ne proverete gioia. Le persone meditano e cantano, ma quando non vi è Amore in ciò che fanno, con il tempo tutto si smorzerà. Ma il Vero Amore, l'Amore Autentico, l'Amore Incondizionato non si affievolisce mai. Coltivate questo Amore, coltivate questo Amore Incondizionato e abbandonatevi al Divino.

IL SEGRETO È CHE IO SONO VUOTO

Darshan a Lisbona, Portogallo, 12 aprile 2008

Cosa esiste a parte Dio? Nulla, vero? Desideriamo Lui, ma nello stesso tempo non ci vogliamo abbandonare, non ci arrendiamo completamente a Lui. Ecco perché dentro si è sempre incompleti. Abbandonarsi significa dire a Dio: "Signore, dono me stesso, il mio corpo, la mia mente, e la mia anima completamente a Te". Non è questo ciò di cui tratta la spiritualità? Non significa che dovete lasciare la vostra famiglia e rinunciare a tutto, ma significa vivere in modo distaccato. Provate a porre Dio sempre al primo posto nella vostra vita. In questo modo Egli potrà lavorare attraverso di voi.
Tutti noi vogliamo essere qualcuno, tutti noi vogliamo realizzare il nostro Sé, tutti noi vogliamo sapere chi siamo in realtà, ma con questa nostra mente non saremo mai in grado di farlo. Dobbiamo calmare la mente. È vero che abbiamo bisogno di una certa conoscenza per raggiungere il Divino, per arrivare a Lui, ma ciò di cui abbiamo bisogno è la devozione, abbiamo bisogno della *bhakti*. Quando la *bhakti* si risveglia, ci doniamo completamente. *Bhakti*, devozione, è quando ci si dà totalmente, quando si è nella pienezza dell'Amore.
Come ho detto qualche giorno fa quando ero ad Algarve, quando siete innamorati volete essere sempre con il vostro innamorato, a tutti i costi. Abbandonereste padre, madre, tutti. Combattereste per il vostro amato, non è vero? Il vero Amato è Dio, perché Egli è l'Unico che è sempre nuovo. Il Suo Amore si rigenera continuamente, mentre gli altri amori iniziano in modo molto fresco, come un bellissimo fiore e appassiscono allo stesso modo dei fiori. Lo sapete vero? Quante volte

vi siete innamorati? E veramente vi siete innamorati! E poi rialzarsi è veramente difficile.* [Gioco di parole non traducibile in lingua italiana - *to fall in love* (innamorarsi) tradotto letteralmente è *cadere in amore* e *to rise - rialzarsi*]

A proposito di abbandono, c'è una bellissima storia sul flauto di Krishna. Come sapete Krishna ha sempre un flauto nelle sue mani. Dietro ciò vi è una bella storia. Ogni giorno Krishna andava nel suo giardino e diceva alle piante: "Io vi amo". Le piante, molto felici, rispondevano: "Krishna, anche noi ti amiamo". Un giorno Krishna arrivò di corsa in giardino, molto in ansia. Si recò dal bambù e questi gli chiese: "Krishna, cosa ti succede?" Krishna rispose: "Ho qualcosa da chiederti, ma è molto difficile". Il bambù disse: "Dimmi. Se posso dartelo, te lo darò". Così Krishna disse: "Ho bisogno della tua vita. Ti devo recidere". Il bambù ci pensò un po' e poi chiese: "Non hai altra scelta? Non vi è un'altra via?". Krishna rispose: "No, non vi è un'altra via". Allora il bambù disse: "Va bene, mi abbandono a Te".

Così Krishna recise il bambù e vi intagliò dei buchi; a ognuno di essi il bambù piangeva, perché era molto doloroso. Dal bambù Krishna ricavò un bellissimo flauto. E questo flauto era con Krishna tutto il tempo, era con Lui ventiquattro al giorno. Anche le Gopi erano gelose del flauto. Dicevano: "Krishna è il nostro Signore, eppure possiamo stare con Lui solo per dei brevi momenti. Egli si sveglia con te, dorme con te, trascorre con te tutto il tempo". Così un giorno chiesero al bambù: "Rivelaci il segreto. Qual è il segreto per cui il Signore ti ha così caro?"

E il bambù rispose: "Il segreto è che io sono vuoto dentro e il Signore fa di me ciò che vuole, quando vuole e in qualunque modo voglia". Questo è l'abbandono totale, dove Dio può fare di te ciò che vuole, quando vuole e come vuole. Non dovete aver paura di questo, sapete, dovete solo offrire voi stessi.

Chi è in realtà il vostro Sé? È solo Lui! Nella Gita Krishna dice: "Io sono ogni cosa". Nella Bibbia, Cristo dice: "Date a Cesare ciò che è di Cesare e date a Dio ciò che è di Dio". Ma cos'è che appartiene a Dio? Il vostro spirito, il vostro vero Sé. E se volete realizzare il vostro Sé, diventate come il flauto! Dite: "Signore, fa di me ciò che vuoi, quando vuoi e come vuoi". E fate che questa sia la vostra preghiera. E non abbiate domande nella mente. Questo è veleno, perché la mente dubita sempre. La mente pensa sempre di avere ragione. Quando abbandonate la mente al Divino, la *bhakti* si risveglierà, si risveglierà la devozione e quando la devozione si risveglia, la purezza dell'Amore sorgerà con lei. Non è quel tipo di amore dove si dice solo: "Ti amo, ti amo". È un Amore dove quando noi diciamo "Ti amo" non ci sono condizioni. Non è "Ti amo

> "Il segreto è che io sono vuoto dentro e il Signore fa di me ciò che vuole, quando vuole e in qualunque modo voglia".

per qualcosa. Ti amo per il tuo corpo. Ti amo per la tua ricchezza. Ti amo perché all'esterno sei bellissimo ma se togliamo la pelle dal tuo corpo, non ti amo più". È un Amore dove amate la persona così come è. Questa è la purezza dell'Amore, l'Amore Incondizionato, il modo in cui Dio Ama, il modo in cui il vostro cuore sa di poter Amare. Ecco perché sentite Amore. Ma nel momento in cui cominciate a porre condizioni su di esso, questo Amore appassisce. Quando invece vi attaccate alla purezza di questo Amore e lo fate crescere, crescerà, perché l'Amore è come un seme che risiede nel cuore dell'uomo. Questo seme deve crescere e deve fiorire. Deve germogliare e crescere rigoglioso; il seme non può rimanere solo un seme.

Anche Cristo lo ha detto. Vedete quante similarità ci sono tra induismo e cristianesimo? Cristo ha detto: "Se piantate un seme nella roccia, non germoglierà mai. Ma se lo piantate nel cuore dell'Uomo, crescerà". E questo è l'Amore nel cuore dell'uomo. Quando percepite il vero Amore, quando il vero Amore incomincia a crescere, avviene secondo sei differenti fasi chiamate: *Sneha Prem, Pranaya Prem, Mana Prem, Raga Prem, Anuraga Prem,* and *Maha Bhav.* Naturalmente non vado nel dettaglio, ma queste fasi dell'Amore crescono quando la purezza è qui [nel cuore], e vi conducono al completo abbandono al Divino. Ma prima di tutto bisogna calmare la mente e lasciare che l'Amore cominci a crescere nel cuore. Solo attraverso questo Amore saprete chi siete veramente. E questo non spetta a me dirvelo; voi dovete fare il primo passo.

La via più facile per calmare la mente è cantare il Nome di Dio, perché potete cantare il Nome di Dio in ogni momento, ovunque voi siate. Vorrei cantare con voi *OM Namo Narayanaya,* perché questo mantra è così potente da far innalzare la vostra coscienza spirituale a uno stato molto elevato. Inoltre vi aiuta nella vita materiale e acquieta la mente. Questo è uno dei Nomi di Dio ma vi sono molti Nomi di Dio che potete cantare e che generano la stessa felicità. Cantate semplicemente queste tre parole: *OM Namo Narayanaya.* Cantatele ogni giorno. Ovunque voi siate, qualsiasi cosa vi accada, cantate *OM Namo Narayanaya* e scoprirete quanto il Divino è vicino a voi. Egli si trova nel vostro cuore, sapete. Dovete solo farLo uscire e lasciare che l'Amore Divino si risvegli dentro di voi. Non abbiate paura. Non abbiate paura di abbandonarvi, perché non perderete nulla, anzi otterrete tutto. Spesso quando parliamo di abbandonarsi, le persone dicono: "Oh santo cielo, cosa perderò?" ma dimenticano di chiedersi: "Cosa guadagnerò?"

Ci piace guadagnarci qualcosa, vero? Quando preghiamo chiediamo sempre qualcosa a Dio. Pratichiamo la nostra meditazione e il nostro yoga, ma sempre per ottenere qualcosa. In quanto esseri umani chiediamo sempre, ci piace ottenere sempre qualcosa e se vogliamo Dio, Egli si darà a noi, e allora avremo ottenuto tutto. E in questo nostro tempo non abbiamo bisogno di sederci in una caverna a meditare come gli yogi, perché la nostra mente è già una caverna, così oscura! E noi ci sediamo sempre in quella caverna che è la nostra mente. Così, mentre gli yogi sono seduti nella loro caverna a meditare, noi cantiamo il Nome del Signore. È così semplice. Quindi cantiamo il nome di Dio!

JUST LOVE

GURU

IL GURU NON È DIFFERENTE DAL SÈ.
CIÒ È SENZA ALCUN DUBBIO LA VERITÀ,
L'ASSOLUTA VERITÀ.
IL SIGNORE SHIVA

COLUI CHE TI TIENE PER MANO E TI GUIDA

Darshan, Steffenshof, Germania, 2 maggio 2008

Vi è una domanda che spesso tutti noi ci poniamo: chi è il nostro *Satguru*? Non è forse una buona domanda? Alcune persone fortunate conoscono la risposta e alcune, che *saranno* fortunate, sono in attesa di conoscerla. Questa ricerca, in realtà, non è di una vita soltanto ma dura da molte vite. Siamo sempre alla ricerca del nostro *Satguru*, perché solo il *Satguru* ci condurrà fuori da questa illusione. Solo il *Satguru* può darci la benedizione, guidarci e farci Realizzare il nostro Vero Sé. Ma trovare il *Satguru* è spesso molto difficile. Passiamo attraverso molti alti e bassi. Continuiamo a cercare sperando di trovare il *Satguru*. Preghiamo: "Dio, mandami il mio *Satguru*". Ma molto spesso quando il *Satguru* ci è di fronte, non lo si riconosce, perché nella mente dell'uomo un *Guru* è completamente diverso da come il *Satguru* è in realtà.

È lo stesso quando guardiamo Mahavatar Babaji. Abbiamo una bella *murthi* qui, una bella Divinità. Nella nostra mente abbiamo un'immagine di *Jagat Guru*, eppure vi dico, Lui non è così. Quando Lo guardiamo Egli sembra severo. È severo quando deve esserlo, ma Egli è la personificazione della calma. Non importa cosa accada, Lui è sempre calmo e questa è la qualità di un *Satguru*.

C'era una volta un uomo alla ricerca del proprio *Satguru*. Si era recato ovunque, aveva incontrato molti maestri e tuttavia il suo cuore non era soddisfatto, perché una qualità del devoto è che quando incontra il proprio *Satguru* il suo cuore lo capisce. Così continuò a vagare senza trovare il proprio *Satguru*. Un giorno si imbatté in un santo e gli chiese: "Gentile signore, sto cercando il mio *Satguru*. Potreste guidarmi?" Il santo chiuse gli occhi, meditò per un po' e poi disse all'uomo: "Ascolta figliolo, ci sono molti santi che vivono sulla montagna che puoi vedere da qui. Domani sarà una giornata molto buona. Invita tutti a casa tua. Invitali a pranzo. Con amore e dedizione servi loro del cibo e porgi loro i tuoi omaggi e mentre stanno mangiando, fai loro una domanda. Prendi un ramoscello da un albero, un albero qualsiasi e chiedi loro: 'Ditemi, gentili signori, a che albero appartiene questo ramoscello?' e quando loro ti daranno una risposta, tu contraddicili; quando diranno che appartiene a un albero di mango, tu dì: 'No, appartiene a un fico' e se si arrabbieranno, vorrà dire che non sono dei *Satguru*, ma colui che rimarrà calmo e dirà: 'Sì, è possibile che si tratti di un ramoscello di fico' quello è un *Satguru*". L'uomo fece come gli era stato detto: invitò questi santi e servì loro del cibo con amore e rispetto. Mostrò loro il ramoscello e chiese: "Gentili signori, ditemi, a che albero da frutto appartiene questo ramo?" Tutti lo guardarono e risposero: "È un ramoscello di un albero di mango". E, come il santo gli aveva suggerito, l'uomo iniziò a contraddirli dicendo loro: "No, proviene da un fico". I guru si innervosirono, si infuriarono persino, e dissero: "Non vedi che è un ramoscello di mango? Perché continui a dirci che questo è un ramoscello di fico? Ti diciamo che è di mango!" Si arrabbiarono parecchio, tutti tranne un uomo molto semplice che si trovava in mezzo a loro. Egli stava mangiando il suo cibo e appariva molto calmo. L'uomo guardò verso di lui e gli chiese: "Cosa ne pensa lei, gentile signore?" Con un sorriso, il guru rispose con molta calma e molto serenamente: "Beh, è possibile che questo sia un ramoscello di fico".

> Solo il Satguru può darci la benedizione, guidarci e farci Realizzare il nostro Vero Sé.

Vedete, la qualità della calma è molto importante. Come può un Maestro guidare gli altri se lui stesso non è calmo? E questa è la grandezza di un *Satguru*. Qualunque cosa accada, egli sarà sempre calmo. Ora andrete tutti a mettere alla prova il vostro *Satguru*? Come ho detto durante il *Guru Purnima*, il modo migliore è chiedere direttamente al *Satguru* o direttamente al *Guru*. Quando hai trovato il tuo *Satguru*, abbandonati a Lui e potrai così smettere di porre domande. La mente, come dico spesso, è sempre colma di dubbi. Se non dai al *Satguru* la possibilità di tenerti per mano, di guidarti fuori da essa [*maya*], e te ne vai, perderai un'occasione. Lasciate quindi che il *Satguru* vi tenga per mano e vi guidi.

L'emozione, la gioia che provate quando il *Satguru* è di fronte a voi si riflette di rimando su di voi. Il *Satguru* non mostrerà mai questo sentimento, ma *voi* lo percepirete. Egli lo sa, ma vuole che *voi* lo sappiate. Il *Satguru* ha già trovato Dio, ha già realizzato il Divino e vuole che anche voi Lo Realizziate. È per questo che lo state cercando.

Provate sempre a sentire con il cuore e cercate di ascoltare il vostro Sé interiore, perché quando il vostro Sé interiore vi rivelerà qualcosa, la mente dirà: "Oh, no, no, no, no, non è in questo modo. Deve essere in quest'altro modo!" La mente cerca sempre di deviarvi dal vostro cammino, dalla realtà. Ecco perché è necessario dimostrare alla mente che *voi* siete il padrone. E non che è la mente a essere il vostro padrone.

Quindi, come controllare la mente? Cantate il Nome di *Narayana*. Ieri durante il *satsang* stavo spiegando la potenza del Nome di *Narayana*, quanto questo *Maha Mantra* sia potente. Se si vuole raggiungere il Divino, cantate questo mantra. Più lo cantate, più Lo attirerete a voi. Quando chiamate qualcuno, non dite: "Ehi, vieni qui", ma chiamate la persona per nome. Allo stesso modo il Divino ha molti nomi e molte forme e quando lo chiamate, Lui verrà in quella forma. Spesso la gente mi chiede: "Ma se io prego Shiva, devo cambiare [con

Narayana]?" In realtà no, non dovreste cambiare, ma il vostro amore deve crescere sempre più. Se lo chiamate come Shiva, Lui verrà in quella forma. Se lo chiamate come la Madre Divina, Lui verrà a voi come la Madre Divina. Ma in realtà Lo troverete nel profondo del vostro cuore in forma di Amore, Amore Puro, Amore Incondizionato ed è lì che dovete trovarLo. La mente non può comprendere l'Amore, perché essa ha sempre aspettative. La mente ha sempre un limite, ma quando si va oltre questo limite, allora non si è più in grado di capire. Accade così spesso nella vita delle persone che quando la grazia di Dio scende su di loro, non capiscono nulla. Cercano di comprendere, ma non ci riescono. Ho incontrato tante persone che mi hanno detto: "Sai, io amo Dio, ma non so, non capisco, non so perché Lo amo così tanto". Dovete arrivare alla condizione in cui anche se volete capire, non potete capire. Lo vedete di fronte a voi, Lo volete afferrare, ma non potete. Immaginate cosa accadrebbe? Vi farebbe impazzire, impazzire per Lui. È la cosa migliore. È un desiderio intenso e profondo che rende tutto più dolce. La nostra anima desidera Lui sempre - sempre! Non c'è un momento in cui l'anima non desideri l'Amato, che siamo coscienti, consapevoli o che non lo siamo. Ma il nostro vero Sé, la coscienza dell'anima ne è sempre consapevole. Come Cristo ha detto: chi ha occhi per vedere, veda, e chi ha orecchie per sentire, senta. Provate a vedere con gli occhi del cuore e provate a sentire nel vostro profondo. È molto semplice sapere se quello che state ascoltando o quello che sentite proviene dal cuore o dalla mente, perché qualunque cosa provenga dal vostro cuore non vi creerà alcun dubbio, mentre ciò che viene dalla vostra mente, creerà moltissime domande. Anche se continuerà a riflettere sulla stessa cosa, la mente si porrà sempre moltissime domande e non sarà mai libera. Ecco perché nella meditazione cercate di penetrare nella vostra calma interiore e ascoltare nel profondo, cercate di raggiungere questa calma, cercate di raggiungere questo Amore che avete dentro di voi.

RISORGERE CON CRISTO

Domenica di Pasqua, Cappella di Shree Peetha Nilaya
Springen, Germania, 12 aprile 2009

Il Santo Vangelo che stavamo leggendo è l'inizio della testimonianza di Giovanni Battista, in cui egli afferma di non essere la Luce, ma di essere colui che è venuto a testimoniare la Luce. È lo stesso per tutti noi; siamo qui per Realizzare il nostro Sé, per far diventare noi stessi ciò che siamo in Realtà. Come potete vedere Cristo è venuto, eppure la gente era contro di lui. Egli andò dalla Sua gente, eppure loro non Lo riconobbero. Come si dice: 'Nessuno è profeta in patria'. Lo diventerà sempre dopo.
È la stessa cosa con un Maestro. Quando un Insegnante è con voi, nessuno lo apprezza ma poi, dopo che l'Insegnante viene a mancare, la gente dice: "Oh che bello sarebbe stato essere lì!". Ma sappiate che tutto ciò che è scritto a proposito di un Maestro, in seguito è sempre buono. Ovviamente tutti vorrebbero essergli stati vicino quando era in vita, ma quando il Maestro è lì, nessuno vuole stargli accanto. È sempre così. Solo 10 o 20 anni dopo la gente dice: "Oh come sarebbe stato bello essere lì". È così che la mente dell'uomo funziona. Quindi se avete la possibilità di stare con il Maestro, coglietela, in modo che un giorno non vi troviate a dire: "Perché quando c'era l'opportunità, non l'ho colta?"
Come ho già detto a proposito della Resurrezione di Cristo, Egli risorge dentro ognuno di noi e sta chiamando tutti a risorgere con Lui, lasciando che il vecchio, il vecchio che è dentro di voi, muoia e permetta al nuovo di risorgere insieme a Lui. Questa è la

risurrezione di Cristo, e non dire soltanto: "Oh sì, rendiamo lode a Cristo. Egli è risorto". Sì, Cristo è risorto 2000 anni fa e anche se non fosse risorto, Egli rimane sempre il Cristo. Ha dimostrato che la resurrezione è possibile, ha dimostrato che la Realizzazione, la Realizzazione di Dio o la vostra vera Realizzazione è possibile. Egli ha mostrato la Via. È per questo che ha detto: "Io sono la Via, la Verità e la Luce". In questo modo ha dimostrato che se si vuole *veramente* Dio, è possibile ottenerLo, anche nel corso di una sola vita, ma dovete essere sinceri con voi stessi, dovete *realmente*

> Sta chiamando tutti a risorgere con Lui, lasciando che il vecchio, il vecchio che è dentro di voi, muoia e permetta al nuovo di risorgere insieme a Lui. Questa è la risurrezione di Cristo.

con sincerità dire: "Sì, Lo voglio!" e non essere falsi e solo perché ne avete letto in un libro dire: "Va bene, la Realizzazione è bella" oppure: "Voglio vedere Dio. Voglio sentire Dio. Voglio Realizzare Dio" pensando: "È bello sentirlo dire, è gradevole per le orecchie". Ma non si tratta di questo! Si tratta di essere sinceri con voi stessi. Se lo volete *veramente* non importa chi voi siate, potete essere anche il più grande criminale, diventerete il più grande Santo.
Prendete Valmiki, colui che ha scritto il *Ramayana*. Valmiki è stato un grandissimo criminale, ma con la grazia di Rama, cosa è successo? È cambiato ed è diventato uno dei più grandi saggi di tutti i tempi. Pensate anche a Maria Maddalena, di cui la gente ha detto tante cose, eppure noi la lodiamo ed ella è il più grande modello di donna, il più grande modello di devozione.
Non si tratta di ciò che vediamo esternamente. Non si tratta di ciò che giudichiamo esternamente con la nostra mente. Per una volta ascoltate veramente il vostro cuore, ascoltate davvero la chiamata del vostro cuore. La chiamata del vostro cuore riflette

la chiamata della vostra anima. Ascoltate con attenzione, non ascoltate la mente, non dite "sì" alla mente quando dice che vuole la Realizzazione senza sapere cosa sia. La mente non comprende certe cose. La mente non comprende nemmeno cosa sia l'Amore, come pensate che possa comprendere ciò che è più grande persino dell'Amore stesso?

Noi usiamo la parola 'Amore' per esprimere Dio, perché nella nostra lingua non c'è altra parola più grande di questa per indicare il Divino, ma se guardiamo più profondamente dentro noi stessi, non possiamo nemmeno dare un nome a ciò che percepiamo. La parola 'Amore' è solo una parola ma Dio è più grande. Quello che avete dentro di voi è ancora più grande di quello che riuscite a pensare! Se Egli risveglia quella 'cosa' dentro di voi e se siete sinceri con voi stessi e purificate la mente da ogni impurità, Lo potete ottenere, Lo potete ottenere anche in un secondo. Egli può cambiare la vostra vita in un secondo. E non dipende da cosa praticate.

Perché si pratica? È per dimostrare che siamo interessati a Lui, che siamo veramente interessati a ottenere qualcosa, e questo è molto bello. Mostriamo il nostro apprezzamento, mostriamo la nostra devozione e siamo grati per ciò che Lui ci ha dato, ma sappiate che tutto dipende dalla Sua grazia e la Sua Grazia è dentro di voi. Quando purificate la vostra mente da tutto ciò che proviene da essa, da tutto quello che proviene dall'esterno e *veramente* raggiungete la profondità interiore, allora sarete completamente abbandonati a Lui e Lui si abbandonerà completamente a voi.

Come viene detto negli altri Vangeli, il Padre non esiste senza il Figlio e il Figlio non esiste senza il Padre. Lo Spirito non esiste senza il Figlio e senza il Padre, il Padre non esiste senza lo Spirito e senza il Figlio. Così il Padre, il Figlio e lo Spirito Santo esistono già dentro di voi. Non sono separati da voi. Questo è ciò che Cristo ha detto: Ricorrete a me per diventare figli e figlie di Dio e per Realizzare la vostra vera identità. Quando avrete realizzato la vostra vera identità come figli [di Dio], lo Spirito scorrerà dentro le vostre vene e le vostre arterie e irradieranno la Luce Divina, la Luce Cosmica. E vedrete che ogni atomo è la stessa luce.

Molto spesso noi guardiamo solo la parte esteriore. La nostra mente è focalizzata sull'esteriorità e ne vediamo la dualità. Voi e x, y e z siete diversi, è vero, ma in realtà siamo tutti uno. Se togliamo tutte le identità che abbiamo creato nel corso di molte vite, se togliamo tutte le cose karmiche che abbiamo creato intorno all'anima, vedremo che la luce è la stessa. Guardandovi attorno potete vedere che ci sono tante luci con differenti tipi di lampadine, è vero, ma c'è una sola fonte di energia elettrica che illumina ogni cosa. Allo stesso modo, ci possono essere corpi diversi, capelli di diverso colore, visi, vestiti e quant'altro, ma la luce che brilla dentro di voi, la Luce di chi voi siete in Realtà è la stessa. Tutti voi siete Uno e se vedete la cosa in questo modo, andrete oltre la mente.

Cristo disse: siate umili come bambini, ed entrerete nel Regno di Dio. Quando guardate un bambino vedete che non si preoccupa di nulla. Le esperienze della vita vi fanno diventare così. Non chiudetevi, elevatevi al di sopra di ogni cosa e vedrete Dio in viso, vedrete voi stessi in viso. E siate sempre umili, perché se siete arroganti, se siete orgogliosi, non crediate di poter raggiungere Dio e non crediate che potrete *mai* ottenere la Realizzazione. Si può praticare per vite intere - non parlo solo di una vita, ma di vite - potete praticare per migliaia di vite se volete, ma non la otterrete mai, non raggiungerete mai quel punto.

Ma se vi rendete umili e siete veramente puri nel cuore e veramente purificate la vostra mente, allora vedrete che Egli può rimuovere facilmente tutte le cose karmiche! Lui può cambiare la vostra vita, può cambiare la vita delle persone in un secondo, ma voi potete anche distruggere la vostra vita in un secondo! Dipende da voi. La scelta dipende solo da voi. Se volete cambiare, cambierete. Se non volete cambiare, non cambierete: la scelta è *vostra*. Lui non lo farà per voi. Il Maestro non lo farà mai per voi. Il Maestro vi mostrerà la strada. Come Cristo ha detto: "Io sono la Via, la Verità e la Luce". Così il Maestro vi mostrerà la Via, ma voi dovete fare il primo passo. Se voi non fate il primo passo, scordatevelo. Come si dice, è facile giudicare, ma ci si dimentica che nel proprio occhio c'è una trave. Spesso è così, sapete. Giudicate gli altri, ma che cosa sono questi giudizi che vedete in loro? Non è il vostro stesso riflesso? Quindi siate umili come lo è Lui. Oggi state tutti celebrando la risurrezione di Cristo, perciò lasciate che Egli risorga dentro di voi.

Gloria al Padre, al Figlio e allo Spirito Santo, ora e nei secoli dei secoli. Amen.

COM'E' TROVARE DIO

Darshan, Shree Peetha Nilaya,
Springen, Germania, 4 giugno 2009

Oggi vi voglio parlare della spiritualità. Siamo tutti spirituali, no? Sì? Come fate a saperlo? Quali caratteristiche vi qualificano come persone spirituali? Come sapete di essere spirituali? Ci piace molto avere questo titolo di persone spirituali perché amiamo sentirci speciali, ma in realtà tutti sono speciali, perché tutti sono unici e *tutti* sono spirituali – non importa quale percorso stiano seguendo o cosa stiano facendo.
È vero che la spiritualità è Realizzare Dio, Realizzare l'Amore, Realizzare l'Unità col Divino, raggiungere il Divino, *ma* quando guardo le persone spirituali, vedo che esse pensano sempre di saperne di più. Pensano di essere superiori a tutti gli altri e pensano sempre il meglio di se stessi. Va bene, ma la cosa migliore di sé è non criticare gli altri. Come dice Krishna, la cosa migliore è elevarsi al di sopra del bene e del male.
Sul percorso spirituale tutti cercano di purificare se stessi. Quando parlo di purezza, cosa percepisce la mente? Pensa solo a cose belle. Voi pensate che quando siete spirituali, quando vi siete purificati, diventate molto buoni. Qualunque cosa facciate, la vostra mente percepisce che avete sempre ragione e questo è ciò che chiamate perfezione; ma cos'è la perfezione? Nella *Gita*, Krishna ha spiegato cos'è la perfezione. Egli dice: se potete elevarvi al di sopra del giusto-sbagliato, al di sopra del bene e del male, se potete elevarvi al di sopra della dualità, allora potete dire: "Sì, ho raggiunto una certa

perfezione". La vostra mente giudica e finché non avete ottenuto la visione del Divino e non avete purificato voi stessi, cioè sino a quando non avete allenato la mente a vedere la non dualità ma a vedere l'unità, la spiritualità è ancora lontana.

È come quando andate a scuola: perché andate a scuola? Andate per imparare, no? A scuola avete un maestro, vero? E quando andate a scuola ne sapete più del maestro o andate lì per imparare dal maestro? Non so, perché in occidente pare che sia il contrario, vero? Non ne sapete più del maestro, ma gradualmente, a poco a poco, imparate e probabilmente un giorno anche voi diventerete insegnanti.

È la stessa cosa sul percorso spirituale. Quando trovi un maestro, vai da lui, ma non pretendi di essere migliore di lui o di saperne di più. Tu sei lì per imparare *dal* maestro. Non importa che tipo di insegnamenti ricevi, è per il tuo bene, per la tua crescita e per il tuo progresso verso il Divino. Se ci riesci, sicuramente un giorno diventerai tu stesso un maestro e aiuterai gli altri che stanno percorrendo il cammino spirituale. Allora puoi dire "Sì, fai questo o fai quello".

Così sul percorso spirituale tutti stiamo imparando. Stiamo imparando a raggiungere Dio, ma prima di tutto stiamo imparando a elevarci al di sopra della nostra mente. E se tu realmente vuoi essere spirituale, sii positivo. Allenati a essere positivo. Tutti i maestri che sono venuti, tutti gli insegnanti che sono venuti, tutti i guru che sono venuti, non l'hanno fatto per raccogliere discepoli, sapete. Non sono venuti per rendere le persone schiave o usarle, come dice qualcuno. Sono venuti per aiutare le persone, per farle diventare, un giorno, maestri, ma per questo dovete veramente abbandonarvi.

Un giorno qualcuno chiese a un maestro: "Com'è trovare Dio?" Il maestro prese il discepolo per mano, lo portò al fiume e lo trascinò nell'acqua. Quando furono nell'acqua, il maestro prese la testa del discepolo e la spinse sott'acqua. Dopo un po' il maestro tirò fuori la testa del discepolo e gli chiese: "Com'era?" Il discepolo disse: "Cercavo di respirare, ma mi sentivo soffocare. Mi dibattevo e cercavo di prendere una boccata d'aria".

Il maestro sorrise e disse: "Vuoi trovare Dio? Questo è il modo [con lo stesso desiderio]".

> Quando questo desiderio struggente per il Divino o per la Realizzazione di Dio o qualunque sia il nome che volete dargli, è veramente come se steste soffocando, tanto da non riuscire neanche a respirare, allora potete dire: "Sì, sono in cammino verso Dio".

Dovete fare del vostro meglio. Quando questo desiderio struggente per il Divino o per la Realizzazione di Dio o qualunque sia il nome che volete dargli, è veramente come se steste soffocando, tanto da non riuscire neanche a respirare, allora potete dire: "Sì, sono in cammino verso Dio". Ma sino a quando questo desiderio ardente non è così, siete ancora lontani.

Vedete, in Occidente la gente percepisce la spiritualità in un modo completamente differente. Deve essere il *loro* cammino. È come con l'albero di Natale: lo decorate nel modo che volete voi e ci mettete sopra tutto quello che volete. Fate la stessa cosa con il Maestro, con l'insegnante; volete che il Maestro sia il *vostro* discepolo, volete che sia il *vostro* studente piuttosto che essere voi lo studente del Maestro. Questo è ciò che fanno le persone.

Il Maestro sa che l'apprendimento non finisce mai, c'è sempre da imparare, non c'è fine. Dal primo giorno fino alla fine e di vita in vita, imparate sempre nuove cose, perché il Creatore sta continuamente creando cose nuove. Ogni individuo che Egli crea, è creato con nuove qualità. Anche se siamo separati e differenti l'uno dall'altro, all'interno di ciascuno di noi ci sono certe qualità. Un vero Maestro non pensa che qualcuno sia più grande di qualcun'altro. Il Maestro sa che tutti sono uguali; sono i discepoli che non lo sanno.

Un maestro è felice quando un giorno i discepoli diventano loro stessi maestri. È la stessa cosa di quando voi siete insegnanti e un giorno incontrate il maestro che avevate quando eravate piccoli e gli dite che ora anche voi siete insegnanti, lui ne sarà felice. È così che funziona. Ramakrishna ha detto: è una gran cosa avere un buon maestro, ma è molto raro avere un vero discepolo. Questo è assolutamente vero.

C'era una volta un Santo il cui nome era Matsyendranath. Matsyendranath aveva un discepolo, chiamato Graknath; egli aveva raggiunto un tale livello di spiritualità che, ovunque fosse, qualunque cosa volesse sapere, per grazia del suo Guru lo avrebbe saputo. Un giorno Matsyendranath volle mettere alla prova il suo discepolo. Goraknath voleva sapere dove fosse il suo Maestro, così sedette in meditazione e nella sua meditazione vide che il suo Maestro si trovava ad Assam, distante circa 5000 chilometri. Era a una grande festa e si stava divertendo moltissimo. C'erano molte donne, il Maestro stava bevendo e così via. Vedendo ciò, Goraknath si agitò moltissimo e corse là con l'intenzione di salvare il suo Guru. Camminò e camminò e camminò – 5000 chilometri e finalmente raggiunse Assam. Si travestì in modo che la gente non lo infastidisse, andò dal suo Guru e cominciò a cantare: "Ehi, Matsyendranath, non dimenticare che sei un *Nath* e il Signore di *Nath* non può godere di tutte queste cose. Sono il tuo discepolo, Goraknath e sono venuto a salvarti!" Il Guru disse: "Ok" e si lasciò portare via.

Lungo la via Matsyendranath volle fare un bagno nel Gange. Così diede la sua borsa al discepolo dicendo: "Tieni questa per me. Vado a immergermi nel Gange". Prendendo la borsa Goraknath sentì che era molto pesante. Cominciò a pensare: "Cosa porta dentro questa borsa questo vecchio uomo che è così distaccato da tutto?" Allora, per curiosità, aprì la borsa, guardò dentro e vide che c'erano due grossi lingotti d'oro. Cominciò a pensare: "Lui che può trasformare in oro perfino le pietre, perché trasporta due lingotti d'oro nella sua borsa?" E poi pensò: "Lo salverò". Prese i due lingotti d'oro e li gettò via. Quando Matsyendranath uscì dal fiume chiese: "Dov'è la mia borsa?", la prese come se nulla fosse successo ed entrambi continuarono il loro viaggio. Alla fine raggiunsero la loro città e Goraknath disse al suo Guru: "Ti ricordi chi sei tu? Io ti ho salvato". Matsyendranath sorrise, diede un colpetto alla testa di Goraknath e Goraknath si ritrovò di nuovo nella sua casa a meditare e capì che era stato tutto un'illusione.

Ma il Guru era così soddisfatto del suo discepolo che lo benedì con una visione di Shiva perché Matsyendranath era un discepolo diretto di Shankar Bhagavan. Goraknath aveva sempre desiderato ardentemente avere il *darshan* di Shiva e quando il suo Maestro lo benedì, egli vide di fronte a sé Shankar Bhagavan. Shiva lo benedì e disse: "D'ora in poi la gente ti ricorderà come una delle mie incarnazioni". Quindi vedete com'è? Molto spesso crediamo che le cose siano in un certo modo, ma in realtà sono secondo il modo di Dio.

LA DOLCEZZA DELL'AMRITA

*Darshan, Shree Peetha Nilaya,
Springen, Germania 24 luglio 2010*

È bello vedere tutti voi qui. Come sapete, domani è un giorno molto speciale: è il *Guru Purnima*. Ci si potrebbe chiedere: "Perché abbiamo bisogno di un Guru?" Molti dicono: "Io non ne ho bisogno, non ho bisogno di un maestro. Non ho bisogno di qualcuno che mi guidi". Ma se non avete bisogno di un maestro, se non avete bisogno di una guida, perché andate a scuola? Non ne avete bisogno, no? È la stessa cosa sul percorso spirituale.

All'interno di questo mondo Dio ha creato due mondi: uno è il mondo spirituale, l'altro il mondo materiale. Il mondo materiale consiste in alcune cose dietro le quali tutti corrono: salute, fama, potere. Corrono dietro tutte le cose che possono esistere *solo* in questo mondo e che sono limitate solo a *questo* piano fisico. Così, quando queste cose vengono tolte alle persone che le stanno inseguendo, cosa rimane? Niente, zero! E quando chiedete loro: "Cosa hai ottenuto nella vita?" Diranno: "Nulla" o parleranno di qualcosa che si trova dentro questa limitazione.

Mentre la vita spirituale, il mondo spirituale è l'opposto: si desidera ardentemente conoscere il Divino, capire il Divino, si brama il Divino, *ma* questo non è sufficiente, perché senza un obbiettivo, senza sapere dove andare, è difficile; e oggigiorno non molti sanno dove andare. Solo un Maestro, solo un *Paramguru*, un *Satguru* può darvi questa conoscenza. Il resto vi porterà sino a un certo punto, sino a un certo limite, e poi, cosa succede? Si resta sempre in questo cerchio.

Immaginate la Grazia che Dio vi ha dato di essere nati prima di tutto in una forma umana e anche di essere spirituali, di essere alla ricerca del Divino. Che cosa speciale! Fra 8,4 milioni di specie sulla Terra, voi siete stati dotati di questo corpo umano. Si dice che fra queste 8,4 milioni di specie di vita, l'essere umano è quella più elevata. Perché? Perché gli esseri umani possono ragionare, hanno la capacità di ragionamento. Triste a dirsi, al giorno d'oggi gli esseri umani stanno perdendo questa capacità. Ma questa capacità di ragionare è concessa solo all'Essere Umano.

Prendete, ad esempio, una mucca, che è considerata una delle più elevate forme delle specie animali. Dopo essere stata una mucca, la mucca può acquisire una nascita umana, ma certo non può conseguire il Divino. Mi spiego meglio: anche con *bhakti* e devozione, una mucca è limitata al suo dovere. La capacità di ragionare è solo per il genere umano. Se usate questa capacità di ragionare e analizzate voi stessi, verrete a conoscenza del vostro obbiettivo nella vita, saprete dove vi state dirigendo. Altrimenti sarete solo una marionetta, un burattino e tutto ciò che la gente vuole che facciate, lo farete. È così che funziona la società nel mondo. Quando si diventa schiavi della società, si diventa come una marionetta. Se la società vuole che voi andiate a destra, andrete a destra, se vuole che andiate a sinistra, andrete a sinistra, ma e voi? Voi vi perderete. Di voi che siete seduti qui a cantare *bhajan*, la gente fuori sta sicuramente dicendo: "Queste persone sono pazze, sono matte!" Quando percorrete il sentiero spirituale, la gente vi punta addosso il dito e dice: "Cosa stai facendo su questo percorso? Vieni con noi, ci godremo la vita là fuori!" Quando siete nel mondo esterno, avete molti amici, ma una volta che diventate spirituali, vedete quanti di questi cosiddetti amici rimangono. Perché? Perché gira questa voce che le persone sul sentiero spirituale sono un po' matte.

Gli altri mettono il percorso spirituale al quarto posto, ma in realtà è l'opposto. Il cammino spirituale è il più elevato. È per questo che solo *pochi* ci arrivano. Solo *pochi* ottengono questa benedizione. Il resto dell'umanità ha la capacità di ragionare, ma certo non la sta usando. Nei *Veda* si dice che le persone che non usano la capacità di ragionare sono come gli animali. Le loro vite sono sprecate, lo scopo dell'incarnazione come esseri umani viene sprecato. Se poi gli chiedete: "Siete felici?" rispondono: "No, non lo siamo", perché non sanno cosa vogliono veramente, perché hanno ascoltato gli altri. Sapete come cominciano le voci? Provate a immaginare se all'inizio del vostro cammino spirituale qualcuno avesse cominciato a raccontarvi un mucchio di maldicenze e a dirvi che il vostro percorso spirituale non è quello giusto. Sicuramente in quel momento la mente avrebbe preso il sopravvento. C'è una bella storia su un re chiamato Kandhalsena. Un giorno il re andò in guerra e mentre la guerra era in atto, un sotto-ministro andò dal Primo Ministro del re annunciandogli: "Il Re è morto". Naturalmente il primo ministro cominciò a preoccuparsi. Anche un *rishi* proveniente dal palazzo annunciò: "Il Re è morto". Per tre giorni la gente fu in lutto per la morte del re. Piansero e piansero e piansero. Poi il terzo giorno il re tornò. Tornò e trovò tutti vestiti di bianco. (Nella tradizione indù i vestiti bianchi vengono usati quando muore qualcuno. Anche sul sentiero spirituale ci si veste di bianco perché è morto il vecchio sé; vestite di bianco perché state avanzando verso il Divino).

Il re, vedendo tutti vestiti a lutto e piangenti, chiese: "Perché state piangendo?" e scoprì così che il Primo Ministro aveva annunciato che il re era morto. Andò quindi dal primo ministro e disse: "Ho scoperto che sei stato tu a dire che ero morto. Beh, invece sono

> **Il Maestro è portatore dell'Amrita, il nettare. Anche se non lo capite con la mente, la ricevete.**

ancora qui. Chi ti ha detto che ero morto?" Il primo ministro rispose: "Me lo ha detto il sotto-ministro". Fu chiamato il sotto-ministro che spiegò: "Ho sentito un gruppo di persone in un certo villaggio che dicevano 'Kandhalsena è morto'". Allora si recarono al villaggio e indagarono, andando da uno e dall'altro, e alla fine giunsero da un vasaio che stava piangendo. Gli chiesero di recarsi al palazzo reale ed egli si presentò di fronte al re continuando a piangere. Il re disse: "Come hai osato dire che ero morto?" Il vasaio rispose: "Ma, mio Re, non ho detto che eri morto!" Il re disse: "Ma tutti dicono che tu hai detto che Kandhalsena è morto!" Il vasaio rispose: "Sì, ho detto che Kandhalsena è morto, ma Kandhalsena è il mio asino e il mio asino è morto!" Così il re chiese: "Ma perché hai chiamato il tuo asino Kandhalsena?" Il vasaio rispose: "È una storia lunga. Un giorno stavo attraversando la giungla, vidi questo asino che mi parlò con un linguaggio umano dicendomi: 'Sono Kandhalsena e mi piacerebbe venire a casa tua. Prendimi con te e realizzerò tutti i tuoi desideri'". Così il vasaio aveva preso con sé l'asino che poi era morto. Il re e il vasaio avevano lo stesso nome, così il vasaio stava piangendo per l'asino, ma quando la gente aveva sentito 'Kandhalsena è morto', avevano pensato che si parlasse del re.

Ciò vi mostra come certe voci, certi pettegolezzi ci possono ingannare. Ci si inganna e si perde la capacità di ragionare, senza conoscere la verità, senza sapere che cosa si vuole veramente. Imparate ad ascoltare il vostro cuore, perché in qualunque cosa la gente dice, c'è un certo grado di falsità, mentre in ciò che sentite dentro di voi, c'è certamente un grado di verità. Ecco perché si dice che sul percorso spirituale è molto importante seguire la propria intuizione. Sviluppare la capacità di intuizione dentro se stessi è molto importante e vi condurrà al vostro obbiettivo nella vita.

Per sviluppare questa qualità avete bisogno di qualcuno che ne ha già una profonda conoscenza. Avete sempre bisogno di un insegnante, avete sempre bisogno di un *Satguru*. Prendete qualsiasi divinità – prendete Rama, prendete Krishna – tutti loro hanno un *Guru*, tutti hanno avuto qualcuno che li guidasse. Erano incarnazioni del Divino e avrebbero potuto semplicemente dire 'non abbiamo bisogno di un maestro' eppure hanno dimostrato che nella vita c'è bisogno della benedizione di un *Guru* e il mezzo per riceverla è attraverso i *satsang*, attraverso la loro compagnia.

In generale, perché le persone vanno da un Maestro e ricevono ciò che il Maestro offre? È perché il Maestro è portatore dell'*Amrita*, il nettare. Anche se non lo capite con la mente, la ricevete. Attraverso il *satsang*, attraverso i nostri discorsi, state ricevendo qualcosa e ciò che ricevete contribuisce al vostro progresso. Quello che state ricevendo, anche senza esserne consapevoli, è l'*Amrita*.

Questo è il nettare per cui le api vengono da lontano per venire a raccoglierlo dal fiore di loto o da certi fiori. Non tutti i fiori hanno la stessa capienza di miele dentro di sé. Non tutti i fiori hanno la stessa capienza di dolcezza. E chi lo sa? Solo le api lo sanno, non la rana – la rana, o la stupidità, che crede di sapere sempre tutto, che salta su e giù sui fiori, ma non sarà mai in grado di conoscere la dolcezza che vi è all'interno. Per riconoscerla bisogna scavare in profondità dentro se stessi, scavare più e più profondamente, fin dove si trova questa *Amrita*. Tramite l'aiuto del Maestro, del *Guru*, ricevete questa *Amrita* cosicchè alla fine della vita potete dire: "Sì, ho conseguito lo scopo della vita".

Come per il cambiamento, molto spesso le persone dicono: "Non posso cambiare". Dicono: "Cambierò più avanti, adesso sono giovane, voglio godermi la vita". No, la vita corre via! Non sapete quando morirete. Sapete quando arriva la morte? Non lo sapete. Magari ora cadrà un meteorite e moriremo tutti! Il momento per cambiare è sempre il momento presente. Questo è un grande dono. Se volete cambiare, cambiate adesso! Non dite domani, non dite che siete già cambiati e che avete finito. Il passato è passato, il passato è morto, terminato! Se volete fare qualcosa, potete farla solo adesso. Non potete farla per il futuro; solo adesso. Se volete cambiare, è adesso che dovete farlo. Se volete prendete determinate decisioni è adesso che dovete farlo. Essere nell'*adesso* è il dono più grande. Essere nel *presente* è il dono più grande.

Quindi godetevi il nettare, godetevi la dolcezza, anche se, come ho detto prima, non vi rendete conto di cosa state ricevendo. State ricevendo qualcosa che contribuirà alla vostra consapevolezza e al vostro progresso, a raggiungere i Piedi di Loto del Signore, all'adempimento della vita umana, dello scopo per cui vi siete incarnati qui. Altrimenti la vita sarà sprecata.

Usate sempre la vostra capacità di ragionare per comprendere le cose. Non usatela per giudicare, perché è la stupidità che vi fa giudicare ogni volta. Se seguite il sentiero dell'Amore, se seguite il vostro cuore, crescerete. Come è il Maestro, così sarete anche voi! Diverrete parte di questo Nettare Divino e sarete in grado di diffonderlo e donarlo a molte persone. Questo è ciò che Cristo ha detto ai suoi discepoli: "Andate e create discepoli; crescete e aiutate le persone". Allo stesso modo, anche voi crescerete aiutando gli altri.

RICEVERE TUTTO

Gurupurnima a Shree Peetha Nilaya
Springen, Germania, 25 luglio 2010

Oggi festeggiamo il *Guru Purnima*, noto anche come *Vyasa Purnima*. In questo giorno vengono commemorati tutti i *Guru*, tutti gli insegnanti. Alcuni sono degni di essere onorati e altri no. Perché dico alcuni sono degni e altri no? Perché c'è una differenza tra un *Siksha Guru*, che è un insegnante di scuola, e un maestro spirituale. Si tratta di due tipologie diverse. L'insegnante della scuola vi dà un tipo di conoscenza che vi renderà una persona migliore, che vi farà capire come vivere qui. Ma un maestro spirituale, un *Guru*, un *Satguru*, vi offre non solo lo scopo della vita, ma anche la direzione nella vita: come e in che direzione impostare la vita. Questa è la differenza. Si dice anche che nella vita la madre è il primo Guru e che il secondo è il padre ed è vero. I *Veda* parlano della madre e del padre come Guru, ma affermano anche che la madre e il padre danno solo l'elemento fisico, il corpo al bambino, ma il *Guru* dona la vita spirituale, che è una seconda nascita. E come avviene questo?
Se si rimuovono alcune qualità dagli esseri umani, dalle persone che non sono sul sentiero spirituale, come l'orgoglio, il senso della vita nel mondo materiale, ricchezza e divertimento, per loro è la fine! Diventano pari a zero. Mentre non è possibile rimuovere da una persona spirituale le qualità spirituali, perché la spiritualità è infinita, la conoscenza è infinita. Quando hai la conoscenza, non deve solo restare conoscenza, deve trascendere in saggezza.

In realtà tutto ciò avviene per mezzo della Grazia. Possiamo dire che voi siete in grado di fare certe cose, ma molto prima che vi incarniate sulla Terra è già stabilito dove dovete essere, chi sarà la vostra guida e quando sarà che Dio farà tutto il possibile affinché Lo raggiungiate. Potete dire che siete voi ad agire, ma in realtà non siete affatto voi. È solo Lui, perché al centro di tutto, il vostro *Atma* è solo Lui. In questo processo vogliamo raggiungere la Grazia di Dio, vogliamo raggiungere l'Amore di Dio e vogliamo purificarci. Per l'umanità fare questo da soli è molto difficile. È solo quando il bisogno di queste qualità spirituali si risveglia nell'umanità che Dio provvederà a tutto e vi preparerà a ricevere la Sua Grazia.

> Egli si dona completamente ai suoi discepoli. Egli si dona totalmente ai devoti. Quello che i devoti devono fare è essere come un recipiente vuoto e ricevere.

Un Santo Sufi disse: "Quando mi sono illuminato, mi sono reso conto di avere fatto tre errori nella vita. Il primo errore è aver creduto di essere stato io a fare il primo passo verso Dio, mentre in realtà, dopo che ho avuto l'illuminazione, mi sono reso conto che non ero stato io a fare il primo passo ma che Dio, molto prima di me, aveva fatto più di un passo verso di me. Il secondo errore è che ho pensato di aver amato Dio immensamente, ma poi, mi sono reso conto che il mio amore era solo una goccia rispetto al Suo oceano d'Amore. E il terzo errore è stato che quando L'ho raggiunto e L'ho realizzato, in realtà era Lui che aveva realizzato Se Stesso". Quindi cercate di comprendere queste tre cose. Esse dimostrano che ogni cosa è la Grazia di Dio. Naturalmente non si può ottenere questa grazia solo stando seduti. Praticate la vostra *sadhana*, dimostrate a voi stessi di essere pronti.

Qualcuno potrebbe dire: "Io non ho bisogno di un insegnante. Non ho bisogno di un *Guru*". Ma sapete, è possibile ottenere la conoscenza dai libri ma dai libri non è possibile ottenere la saggezza. La conoscenza si trasforma in saggezza solo quando la Grazia fluisce dal Maestro al discepolo. Così, quando siete pronti, vi manifestate qui come esseri umani. Naturalmente restare solo esseri umani, semplici esseri umani, è un po' noioso, vero? Come fate a sapere che è noioso? Semplicemente lo sapete. Lo percepite perché provate insoddisfazione. Qualunque cosa facciate, non vi sentite felici. Vi sentite quindi spinti a cercare, cercare qualcosa che vi renda *veramente* felici. Non solo semplice felicità, ma la felicità pura, la felicità *shuddha* dentro di voi. Quando questo bisogno nasce, il *Guru* arriva. E possono volerci vite, sapete; non si parla solo di una vita: possono volerci molte vite. Non pensiate che in ogni vita si abbia lo stesso desiderio. Non è così. Possono volerci migliaia di vite. Possono volerci migliaia di anni.

Quindi, in primo luogo, quando vi manifestate e avete questo desiderio di ricerca, il Divino si manifesta come *Prereka Guru*, il che significa che la prima cosa che succede quando incontrate il vostro *Guru* è che l'Amore dentro di voi si risveglia. Si ha questo desiderio di essere vicino al Maestro ed è proprio così: una volta che avete assaggiato il nettare, nient'altro al mondo ha lo stesso sapore. Allo stesso modo, una volta che siete vicino al vostro *Guru* il mondo cambia. È per questo che quando si diventa spirituali si lascia andare il mondo, si vede il mondo in modo diverso. Alcuni dicono che siete impazziti, perché le vostre azioni non sono di loro gradimento, perché, dentro di voi, l'Amore comincia a svegliarsi. Il primo incontro con il *Guru* si chiama *Prereka*, che è il risveglio dell'Amore Divino nel cuore del discepolo. È così che venite a sapere chi è il vostro *Guru*, perché ci sarà questa attrazione irresistibile, come una calamita.

In un secondo tempo il *Guru* prende l'aspetto di *Sachaka*, che significa colui che purifica e pulisce il *bhakta*, il devoto. Nel corso di questo processo si può dire che il *Guru* è in errore, si può dire che il *Guru* è cattivo, si può dire tutto ciò che vi è di negativo riguardo al *Guru*, ma sappiate una cosa: chi può comprendere un Maestro? Fino a quando non si diventa un Maestro, non si può capire un Maestro. Ecco perché a volte di un Maestro si dice: "Oh, sai, questo è cattivo!" oppure: "Questo è buono!". Che ne sapete di ciò che è bene e di ciò che è male? Voi vedete solo le azioni esteriori ma non sapete ciò che vi è dietro. Questo è quindi l'aspetto di purificazione del *Guru*: *Shachaka,* purificare, eliminare tutte le impurità. E nell'eliminarle qualche volta il *Guru* può essere molto crudele, molto duro. È così che potete sapere che un *Guru* è un *Guru*, perché se un *Guru* è dolce, dolce, dolce verso qualsiasi cosa portate con voi e dice sempre: "Sì, sì, sì" sappiate che non funziona.

Se guardate un diamante o l'oro come è in natura, vedete che il diamante si presenta come una pietra qualsiasi. Ma quando l'esperto una volta vista la pietra inizia il lavoro, la raffinazione non avviene in maniera delicata. La raffinatura sarà molto, molto dura, ma alla fine avrete una pietra bellissima. È la stessa cosa con l'oro: quando si trova un po' di oro con molte impurità, questo deve passare attraverso il fuoco. Questo passare attraverso il fuoco è molto crudele, perché per fondere l'oro, per poterlo purificare, bisogna portarlo a migliaia di gradi di calore e solo allora si potranno ottenere bei gioielli. Questo è *Sachaka*. Durante questo processo molti se ne andranno perché non sono in grado di sostenerlo, ma una volta che nel *bhakta*, nel devoto, questo processo si è compiuto e si è manifestato, quando la fede salda e la forte determinazione sono ancora lì e si rimane, allora il devoto risplenderà.

Dopo questo processo, il *Guru* prende l'aspetto di *Vachaka*, colui che concede al discepolo la gloria del Signore. Egli rivela ai discepoli le storie del Signore, la manifestazione del Signore tramite la narrazione di storie meravigliose, cosicché quando tutte le impurità sono state tolte, il *bhakta* possa venir colmato con il Divino, con la gloria e lo splendore del Divino. Questa naturalmente è solo conoscenza.

Dopo qualche tempo il *Guru* prende l'aspetto di *Bhodaka*. *Bhodaka* significa che egli trasforma la conoscenza in *saggezza* in modo che il *bhakta,* il devoto, possa comprendere tutto. Moltissime persone nel mondo hanno conoscenza di tante cose, ma la conoscenza dell'anima, la conoscenza di chi siete in Realtà non si chiama conoscenza, si chiama saggezza. Vedete, quando si ha la saggezza si guarda al mondo in modo completamente diverso. Questo si chiama *Bhodaka, Bhodaka Guru*. Dopo di che, quando si avrà la saggezza, ciò che si manifesterà sarà puro Amore. Quando si ha la saggezza si diventa saggi. Non si è più ignoranti, e quando si è saggi si Realizza che il Signore risiede ovunque.

A questo punto il *Guru* prende l'aspetto di *Darshaka*. *Darshaka* significa che il *Guru* Si manifesta nella Forma Divina, il *Guru* rivela il Divino al discepolo. Come vedete, all'interno di questo processo ci sono cinque stadi, cinque passi e non si passa attraverso questi cinque stadi in fretta. Il *Guru* vi mette alla prova. Si passa attraverso *Prereka, Sachaka, Vachaka, Bhodaka* e *Darshaka* è la fase finale. Quando si raggiunge *Darshaka* si vede la manifestazione del Signore ovunque, Realizzate pienamente il vostro Sé. Qualsiasi cosa cerchiate, è ai piedi del Maestro. Ed Egli ve lo ha donato.

Nello *Shiva Purana* Shiva dice a Parvati: "Si può ottenere tutta la conoscenza di questo mondo, ma se uno è ignorante riguardo al Maestro, tutta la conoscenza è vana". Krishna ha detto la stessa cosa nella *Gita*: Mi sono vestito in questa forma umana e l'ignorante pensa che io sia solo umano perché guarda unicamente l'esterno. Chi può capire un *Satguru*? Nessuno!

Così, quando il discepolo è pronto, il *Satguru* si manifesta ed Egli viene al discepolo. Il *Satguru* non viene a prendere nulla, perché il

Guru ha già Realizzato l'Unità con il Divino, sapete? Di che cosa ha bisogno il *Satguru* in questo mondo? *Di niente!* Egli viene per donare, sempre per donare; anche se sembra che Egli prenda, in realtà quello che voi state ottenendo, è ciò che Lui vi sta dando.

Il *Satguru* dà in tre forme. La prima forma è quando dà come *Sankalpa*, cioè attraverso il pensiero. La seconda forma è quando dà come *Drishti*, cioè attraverso la visione, la vista. La terza forma è quando dà attraverso *Sparsha*, che è il tatto. Il *Guru* dona attraverso queste tre forme. La prima, *Sankalpa*, è attraverso il pensiero, attraverso la mente, attraverso la trasmissione della *Shakti*, ed è come una tartaruga madre. La tartaruga madre depone le uova nella sabbia, ma non ha bisogno di covarle. Depone le uova e da lontano il suo pensiero è sempre come un'onda di calore verso le uova, così che le uova vengono covate. Questo viene fatto attraverso le onde, attraverso il pensiero [onde]. Shirdi Sai dava la sua benedizione in questo modo.

La seconda forma è attraverso la vista, *Drishti*. Dare la benedizione attraverso la vista è come quando un pesce depone le uova in acqua. Le uova sono all'interno di bolle trasparenti. Il pesce madre rimane sempre nei pressi e si concentra sulle uova. Proprio da questa semplice messa a fuoco dell'immagine delle uova, queste vengono covate. Questo è *Drishti*.

La forma finale è *Sparsha*, che è attraverso il tatto. Andate dal Maestro, chinate il capo, offrite il *sahasrara* e il maestro vi tocca sulla testa. Egli vi dà la benedizione che significa non preoccupatevi, il Divino si prenderà cura di tutto. Se avete fede otterrete la benedizione. Si riceve la benedizione anche se non si ha fede, ma ci vorrà più tempo perché essa si manifesti.

Possiamo dire che Shirdi Sai donava attraverso la prima forma, *Sankalpa*. Ramana Maharshi attraverso *Drishti*, la vista: egli dava il *darshan* attraverso la vista. E Sri Ramakrishna dava il Suo *darshan* attraverso *Sparsha*.

Il Maestro trasmette al *bhakta*, ai discepoli, questa energia, l'energia Divina che è dentro di Lui, attraverso queste tre forme. Perché ho detto discepoli e non devoti? Perché dopo aver attraversato tutte queste purificazioni si diventa un *bhakta*, si diventa un *vero* discepolo. Non si rimane semplicemente devoti ma si diventa discepoli. Un discepolo è colui che ha ricevuto la Grazia del Maestro e la Grazia del Maestro è la stessa Grazia del Dio interiore. Se innestate una piccola pianta con un altra, ad esempio prendete due rose, due diversi tipi di rose e le innestate insieme, quando le innaffiate, innaffiate solo quella principale, vero?

> Adi Shankaracharya disse: "Ho ricevuto tutto semplicemente abbandonandomi ai piedi del mio Maestro".

Allo stesso modo l'insegnante è la pianta principale e qualsiasi cosa passa attraverso il Maestro lo riceverà anche chi è innestato a Lui. Questo è il motivo per cui ieri ho detto che si diventa un vaso di *Amrita*. Non rimanete come siete ma raggiungete il compimento dello scopo della vita.

È così che la Grazia del Divino si manifesta nel *Guru*. Diciamo: *Guru Brahma, Guru Vishnu, Guru Devo Maheshvara, Guru Sakshath Parambrahma, Tasmai Shri Gurave Namaha*. I *Veda* proclamano il *Guru* come Brahma, Vishnu e Shiva. Anche nella *Gita* Krishna ha detto: andrò da chiunque avrà bisogno di me, e Mi manifesterò come il *Guru*. La grandezza di un Maestro, la grandiosità del poter conoscere un Maestro e ricevere la *Shiksha*, ricevere la Benedizione e la Grazia del Maestro, è rara. E una volta che la si ha, la si porta con sé, si porta con sé la benedizione sempre. Non è che un giorno si dice: "Ok, oggi sono con questo maestro e domani sono con quel maestro". Ci sono molte persone che fanno Guru hopping, lo sapete. Beh, è normale, perché si è alla ricerca. Fino a quando non si sente questo amore, questa attrazione, questa forza di attrazione, si sarà sempre alla ricerca, vero? Ma una volta percepito, dovete crescere in esso e allora vi accorgerete: "Sì, sono a casa. Io appartengono a questo posto". Non dite: "Vado da questo Guru", no, dite: "Sto andando a casa, sto andando nel luogo a cui appartengo, nel luogo dove vorrei essere". Andate là dove sentite l'Amore di Dio dentro di voi e dove potete raggiungere lo scopo della vostra incarnazione. Così è, in breve, come opera il *Guru*. Egli dà attraverso queste tre forme - attraverso il pensiero, attraverso la vista e attraverso il tatto. Egli si dona completamente ai suoi discepoli. Egli si dona totalmente ai devoti. Quello che i devoti devono fare è essere come un recipiente vuoto e ricevere. Vedete, la pioggia cade ovunque. La pioggia non ha antipatia verso nessuno. Cade sulla montagna, cade sul pendio della collina. Ma la montagna può contenere l'acqua? No, non è possibile: l'acqua scorre. Quand'è che la montagna può trattenere l'acqua? Quando c'è una cavità. Le persone che non sono alla ricerca del Divino, che non ricercano lo scopo della vita, sono come la montagna: quando la Grazia di Dio scaturisce dal Divino verso di loro, essa scorre via. Mentre tutti voi avete veramente la Grazia di Dio - dovrei dire la benedizione di Dio, non ancora la Sua Grazia, ma la benedizione di Dio - di avere questo impulso di cercare, l'impulso di cercarLo, la spinta a praticare la vostra sadhana, il desiderio di sentire un Amore più grande di ciò che il mondo intero pensa sia amore.

Quindi non perdete tempo! C'è una cosa che moltissime persone si lasciano sfuggire e questa è il tempo. Pensano che più tardi nella vita potranno fare tutto, quando avranno tempo faranno tutto. Ma vedete, se non trovate il tempo ora, non lo troverete mai - il dopo non arriva mai. Come qualcuno diceva: "Il domani non arriva mai". È vero! Trovate molte scuse per non fare la vostra sadhana, ma sappiate che quello che state facendo adesso è molto importante e contribuisce molto.

Quindi cogliete ogni occasione per essere vicino al Maestro, per essere vicino a un Insegnante, perché ricevere la Grazia è un dovere nella vita. Come ho appena detto, siete tutti molto fortunati perché Mahavatar ha dato la Grazia a tutti voi, il Divino ha dato la Grazia a tutti voi, Dio ha dato la Grazia a tutti voi di essere alla ricerca dello scopo più grande nella vita. Sono sicuro che lo raggiungerete e sono sicuro che otterrete ciò che state cercando. L'unica cosa che vi chiedo è: siate sinceri con voi stessi, aprite il vostro cuore sinceramente e lasciate che il Divino faccia il resto. Scoprirete che siete pieni di questo nettare che noi chiamiamo Amore. Anche se la vostra mente non lo percepisce, anche se guardate in voi stessi e non sentite che è così, in realtà ogni parte del vostro corpo è colma di questo Amore. Sedete qui e state ricevendo la Grazia; cantate il Nome Divino, cantate la Gloria di Dio e state ricevendo la Benedizione. Anche se non ne siete consapevoli, la state ricevendo!

C'era una volta un criminale, un assassino, che chiese un mantra al suo Guru, ma non voleva cantare il Nome di Dio, così disse: "Io non credo in nessun Dio, dammi qualcosa da cantare in modo che io possa calmare la mia mente". Il Guru ne fu molto felice e gli disse: "Canta *Maramaramaram*". L'assassino, soddisfatto, continuava a cantare *Maramaramaramararamaramaramaram*. Capite cosa stava cantando? *Rama, Rama Rama, Rama, Rama, Rama, Rama, Ram*. Ignaro cantava il Nome di Rama e alla fine della sua vita fu completamente realizzato, raggiunse Dio, raggiunse Rama.

Quando ci si reca a un *satsang*, quando ci si reca nei luoghi di pellegrinaggio, siete sempre voi a ricevere, è sempre a vostro vantaggio. Quindi abbandonatevi ai piedi del *Guru*. Come si dice: quando si incontra il proprio *Guru*, il mondo diventa i piedi del Maestro. E i piedi del *Guru* sono tutto. È per questo che nella tradizione indù adoriamo *Vishnu Padam*. Perché adorare i piedi di Maha Vishnu? Quando diciamo piedi, non ci riferiamo alla parte superiore, ma a quella inferiore. Quando il *Guru* poggia i piedi su qualcosa, non poggia la parte superiore, ma la parte inferiore, perché sotto le piante dei piedi del Maestro c'è *Vishnu Padam*. Sotto i piedi c'è Tutto, i piedi di Maha Vishnu stesso. È per questo che nella *Gita* è detto: "Guru Govinda". Krishna si manifesta come *Guru* e il *Guru* è Govinda, è Krishna. Il servizio ai Piedi del Maestro è pari a migliaia di luoghi di pellegrinaggio. Quindi fate il vostro servizio ai Piedi del Maestro e arrendetevi.

Adi Shankaracharya disse: "Ho ricevuto tutto semplicemente abbandonandomi ai piedi del mio Maestro". Ma purtroppo al giorno d'oggi quando diciamo: "Seguimi e fai questo", cosa risponde il discepolo? "*Perché* dovrei farlo?". È normale, perché la differenza tra i tempi passati e ora è che al giorno d'oggi la mente ha preso il sopravvento. E naturalmente quando la mente prende il sopravvento ci sono moltissime domande, moltissimi dubbi, moltissimi pensieri irragionevoli nella mente e quindi si perdono alcune opportunità. Ecco perché l'umanità resta sempre nel cerchio della nascita e della morte, anche se si potrebbe ottenere tutto in una sola vita. Perciò arrendetevi ai Piedi di Loto (*Charanasparsha*). Quindi auguro a tutti voi un felice *Guru Purnima*. E visto che il Divino risiede in tutti i vostri cuori, che Egli possa porre i Suoi Piedi di Loto nel vostro cuore. E, come tutti i santi, tutti i maestri e tutti i ricercatori spirituali, possiate essere sempre nell'Amore del Divino. Possiate sempre percepire il Divino. Qualunque cosa stiate facendo, ovunque voi siate, sappiate che Dio è vicino a voi, sempre.

Sapete, nella tradizione Hindu abbiamo una preghiera: Karaagre vasate Lakshmi, Sarasvati karamadhye karamuule tu Govinda, prabhaate karadarshanam samudravasane Devi Parvata stanamandale, Vishhnupatni namastubhyam paadasparsham Kshamasva me. [Oh Madre Terra, tu che hai per veste il mare, e le montagne e le foreste sul tuo corpo, tu che sei moglie di Vishnu, io mi inchino a te. Ti prego perdonami per averti toccato con i miei piedi]

Conoscete questa preghiera? È una preghiera che si recita prima di alzarsi dal letto. Si tocca con la mano la punta delle dita dicendo la Dea Lakshmi è qui, al centro del palmo della mano c'è la dea Saraswati e in basso c'è Govinda - Maha Vishnu. Questa è la prima cosa che le persone usano fare prima di alzarsi dal letto. Lo fanno per ricordarsi che nelle loro mani risiedono Lakshmi, Saraswati e Govinda. In questo modo non dimenticano mai che il Divino è sempre con loro. Ma al giorno d'oggi, quando si esce del letto, la prima cosa che si dice è: "Che cosa farò oggi?" Invece di pensare a Dio si pensa a tutto tranne che al Divino. Fate che diventi un'abitudine: fate che il primo pensiero quando vi alzate al mattino sia rivolto a qualsiasi Divinità che sentite vicino. Se conoscete la vostra *Ishtadev*, pensate alla vostra *Ishtadev*. Se avete il vostro *Guru mantra*, cantate anche una sola volta il vostro *Guru mantra*. E se il vostro *Guru* vi ha detto chi è la vostra *Ishtadev*, create la connessione tra voi e la vostra *Ishtadev*. In questo modo il Maestro farà il suo lavoro ovunque vi troviate. Anche se non siete vicini al Maestro, Egli farà il suo lavoro anche da lontano.

Non dimenticate che Dio è allo stesso tempo con forma e senza forma. Egli è *Nirgun Brahma* ed Egli è *Sargun Brahma*. È *Nirgun*, senza forma, ovunque Onnipresente ed è con una forma come *Sargun*, su cui ci si deve concentrare. Con il *Guru* è lo stesso, e qui intendo il *Satguru*, perché ci sono differenti *Guru* e la differenza tra un *Satguru* e un *Guru*, è che un *Guru* risiede in un luogo e dà discorsi, ma in lui non è presente l'aspetto dell'Onnipresenza. Mentre un *Satguru* o *Paramguru* ha questa qualità di Onnipresenza dentro di sé. Il *Guru* è collegato a qualsiasi pensiero il discepolo stia pensando. È come dicevo prima: quando ci si arrende sinceramente al Maestro, è come se si fosse innestati al Lui. È come un cespuglio di rose: ogni volta che il cespuglio riceve la Grazia, riceve l'acqua, naturalmente anche la parte innestata la riceve. La stessa cosa è quando si è abbandonati al *Guru*: qualunque cosa scorra attraverso il *Guru*, qualunque energia, qualunque Shakti fluisca attraverso il *Guru*, anche il discepolo, ovunque egli sia, riceverà la stessa Grazia.

Non pensate a dove siete e a come siete, solo *siate* come siete. *Jai Gurudev! Sat Guru Maharaja Ki Jai!*

CRISTO SI RIVELA

Liturgia tenuta nella Cappella di Shree Peetha Nilaya, Springen, Germania, 2 ottobre 2010

Questo Vangelo, la *Trasfigurazione*, é effettivamente uno dei Vangeli più belli, perché qui Cristo si rivela. Di solito, come tutti i Maestri, Egli non rivela mai il Suo vero aspetto. Le persone pretendono sempre di sapere o pensano di sapere chi sia il Maestro. Anche se il Maestro lo ripete molte volte, essi non comprendono chi Egli sia, poiché la mente fa il suo gioco giudicando e credendo di aver capito. Cristo disse: Non provate a capirmi, perché non ci riuscirete. Non siete in grado di comprendere con la mente da dove provengo, perché ciò si può capire solo con il cuore. Io vengo dall'alto, Io non sono di questo mondo, invece tutti voi provenite da questo livello più basso. Come i bambini dell'asilo. Il Signore disse: non cercate di comprendere ciò che proviene dall'università o da un livello superiore, poiché non vi riuscirete. Anche se fate del vostro meglio per capire un Maestro, non potete capirlo. Ecco perché un Maestro è un Maestro e voi siete *voi*.

Qui Gesù dice ai suoi discepoli: perché cercate di capirmi, quando non ne siete in grado? L'unica cosa che potete fare è accettare. E non immaginate cose, perché la vostra comprensione è limitata dalla percezione del mondo esterno. Ma voi avete anche un cuore che può farvi sentire e può darvi una percezione interiore. Così Cristo disse ai suoi discepoli: "Io vengo da Dio" ma, si sa, gli uomini sentono ciò che vogliono sentire! Sentono sempre ciò che gli conviene o ciò che piace alle loro orecchie. Ecco il motivo per cui non sentirono che Egli proveniva da Dio stesso; essi udirono solo ciò che volevano sentire, nonostante Cristo parlasse in modo così diretto. Ad ogni modo, l'uomo è così.

Da 2000 anni fa ad oggi l'umanità non è cambiata. E penso che anche nei prossimi 2000 anni non cambierà di molto.

Ecco perché Egli disse: "Se avete orecchie per sentire, ascoltate". Sì, le persone hanno le orecchie, ma preferiscono restare sorde. Cercano di tenersi aggrappate alle loro limitazioni e ne sono felici, non vogliono vedere oltre, perché le persone amano costruirsi il proprio mondo, sedersi lì e dire: "Ecco, questo è il mio mondo".

È come il pesce che sta nello stagno e non sa che lo stagno esiste. Non sa quanto è grande l'oceano o quanto è grande il lago, perché conosce solo quella piccola parte dove sta di solito e la memoria stessa del pesce conosce solo questo. Come sapete ci fu un Santo che disse: "Voi avete la mente come quella di un pesce". Perché? Perché il pesce ha già dimenticato ciò che è successo solo un attimo prima. La stessa cosa accade agli uomini. Amano creare il loro limitato angolino, la loro immagine limitata e la limitazione di chi essi sono in Realtà; e a loro piace attaccarsi a quella parte, perché ciò li fa sentire bene e al sicuro. E quando accade qualcosa di nuovo, non vogliono comprendere; quando qualcosa sfida la mente, non vogliono capire e allora cosa fanno? Si tirano indietro, perché questo non fa parte della loro struttura mentale, non fa parte del piccolo mondo che essi stessi hanno creato. È qui che essi giudicano e criticano perché non comprendono. Anche se tentano [di capire], non ci riescono, perché sono stupidi. E vogliono essere stupidi, vogliono essere limitati. Dimenticano che c'è anche la grandezza del cuore, non la vogliono vedere. Ecco perché scelgono di essere ciechi; scelgono di essere

> **Crescete! Il mondo si sta muovendo. Cambiate! Crescete e andate avanti! Muovetevi e risorgete!**

sordi. Ma quando questo velo viene rimosso attraverso la preghiera e il servizio, quando questo Amore si risveglia dentro il cuore, allora vedranno la Realtà. A quel punto vedranno che l'Amore è infinito. Anche se pensate 'sì, ho amato molto', in realtà, l'amore è infinito e voi continuerete a crescere, esso non finirà mai. E questo é ciò che Cristo disse: "Io sono venuto. Io vi ho detto chi sono. Tuttavia voi avete scelto di essere ciechi, avete scelto di essere sordi. Voi avete scelto di restare in quella limitazione, avete scelto di stare in questo mondo che *voi* avete creato". Crescete! Il mondo si sta muovendo. Cambiate! Crescete e andate avanti! Muovetevi e risorgete! Non scegliete di sentirvi giù, ma elevatevi. Risorgete, cosicché possiate dire a Dio: "Padre". Non ha senso chiamare Dio "Padre", e scegliere di essere limitati. Questo è il Vangelo.

DALL'OSCURITÀ ALLA LUCE

Ritiro del Guru Purnima,
Steffenshof, Germania, 29 luglio 2007

Come tutti voi ben sapete, oggi è un giorno molto speciale. È il giorno in cui nel mondo vengono venerati tutti i Maestri, tutti i Guru. Naturalmente ovunque ci sia la consapevolezza dell'importanza dell'insegnante. L'importanza di un insegnante, l'importanza di un Guru nasce quando si ha il desiderio di Dio. Il Maestro o l'Insegnante viene in aiuto quando si vuole veramente conoscere Dio, quando si vuole davvero Realizzare il proprio Sé.
Ma prima di tutto vediamo quanti insegnanti abbiamo nelle nostre vite. Vedete, ci sono molti maestri. All'inizio, quando Dio era l'Uno Immanifesto, quando Dio era sconosciuto alla mente dell'uomo ed era senza Nomi, tutti i grandi Santi, tutti i *rishi* percepivano l'insegnante nella natura. Si dice che nella natura ci siano ventiquattro insegnanti.
Una volta qualcuno andò da un Maestro e vedendolo così beato gli chiese: "Dimmi, chi è il tuo insegnante? Come fai a emanare così tanta luce?" Il Maestro rispose: "Io non ho un insegnante. Io ho ventiquattro insegnanti". Allora l'uomo chiese: "Chi sono questi ventiquattro insegnanti?" Il Maestro rispose: "Primo, al di sopra di tutti gli insegnanti, ho imparato dai miei genitori e soprattutto, in primo luogo, ho imparato da mia madre, che mi ha preso per mano e mi ha insegnato a camminare. Mia madre mi ha mostrato come reggermi in piedi. In secondo luogo, da mio padre ho imparato la disciplina, egli mi ha istruito, mi ha sostenuto e mi ha mostrato

come sostenermi da solo". Egli non menzionò nessun altro a parte la madre e il padre. Tutto il resto che egli menzionò si riferiva a ciò che aveva visto: le piante, gli animali; egli aveva imparato da ogni più piccolo insetto e in totale ebbe ventiquattro [insegnanti]. Aveva imparato l'umiltà, la pazienza, la gioia, la felicità semplicemente dalla natura. Se voi osservate la natura attentamente, potete imparare molto! Era così quando non c'era ancora il Nome di Dio, quando non c'era ancora nessuna forma specifica che noi ora Gli attribuiamo. Naturalmente, quando si è centrati e si ha fede in se stessi, quando si crede nei propri sentimenti e si sa che il Guru interiore, che risiede nel cuore, si rivelerà, Egli si rivelerà!

Così come il mondo progredisce, così l'uomo decade. Quindi per questa Coscienza Più Elevata è necessario continuare a manifestarsi. Ecco perché, come ho detto l'altro ieri, Dio si incarna migliaia di volte per aiutare le persone. Anche se io sono seduto qua sopra [su una poltrona], non pensiate che un Guru sia solo qualcuno da mettere quassù. Essere posti a questo livello dipende da qualcos'altro: è qualcosa che accade grazie all'amore dei devoti. In realtà sono i Guru a essere i servitori dei devoti. Essi sono venuti per servire le persone, sono venuti per aiutare, non per essere aiutati!

Le persone mi chiedono sempre: "Che cosa posso fare per te, Swamiji?" Io non ho bisogno di nulla da nessuno! Se ho bisogno di qualcosa, la ricevo da Lui. Io sono venuto

Il Guru è quindi colui che dona la conoscenza spirituale, colui che illumina la mente del discepolo ed Egli è l'Uno Supremo, perché Egli ha già Realizzato l'Unità con Dio e ha queste tre [qualità] dentro di Sé.

per aiutarvi; ciò di cui ho bisogno è che voi tutti vi eleviate. Come Narayana venne per sostenere il percorso spirituale di tutti quando la montagna stava affondando nella zangolatura dell'*Oceano di Latte*, così Egli verrà per sostenere anche voi. Questo è l'aiuto del Maestro. Un Maestro è una guida che vi sosterrà nel vostro cammino spirituale. Ciò non significa delegare tutto al Maestro e dire: "OK, farà tutto Lui. Non c'è bisogno che io faccia nulla!" Questo è il concetto che il cristianesimo ha al giorno d'oggi a questo proposito; solo perché Gesù ha detto: "Rimettete a me i vostri fardelli ed Io li porterò per voi" le persone non vogliono cambiare. Dicono: "Rimetto tutto a Lui. Se commetterò molti peccati, andrò a confessarmi e Lui mi perdonerà". Quindi a cosa serve cambiare? Voi siete qui per *elevarvi* spiritualmente, siete qui per *Realizzare* il vostro Sé, non per essere statici, non per rimanere sempre sullo stesso palco; e questo è l'errore che fa il mondo. Le persone non compresero ciò che il Cristo volesse veramente dire con quella frase. Sì, è vero, Lui vi aiuterà, Egli vi tirerà fuori da qua, ma poi dipende da voi andare avanti. Egli non lo farà al vostro posto, anche se questo è ciò che le persone credono. Poiché Egli disse: "Rimettete a me tutti i vostri peccati, tutta la vostra negatività", le persone pensano: "OK, andrò avanti facendo la stessa cosa; non cambierò" ma questo è sbagliato. I Maestri soffrono per questo; ecco perché Cristo passò attraverso la sofferenza: perché prese su di sé il karma delle persone. Così è anche il Maestro, la guida spirituale o con qualsiasi nome voi vogliate chiamarlo, visto che in Occidente le persone non amano la parola 'Guru'. Può darsi che preferiscano dire Maestro o guida spirituale, ma è sempre la stessa cosa! Le parole cambiano ma sono solo i termini che variano, la guida è sempre la stessa.

Quindi, come stavo dicendo, quando ci si pone sotto la guida di un Maestro, diventa responsabilità di questa guida spirituale guidare la persona e, se il discepolo fa qualcosa di sbagliato, non pensiate che sia il discepolo a soffrirne. Non è il discepolo che soffre, è il Maestro che soffre, perché il discepolo è sotto la Sua guida. È come con un bambino; quando un bimbo si fa male, chi soffre di più? Il genitore, la madre. Quando un bambino è malato, sono i genitori che soffrono maggiormente. Sì, il bimbo soffre per il dolore, ma sono i suoi genitori che soffrono di più. È la stessa cosa per il Maestro. Quando i discepoli iniziano a combinare pasticci, quando cominciano a fare a modo loro, naturalmente è la guida spirituale, il Guru, che soffre veramente.

Quando ci si pone sotto la guida spirituale del Maestro e ci si abbandona a ciò che Egli dice, verremo portati fuori da questa illusione; ma sino a quando non si vuole seguire la guida di un Maestro, si resterà sempre nell'ignoranza. È così in tutte le religioni. Prendete il cristianesimo, l'induismo, l'islamismo, il buddhismo o qualsiasi altra religione e vedrete che c'è sempre una gerarchia. Non dovete andare nemmeno molto lontano. Se prendiamo ad esempio la gerarchia fra gli angeli, vedrete che c'è obbedienza. Naturalmente tutti loro obbediscono a Dio ma anche all'interno della gerarchia stessa degli angeli vi è l'obbedienza. Gli angeli sono tenuti ad ascoltare e a servire gli arcangeli, poiché [obbedire] è molto importante.

Il solo credere di *sapere* qualcosa è pura ignoranza. La parola *guru* è formata da due parti: *gu*, che significa colui che disperde, e *ru* che vuol dire oscurità; quindi *colui che disperde l'oscurità, toglie l'uomo dall'ignoranza*. Quando ci si pone sotto la guida di un Maestro spirituale, il Maestro prende su di sé la responsabilità di eliminare l'ignoranza dal discepolo. Ignoranza significa tutte le cose negative. Inoltre, nella parola Guru *gu* significa *l'adempimento finale, r è colui che rimuove il peccato, colui che elimina l'ignoranza* e *u* è Narayana – Maha Visnu. Il Guru è quindi colui che dona la conoscenza spirituale, colui che illumina la mente del discepolo ed Egli è l'*Uno Supremo*, perché Egli ha già Realizzato l'Unità con Dio e ha queste tre [qualità] dentro di Sé.

Quando il discepolo entra in contatto con il Maestro, deve essere fedele. Fedeltà non solo al Maestro, ma anche verso se stesso!

Solo se sarete leali verso voi stessi sarete in grado di essere fedeli verso il Maestro e verso l'esterno. Inoltre il discepolo deve essere obbediente. Obbedienza non significa schiavitù. Le persone spesso pensano che essere ubbidienti significhi diventare schiavo del Maestro. No, in realtà è l'opposto. Come ho detto prima, non siete voi gli schiavi del Maestro, é il Maestro a essere il vostro schiavo. Poiché nella vostra mente c'è ignoranza, c'è orgoglio, c'è ego, dovete ascoltare Colui che ha già superato tutto ciò.

> Il Guru dirà: "Tu non sei solo umano, tu sei Divino e se vuoi realizzare ciò, segui me, segui i miei consigli".

Quando andate al lavoro e il vostro capo vi dà un compito, dite: "Va bene, ma lo farò a modo mio."? Chi ne sa di più, voi o il capo? Il capo sa meglio di voi ciò che vuole! Non ha niente a che fare con ciò che *voi* volete. È la stessa cosa quando vi ponete sotto la disciplina di un Maestro: non si tratta di voi ma di ciò che il Maestro vi dice di fare, perché Lui conosce la Via e se voi vi arrendete a ciò che Lui dice, tutto il vostro operato andrà a buon fine. Non sarete cacciati dal vostro lavoro! Ma che senso ha la pratica dell'obbedienza se iniziate a fare come vi pare, seguendo la vostra mente?

Questo è un aspetto che trovate ovunque. C'è un libro che ho letto tempo fa, sui Padri del Deserto, dove sono descritte le linee guida dell'obbedienza dal punto di vista cristiano. Poiché qui viviamo in paese cristiano, sarò felice di proporvi questo aspetto secondo questo punto di vista. Anche se *a dir la verità* ciò non ha niente a che fare con il cristianesimo, l'induismo o l'islamismo o qualsiasi altra religione. Obbedienza è obbedienza! È quando uno spegne la propria mente e si arrende. Comunque vi leggerò i cinque punti di cui parlano i Padri del Deserto e vedrete da soli che non c'è differenza fra cristianesimo e induismo. La gente afferma che c'è una grande differenza e certo i riti, le divinità, sono diversi, ma il fine ultimo è lo stesso ovunque.

A proposito della fede nella propria guida spirituale, i Padri del Deserto dissero: "Il discepolo deve avere completa fiducia nella guida spirituale, la stessa che viene riposta in Dio, la stessa che si ha in Cristo. Che non ci sia alcun dubbio o esitazione nel suo cuore a proposito di qualsiasi cosa il Maestro dica, sia che ciò che l'Anziano, l'Insegnante dica sia giusto oppure no, a meno che non contraddica la legge di Dio".

In questo passo si afferma che qualsiasi cosa dica la guida spirituale, non la si deve mai contraddire, non la si deve mai mettere in discussione; di fronte al proprio pensiero egoico si deve spegnere la mente e accettare solamente ciò che dice il Maestro. Ma oggigiorno cosa fate? Quando il Maestro dice: "Gira a destra", voi rispondete: "No, girerò a sinistra" e se ripete nuovamente: "Gira a destra", voi di nuovo dite: "No, a sinistra è più bello. Lasciami andare a sinistra". Egli ve lo ripeterà ancora una volta, e poi dirà: "Va bene, vuoi girare a sinistra? Gira a sinistra!". Ma *voi* ve ne assumete la responsabilità! Naturalmente, come ho detto, il Maestro soffrirà, ma anche voi soffrirete perché non avete ascoltato le Sue indicazioni.

La seconda linea guida che viene data riguarda la verità: "Egli [il discepolo] deve dire la verità in tutto, senza alterare le cose, senza inventare storie da raccontare alla guida spirituale, così come non deve nascondere nulla dei suoi pensieri. È necessario raccontare i fatti esattamente come sono, in tutta verità". Dovete essere sinceri verso la vostra guida spirituale, dovete essere sinceri verso il vostro *Guru*, verso il vostro Maestro, perché quando non vi abbandonate al vostro Maestro, quando non siete sinceri verso il Maestro, non potete essere sinceri verso voi stessi. Se siete falsi verso il vostro Maestro, sarete sempre falsi verso voi stessi. E se siete falsi verso voi stessi, Dio non si rivelerà mai.

La terza linea guida è: "Il discepolo deve troncare la propria volontà, non deve intenzionalmente deviare dal suo Maestro spirituale. Deve offrire i propri desideri, le proprie inclinazioni, le proprie aspirazioni e talenti in sacrificio e deve fare tutto in conformità all'opinione della sua guida spirituale. Il discepolo non deve avere un'opinione riguardo a nulla. Sarà la guida spirituale a giudicare come dovrà essere condotta la faccenda; il discepolo deve mortificare il proprio giudizio e seguire quello della guida spirituale".
Viene ripetuto nuovamente che il vostro giudizio personale, ciò che pensate, dovete tenerlo per voi e mortificarlo. Dovete lasciarlo andare. Non dovreste mai mettere in discussione ciò che la vostra guida spirituale vi chiede, ciò che vi dice di fare: fatelo e basta. Nell'induismo si trova lo stesso concetto: quando ci si pone sotto la guida di un Insegnante, di un Maestro, ci si deve abbandonare non al proprio volere, ma alla Volontà del Maestro. Qualunque cosa si faccia è per far piacere al Maestro, qualsiasi cosa Egli dica. Ma soprattutto sappiate che non state compiacendo solo il Maestro, state compiacendo anche Dio, poiché il Maestro non ha bisogno di essere compiaciuto. Anche Dio non ha bisogno di essere compiaciuto da voi, ma siete *voi*, che per Amore, per abbandono, per gioia, Gli offrite tutto.
La quarta linea guida è:"Egli [il discepolo] non deve né lagnarsi né, in modo assoluto, contraddire ma deve avere rispetto per la sua guida spirituale". Di nuovo, lo stesso concetto!
La quinta linea guida è: "Egli deve confessare chiaramente la sua colpa alla guida spirituale, poiché è una gioia per il male, per i demoni, quando il discepolo nasconde la propria colpa".
Come dico sempre, la guida spirituale è colui che sta con le persone. Ogni volta che si presenta una domanda alla quale i discepoli non riescono a rispondere, devono rivolgersi al Maestro e chiedere: "Mi puoi aiutare?" e il discepolo deve essere sempre pronto ad ascoltare il Maestro. La guida spirituale non è mai lontana dal discepolo.

Sino a quando che non avete raggiunto un livello di vera connessione spirituale interiore con il Maestro, restategli vicino. Quando ci si trova vicino alla guida spirituale, quando si è nella sua vibrazione, più si è in essa, e più se ne trarrà beneficio. Più siete in essa e più la delusione dell'oscurità verrà rimossa. Ma più ne state lontani, più resterete nella vostra ignoranza e più tutto sarà difficile. Questo è il ruolo di una guida spirituale. Questo è il ruolo di un Maestro.
I Padri del Deserto dissero: "Queste cinque potenti armi sono indispensabili per il discepolo. Egli deve sempre seguire la sua coscienza ed esaminarla attentamente in relazione a questi comandamenti". Affermarono che è molto importante seguire queste linee guida. È molto importante seguire ciò che il proprio insegnante spirituale dice, perché se ciecamente si pensa: "Sì, sento qualcosa" e si crede di essere nel giusto, senza aver chiesto al Maestro, può essere che invece vi state sbagliando! Come sapete che il vostro sentire è giusto? Il più delle volte le persone sentono cose solo in base a ciò che *loro* stesse vogliono. L'orgoglio e l'ego sono così forti che verrà messo al primo posto sempre ciò che si vuole. E in questo modo ciò che deve essere in realtà, resta nascosto. Il *Guru*, la guida spirituale, l'Insegnante, il Maestro, porterà tutti fuori dall'illusione, da tutta questa illusione, solo quando ci si abbandona completamente, perché se non ci si abbandona completamente al Maestro, se non ci si abbandona totalmente e non diventa docile all'insegnamento della guida spirituale, si resterà sempre nell'ignoranza.
C'era una volta una tigre femmina incinta che attaccò un gregge di pecore e nel momento in cui balzò sopra una di esse, diede alla luce un piccolo cucciolo di tigre. Quando partorì il tigrotto, la tigre morì all'istante. Cosa accadde? Il piccolo tigrotto crebbe insieme al gregge, divenne un'enorme tigre che però belava come le pecore e come loro mangiava l'erba. Un giorno, dalla foresta, balzò fuori una tigre e cominciò a correre verso il gregge. Correndo verso di

loro, questa notò che c'era un'altra tigre, che però, come le pecore, stava fuggendo da lei! La tigre si fermò e si chiese: "Che succede? Perché questa tigre fugge da me?" Così corse più veloce, balzò sopra la tigre che stava belando e chiese: "Cosa stai facendo?". L'altra tigre cominciò a pascolare come una pecora. La tigre della foresta esclamò: "Stai mangiando l'erba! Ma non sei una pecora! Sei una tigre come me! Non dovresti mangiare l'erba. Ecco, prendi questo prezzo di carne, mangialo!" L'altra tigre, che intanto stava mangiando l'erba disse: "No, no, no, non voglio!" Allora l'altra spinse il pezzo di carne dentro la sua bocca e quando questa sentì il sapore del sangue realizzò che non era una pecora, ma una tigre. Capite il senso che c'è dietro a questa storia? In questa illusione gli uomini credono di essere semplicemente esseri umani, mortali, e quando il Precettore, quando l'Insegnante arriva e dice: "Ehi, è tempo per voi di svegliarvi, ora!" la mente si ribella e dice: "No, no no! Io ho ragione, non Lui!" La mente dirà "Segui me", ma l'insegnante replicherà: "Tu non sei una pecora, sei una tigre!" Il Guru dirà: "Tu non sei solo umano, tu sei Divino e se vuoi realizzare ciò, segui me, segui i miei consigli". Ma fino a quando vorrete rimanere pecore, fino a quando vorrete rimanere solo semplici esseri umani, resterete solo quello. Solo quando ci si abbandona al Maestro, solo quando ci si arrende alla guida spirituale, si verrà guidati fuori da questa illusione. Ma se si vuole vivere dentro questa illusione, se si fugge dal Maestro spirituale, non si verrà disciplinati. Questo è il ruolo di un Maestro: servire i discepoli, servirli affinché essi possano raggiungere uno stato più elevato.

Oggi è il giorno in cui si onora il Maestro, vostra madre, vostro padre, il vostro insegnante a scuola, tutti gli insegnanti che avete seguito, poiché essi hanno svolto il loro compito. È come andare a scuola e passare attraverso stadi differenti fino a quando, alla fine, raggiungete l'università, e dopo l'università, potete andare a lavorare. Quando avete raggiunto l'università e avete terminato e superato i vostri esami, il mondo vi si schiude. Trovate buoni impieghi, trovate tutto. Allo stesso modo, quando raggiungete il Maestro che vi guiderà, l'Insegnante spirituale che vi condurrà fuori dall'ignoranza, fuori dall'illusione, Egli vi dirà, una volta che avrete superato il test: "Ora vai e lavora! Vai, porta questa luce, porta questo Amore, porta agli altri ciò che tu hai ottenuto, e aiutali". Questo avviene come sempre attraverso la Grazia del Maestro.

Solo quando inizierete a desiderare Dio, solo quando comincerete a volere Dio, Egli vi invierà la persona giusta. Egli vi manderà la guida spirituale che vi condurrà fuori da questa illusione. Quando sarete fuori da questa illusione, Egli si rivelerà. Quando tutti i segni dell'ignoranza, tutto l'orgoglio, tutto l'ego dentro di voi verranno eliminati, ciò che resterà sarà la resa al Divino, l'abbandono al Sé Superiore.

La scorsa settimana qualcuno mi ha chiesto di parlare del *brahmacharya*. Che sia un monaco o una monaca, [la parola] *brahmachari*, tradotta letteralmente, significa celibato. Questa è la traduzione ufficiale di *brahmacharya*. Ma in realtà i *Veda* danno un'altra spiegazione di *brahmachari*. *Brahmacharya* significa interiorità, non celibato. Il celibato è una parte di essa, ma il suo significato è interiorità. La parola *brahm-acharya* è composta da due parole: *brahm*, che vuol dire il *Sé Ultimo* e *acharya*, che significa *colui che vive dentro*. Quindi con *brahmacharya* si intende colui che è in sintonia, colui che vive nel Sé Ultimo, colui che vive per la realizzazione del proprio Vero Sé. Questo è un *brahmachari*.

Naturalmente il celibato è molto importante poiché è un modo per autodisciplinarsi. Vedete, fino a quando non c'è autodisciplina, si andrà sempre a sinistra, a destra, a sinistra, a destra, a sinistra, a destra, a sinistra, a destra.

Vi è autodisciplina quando dite: "Questo è il mio percorso e voglio portarlo a termine. Voglio Realizzare Dio, voglio Realizzare il mio Sé, voglio ottenere la Realizzazione del Sé" e vi dedicate a questo percorso. Che sia l'induismo, il cristianesimo o l'islamismo: tutti i sentieri sono la stessa cosa. Quando vi dedicate a un percorso e siete sicuri di quel percorso, raggiungerete l'obiettivo della vita. È così.

L'autodisciplina: l'autodisciplina nella vostra vita vi aiuterà a calmare la mente irrequieta, vi aiuterà a uscire da questa ignoranza. Se non si è disciplinati, se non si ha disciplina o autocontrollo dei sensi, cosa accade? Si rimane legati a questo mondo, si rimane attaccati a questa illusione. Come ho già detto, non è sbagliato essere nel mondo. Dio ha donato il mondo affinché gli uomini ne godano e ne traggano giovamento, tuttavia se ne deve essere distaccati. Si deve avere disciplina e riconoscere ciò che si può o non si può fare. Altrimenti, più fate cose che vi trascinano profondamente nell'illusione, tanto più sarete lontani dalla realtà. Ecco perché cantare il Nome di Dio può aiutarvi sul vostro sentiero, vi aiuta ad abbandonarvi, a calmare la mente. Quando cantate il Nome di Dio e chiedete a Dio: "Per favore, guidami", come ho detto prima, Egli vi manderà l'insegnante giusto di cui avete bisogno.

Il Signore Chaitanya Mahaprabhu, che visse nel quindicesimo secolo, cantava continuamente il Nome di Hari, cantava continuamente il Nome di Krishna, tuttavia nessuno Lo ascoltava, nessuno seguiva veramente ciò che Egli diceva. Pensavano che fosse matto, pensavano che Lui e Suo fratello fossero impazziti. Perciò sapete cosa fece? Disse alla gente: "Venite, amici miei!" Egli era consapevole che la gente aveva in mente solo il cibo e le donne, che l'uomo pensava solo al cibo e alle donne, perché sapete, in India la moglie ascolta sempre il marito, ma questo corre sempre dietro alle donne. Così Chaitanya Mahaprabhu diceva: "Mio caro amico, canta il Nome di Hari, canta il Nome di Krishna, canta il Nome di Dio e riceverai una ciotola di zuppa di pesce e sarai abbracciato dalle donne. Più canti il Nome di Dio, e più le donne ti abbracceranno e più riceverai zuppa di pesce da mangiare".

Erano tutti molto felici di sentire questo. La mente pensava: "Oh, avrò tanta zuppa e molte donne! Quindi cantiamo!" Così cominciarono a cantare il Nome di Hari, cominciarono a cantare il Nome di Dio. Naturalmente ricevettero la minestra: ottennero il nettare. La zuppa era il nettare, 'la zuppa' era la beatitudine che raggiunsero e 'le donne' furono la terra, poiché in questa Estasi Divina, in questo rapimento estatico, per questo intenso Amore, si rotolavano per terra. Nella resa, nell'abbandono, si rotolavano per terra.

> Quando veramente si lascia andare tutto e ci si abbandona, si ottiene tutto, si ottiene la cosa più importante, il motivo per cui si è venuti qui: si ottiene la Realizzazione del Sé, la Realizzazione di Dio, si risorge nell'Amore Divino.

Queste erano le donne, questo era l'abbraccio delle donne, della terra. Dunque vedete, talvolta il Maestro deve fare queste cose per portare il discepolo sulla retta via.

Come ho detto, non si può contestare. Quando qualcuno è un Maestro, Egli sa ciò che è meglio. Quindi ci si deve solo arrendere. Anche se la mente dice: "No, no, no!", è solo essendo umili, solo attraverso l'umiltà, solo rendendosi umili, mettendo da parte ciò che la vostra mente arrogante e orgogliosa dice, che potete veramente abbandonarvi. E quando vi sarete arresi, il Divino vi inonderà con il Suo Amore. Dio vi inonderà con la Sua Grazia e il Suo Amore e voi percepirete il Suo Amore continuamente, percepirete la Sua gioia continuamente – una gioia che non ha limiti, un Amore che non ha limiti.

E quando avrete Realizzato questo Amore, quando ne avrete fatto tesoro nel vostro cuore, quando ne avrete fatto tesoro in ogni parte del vostro corpo – nella vostra mente, nel vostro cuore, nella vostra anima - quando voi stessi sarete diventati maestri, voi stessi emanerete questo Amore, voi stessi diffonderete il Nome di Dio, poiché questo è ciò che accade con il Nome di Dio, questo è ciò che accade con l'Amore di Dio. Più possedete l'Amore di Dio, e più esso si espanderà; non riuscirete a contenerlo, il vostro cuore esploderà per permettergli di uscire. Ma più tenterete di rinchiuderlo, più tenterete di costruire una barriera intorno ad esso, e più la mente salterà di qua e di là e meno riuscirete ad abbandonarvi; avrete più problemi e vi accorgerete che siete molto lontani dal raggiungere [Dio], ben lontani dal conquistarLo.

Quando vedete qualcuno in Estasi Divina, dite: "Oh santo cielo, guarda questo qua. È matto!" Giudicate tutto ciò che vi circonda. La mente è così. Ma quando avrete Realizzato questo Amore, non ci sarà più differenza! Vedrete qualcuno piangere di gioia per Dio, vedrete qualcuno ridere di gioia per Dio, ma la vostra mente sarà silenziosa. La vostra mente non avrà alcun giudizio su nulla. Cristo disse: "Non giudicate e non sarete giudicati". Sino a quando si continuerà a giudicare, si sarà negativi e si coltiverà questa qualità di negatività.

Vi dico una cosa: in realtà fare questo non è una virtù cristiana. Se guardate la cristianità dei primi tempi, i santi si erano talmente abbandonati alla loro fede, avevano così tanta fiducia nella loro fede che per essa accettarono anche di morire. Non si ribellarono mai; sapevano che Dio era con loro e accettavano con gioia la morte. Si erano arresi al loro sentiero. E non fu solo in quel tempo, sapete; succede sempre. Per migliaia di anni è stato così e anche adesso è così. Si dice che ogni qual volta ce ne sia bisogno, Dio Stesso si manifesta come Maestro. Ho già spiegato prima le diverse incarnazioni del Divino ma si dice anche che, quando si diventa discepolo di un Maestro, un vero Maestro che ha superato tutte queste le cose e sa come guidare le persone fuori da ciò, ci si deve abbandonare. E per sapere se quello è l'Insegnante giusto, lo si deve sentire, si deve seguire il proprio cuore. E quando si segue il proprio cuore, ci si deve abbandonare completamente.

Oggigiorno ci sono molti insegnanti; c'è una moltitudine di maestri perché tutti vogliono divenire maestri. Come ho detto, tutti possono diventare maestri, tutti possono diventare guide spirituali, ma solo quando non ci sarà più ego, solo quando la guida, l'insegnante spirituale, realizza che egli è il servitore dei discepoli, il servo dei suoi devoti allora possiamo dire che egli è un vero *Guru*, egli è un vero Maestro. Ma fino a quando non si realizza ciò e si pensa: "Bene, Io sono un guru!" e molto orgogliosamente ci si pone in alto, scordatevelo! Non importa quanto grande possa essere l'insegnante, quanto famoso possa essere, quanti milioni di discepoli egli possa avere: se il maestro, se il capo stesso è corrotto, non funziona nulla. Così se l'insegnante stesso pensa e dice orgogliosamente: "Io sono tutto", non vi è umiltà. Il Maestro deve sempre pensare di essere il servitore.

Se mai diventerete un maestro, un insegnante, tenete sempre ciò in mente: voi siete il servitore del devoto. E *quali che siano* gli sbagli del discepolo, ne dovrete rendere conto a Dio. È responsabilità vostra, non del discepolo. A suo tempo Dio vi chiederà: "Ti ho mandato sulla Terra per guidare queste persone, ti ho mandato sulla terra per condurre questa gente [a Me], per far Realizzare queste persone, che cosa hai fatto?"

Cosa risponderà il maestro? Pensa bene, discepolo. Pensate bene gente! Scegliete un Maestro, un *Guru*, ma sappiate che non dovete ferire il *Guru*, non dovete contraddirlo, offenderlo, rattristarlo o cose simili. Questa è la relazione fra il discepolo e il *Guru*. In realtà è una relazione d'Amore: in questo rapporto il discepolo si arrende. È la stessa cosa di quando vi innamorate o, meglio mettiamola così, quando vi innalzate nell'Amore. Quando vi innamorate, cadete e vi rompete la testa!* [Gioco di parole non traducibile in italiano tra to *fall in love* – innamorarsi - tradotto letteralmente *cadere* *in amore* e *to fall* - cadere]. Il mondo costantemente si innamora e si disinnamora. Ma con l'Amore Divino, voi sorgete nell'Amore, poiché l'Amore Divino non significa cadere ma elevarsi. E questo è l'Amore che si coltiva quando ci si arrende a un Maestro, quando ci si arrende a un *Guru*; si coltiva questo Amore Divino che ci fa elevare dall'umano al Divino.

Quando tra tutti i guru trovate il vostro Insegnante Spirituale, quando vi abbandonate completamente al vostro Maestro, Egli diventa tutto per voi. Il Maestro diventa la madre – ed Egli riverserà su di voi l'Amore di una madre. Egli diventa il padre – Egli vi disciplinerà. Il Maestro diviene qualsiasi cosa. Poi il mondo muore, ed Egli diventa il mondo. Il Maestro diventa il sentiero.

Ecco perché negli *ashrams*, nei monasteri, si lascia andare tutto. Si lascia andare la famiglia, i figli, il marito, la moglie, la madre, il padre, e si vive per Dio. È la stessa cosa in tutto il mondo. Nella *Gita* trovate qualcosa di simile quando Krishna spiega che per Realizzare Dio, per Realizzare chi si è in Realtà, si deve lasciare andare tutto. Cristo disse: sono venuto non per portare la pace ma per separare la figlia dalla madre. Sono venuto per separare il padre dal figlio, cosicché non si rimanga attaccati, affinché ci si distacchi e si Realizzi chi è il vero Padre e chi è la vera Madre. Altrimenti si resta sempre nell'illusione.

Quando si entra nella vita spirituale, si dice sempre: "Oh santo cielo, devo lasciare questo, devo lasciare quello. Ci sono così tante cose da lasciar andare, è così seccante; è troppo!" E invece quando veramente si lascia andare tutto e ci si abbandona, si ottiene tutto, si ottiene la cosa più importante, il motivo per cui si è venuti qui: si ottiene la Realizzazione del Sé, la Realizzazione di Dio, si risorge nell'Amore Divino.

Se siete su un percorso spirituale questo dovrebbe essere il vostro obiettivo finale: avere la Realizzazione del Sé, Realizzare continuamente dentro di voi l'Amore di Dio. E tutte le volte che la vostra mente, la vostra mente agitata salta di qua e di là, calmatela cantando il Nome di Dio. Egli ha milioni di Nomi; Egli ha migliaia di Nomi, quindi cantate! Cantante il Suo Nome. Cantate e ballate in estasi. E quando cantate, sentiteLo vicino a voi. Non sedete e semplicemente cantate, perché diventa noioso. Se vi sedete solo per cantare, lo farete per una settimana, due settimane, un mese, due mesi forse, poi smetterete, perché quando vi sedete e cantate soltanto, iniziate ad aspettarvi qualcosa. Quindi continuate a cantare qualsiasi cosa stiate facendo. Quando camminate, quando lavorate, quando fate la doccia, cantate! Quanto più canterete, tanto più la mente si sposterà dall'irreale al Reale.

L'OCEANO, LA BARCA E IL BARCAIOLO

Ritiro durante il Guru Purnima,
Steffenshof, Germania, 29 luglio 2007

Molto spesso gli uomini hanno un atteggiamento arrogante. Pensano sempre di sapere più degli altri. Parlano sempre a voce alta di ciò che conoscono poco. Si dice che colui che parla poco sa molto, mentre colui che parla molto sa poco. È vero. Vedete, quando le persone non sanno un granché, vogliono essere ascoltate e così alzano la voce. Tuttavia se osservate un Maestro, se osservate una guida spirituale, noterete che parlano quando devono parlare, ma la maggior parte del tempo restano in silenzio. Come ho spiegato questa mattina, essi analizzano tutto e hanno una soluzione per ogni cosa perché *solo* nella quiete si trova una soluzione.

Le soluzioni sono già qua, ma la mente è troppo occupata per vederle. Quando avete un problema, cercate una soluzione. Continuate a cercare, cercare, cercare, lottate e ci perdete la testa, ma alla fine, quando dite: "Ne ho abbastanza!" scoprite che la soluzione era già lì, ma non riuscivate a vederla. Perché non riuscivate a vederla? Perché la vostra mente era indaffarata, era troppo attiva. Quando la mente è così attiva, come in questo caso, si pensa sempre di saperne di più, anche quando non si sa molto.

E quindi dov'è la qualità dell'umiltà? Dov'è la qualità dell'obbedienza? Dov'è la qualità dell'abbandono? Dov'è la qualità dell'Amore? Non ci sono. Ecco perché talvolta si sente di alcuni Maestri che sono molto, molto severi con i discepoli. Come ho detto stamattina, quando desiderate Dio, Dio vi manderà il Maestro. E se desiderate

Dio, ma avete molto lavoro da fare su voi stessi, naturalmente avrete bisogno di un Maestro che sia affilato come una freccia per mettervi al vostro posto, altrimenti voi non [lo farete].

A proposito dell'obbedienza, come vi ho detto, i santi affermano che serve per piegare il proprio orgoglio e il proprio ego. Finché uno non impara l'obbedienza, fantasticherà su molte cose; fantasie della mente su come porsi molto in alto, anche se non lo si è, su come far sembrare qualcuno più importante. Ma più si pensa di essere importanti, di essere più importanti degli altri, più ci si allontana dalla realtà, ci si allontana dal sentiero, ci si allontana dalla vera identità, poiché la vostra vera identità è l'umiltà.

Dio si manifesta per insegnare l'umiltà. Come vi ho detto, ci sono tantissime manifestazioni di Dio. Per esempio prendiamo Gesù: Egli si è reso così umile! Potete vedere quanto Egli fosse umile: era sempre con la gente, era sempre lì, pronto ad aiutare, ad aiutare anche coloro che non Lo ascoltavano, coloro che andavano da Lui solo per i miracoli, per essere guariti e per assistere ai miracoli. Ma questo non era il Suo scopo. Il Suo fine era quello di infondere Amore ed Egli lo dimostrò – mostrò quanta umiltà Egli avesse lavando i piedi dei Suoi discepoli, arrendendosi al Volere di Dio quando fu crocifisso.

Si può vedere la stessa umiltà nel *Mahabharata*, quando Krishna accettò di essere cocchiere del carro. Vi racconterò una parte della storia cosicché possiate capire meglio perché Krishna fu dalla parte di Arjuna e non di Duryodhana. Quando il Signore Krishna andò da Duryodhana, dai Kaurava, e disse loro: "Se non accetterete Arjuna e i suoi fratelli come vostri fratelli e non gli darete metà del regno, ci sarà di sicuro una guerra", Duryodhana, che era molto egoista e molto orgoglioso, rispose: "Noi non cediamo nulla. Piuttosto combattiamo!"

Quando arrivò il tempo della guerra, si dovette decidere da che parte sarebbe stato Krishna, se con i Kaurava o con i Pandava. I

Pandava erano Arjuna e i suoi fratelli. I Kaurava erano Duryodhana e la sua famiglia, i cattivi. Così, Arjuna per i Pandava e Duryodhana per i Kaurava andarono da Krishna e Krishna disse loro: "Ascoltate, so perché siete qui, ma sappiate una cosa: Io non combatterò in questa guerra. Non starò dalla parte di nessuno. Sono pronto a dare 30.000 dei miei soldati a uno di voi e per l'altro verrò Io stesso. Se uno di voi vorrà Me, Io verrò, ma solo come auriga. Verrò solo per condurre il carro. Io sarò il cocchiere". Quando Duryodhana sentì che Krishna non sarebbe venuto per combattere, ma che sarebbe stato solo il conduttore del carro, disse: "No, no, no, no! Va con Arjuna e dammi 30.000 uomini, 30.000 dei tuoi soldati. È meglio". Così prese i 30.000 soldati. Aveva dimenticato che Krishna è Dio.

Questo è ciò che facciamo ogni giorno nella nostra vita. Preferiamo scegliere qualcosa che è opposto al nostro percorso; preferiamo scegliere qualcosa che ci renderà infelici piuttosto che qualcosa che ci renderà felici. Così Arjuna scelse Krishna come cocchiere e, naturalmente, dove c'è Krishna c'è vittoria. Quando si cammina sul sentiero giusto, c'è sempre vittoria. Quando uno percorre il retto cammino, per giusta ragione Dio sarà sempre al suo fianco. Krishna si rese umile e divenne l'auriga di Arjuna, dalla parte dei Pandava; e naturalmente vinsero.

Alla fine della guerra, la madre dei Kaurava andò da Krishna e lo maledisse. Egli accettò felicemente! Pur essendo un'Incarnazione Divina, Krishna accettò la maledizione di Gandhari, la madre di Duryodhana, poiché ella disse: "Tu sei il Signore dell'Universo, tu sai tutto. Tu avresti potuto fermare ogni cosa, tuttavia, poiché è il tuo gioco, hai lasciato che tutto accadesse! Dato che il mio cuore di madre sta soffrendo, io ti maledico". E Krishna rispose: "Va bene, lo accetto".

Ciò che i grandi Maestri, i *Paramguru* – i *Jagatguru* – ci insegnano è che solo arrendendosi umilmente al proprio Maestro, alla propria guida spirituale, ci si libererà dalla sofferenza. Proprio come stavamo cantando prima – *Sat Ki Nava Kevatiya Bhava Sagara Tara Ayo* – che significa: in questa illusione, in questo mondo di *Maya*, in questo oceano di illusione, siamo tutti passeggeri di una barca e il barcaiolo è il *Satguru*. Il barcaiolo conosce la rotta. Solo la guida spirituale conosce la via per uscire dal *Bhava Sagara*, per uscire da questo oceano di illusione; lui conosce il sentiero che conduce alla liberazione. Quando vi terrete stretti alla vostra guida spirituale, quando vi terrete stretti al vostro *Satguru*, Egli vi condurrà alla Realizzazione del Sé.

Questa mattina ho anche detto che non pensiate che il Maestro, il *Satguru*, abbia bisogno di qualcosa da qualcuno. Loro hanno tutto: hanno Realizzato Dio. L'unica cosa che vogliono è che tutti voi Realizziate Dio. Essi si rendono umili diventando vostri servitori, per servirvi e per innalzarvi, cosicché possiate tenere la mano di Dio, affinché possiate Realizzare il Divino. Ma, al giorno d'oggi, spesso, quando il *Satguru* dice qualcosa, naturalmente, Lo si deve contraddire!

Una volta un uomo si recò dal suo *Satguru* e il *Satguru* gli disse: "Mio caro, è ora tempo che rinunci al mondo e ti dedichi completamente alla Realizzazione del Sé e Realizzi Dio. Io ti aiuterò". L'uomo guardò il *Satguru* come se questo fosse impazzito e disse: "Ma Guruji, lo sai, ho una bella moglie, ho due bei bambini, certo, essi sono cresciuti ma c'è mia madre, mio padre, i miei amici, quindi non posso perché tutti loro mi amano tanto! Loro mi dimostrano così tanto il loro amore!". Il *Satguru* disse: "Ma caro figlio mio, tutto ciò che tu vedi è solo illusione, non è reale". Ma il discepolo continuò: "Ma Guruji, il loro amore è così reale. Posso sentirlo, loro mi amano così tanto!" Il *Guru* lo guardò e pensò: "Mio Dio, che testa dura, che osso duro". Così disse: "Va bene, ecco alcune pastiglie che ho fatto io. Prendine una. Non morirai, perché non è veleno, ma entrerai in uno stato di completo rilassamento. Sarai in uno stato di sonno, ma la tua coscienza funzionerà. Potrai sentire tutti, percepirai ciò che stanno facendo intorno a te, ma non sarai in grado di reagire. Sarai completamente paralizzato, come morto e finché io non sarò a casa tua, tu non potrai rialzarti". Il discepolo disse: "Va bene, proverò e ti aspetterò". Venne il giorno, l'uomo prese la pastiglia, si coricò nel suo letto e naturalmente non poteva muoversi. Non riusciva a fare nessun movimento – anche il respiro era ridotto al minimo.

Era steso sul letto e dormiva e quando sua moglie lo chiamò egli non reagì. Così la moglie si avvicinò, lo guardò e lo chiamò: "Swami, svegliati!" (In India le mogli chiamano così il loro marito!) Ma lui non si svegliò e la moglie, pensando che fosse morto, cominciò a urlare e a tirarsi i capelli, gettandosi sul corpo del marito, strillando, piangendo e gemendo.

I bambini irruppero: "Mamma, cos'è successo?" "Vostro padre ci ha lasciato! Sono diventata vedova; voi siete diventati orfani!" Si versarono molte lacrime, la madre [dell'uomo] arrivò, tutti i vicini si precipitarono da ogni dove. Alla fine uno dei vicini disse: "Fammi vedere se è morto". Controllò il polso e disse: "No, non è morto!" La moglie disse, "Noooo, è morto!"

Nello stesso momento arrivò il *Guru* che chiese: "Perché state piangendo, miei cari figlioli?" La moglie rispose: "Lui ci ha lasciato! È morto!" Allora il *Satguru* disse: "Ascolta. Io ho una pastiglia. Se la prenderai, egli vivrà, ma tu morirai al suo posto". Tutti loro, che piangendo mostravano tutto il loro amore per lui, quando udirono che la pastiglia gli avrebbe ridato la vita, furono molto felici. Ma nel momento in cui sentirono che la persona che avrebbe preso la pastiglia sarebbe morta, smisero subito di piangere. La moglie, che stava piangendo copiosamente, si fermò all'istante e rimase zitta.

Quindi il *Guru* le disse: "Tu che stavi piangendo e ti stavi lamentando così tanto. Questa è un'espressione del tuo amore: prendi dunque la pastiglia e tuo marito vivrà!" La moglie disse: "No, no, no Guruji. Lui è morto, è morto; lascia che sia così". Allora *Guruji* si rivolse alla madre: "Questo è tuo figlio, no? Prendi tu la pastiglia". La madre disse "Io? Guarda, io sono già vecchia! Perché dovrei prendere io la pastiglia? Molto presto morirò a mia volta. Fammi godere [la vita] un po' più a lungo. Lui è morto; lascia che sia così". Fu la stessa cosa con suo padre, come con i bambini. Tutti si rifiutarono; tutti avevano qualcosa di cui godere! Allora il *Guru* si avvicinò al discepolo, prese una brocca d'acqua, gettò un po' dell'acqua su di lui e disse: "Alzati!" Il discepolo si alzò e senza dire una sola parola alla famiglia, disse: "Guruji, prendimi. Andiamo". Ecco, avete visto quanto amore avevano per lui?

Cristo disse: per vero Amore donate felicemente anche la vostra vita. Se vi è vero Amore per qualcuno, per questa persona si può rinunciare alla propria vita. E per il Maestro è così. Un Maestro può sacrificare la propria vita per il proprio discepolo. Egli farà qualsiasi cosa per salvare il proprio discepolo, ma la gente va avanti ciecamente. Le persone sono come ciechi. Pensano di sapere tutto e parlano a voce alta riguardo a grandi, grandi cose; ma in realtà è solo domandando, è solo arrendendosi al Maestro che si sarà veramente liberi.

C'erano una volta cinque uomini ciechi. Tutti i giorni sedevano sotto un albero e parlavano, parlavano, parlavano. Un giorno, poiché faceva molto caldo, arrivò un enorme elefante e si mise sotto l'albero. Anche se erano ciechi poterono sentire che qualcun altro era arrivato. Così tutti e cinque si alzarono e cominciarono a girare intorno. Potevano sentire che c'era qualcosa di fronte a loro. Il primo disse: "Cos'è? È un enorme muro fatto di fango, tuttavia non capisco, come ha fatto ad arrivare fin qua?" Il secondo stava toccando la zanna. Sentendola, disse: "Oh, ci sono due lance fatte di avorio". Il terzo stava tenendo la coda da dietro e disse: "No, no, no, sbagli. Questa è una corda, una grande, enorme corda". Il quarto stava tenendo la proboscide dell'elefante e disse: "No, no, no, non è niente di tutto ciò che avete detto. Questo è un serpente che penzola dall'albero". E il quinto disse: "No vi state sbagliando! Questo è il tronco di un albero".

Così ci fu una grande discussione, litigavano e ciascuno dichiarava: "Io ho ragione, io ho ragione, io ho ragione!" In quel momento passò di lì un ragazzo. Li guardò e chiedendosi come mai stessero litigando, disse: "Per cosa state litigando? Perché siete tutti attaccati in questo modo a questo elefante?" Quando questi udirono 'un elefante' rimasero tutti sciocсati ed esclamarono: "Un elefante!" Dopo un po' di tempo, quando il ragazzo se ne fu andato, il primo disse: "Non siamo solo ciechi, siamo anche stupidi!" Il secondo disse: "No, no. Ero un po' confuso quando ho detto ciò che pensavo". E il terzo disse: "Io avevo pensato che fosse qualcosa del genere, ma non l'ho detto". Così il quarto disse: "Bene, tutti noi stavamo solo dicendo a voce alta tutto quello che ci passava per la mente". E il quinto disse: "Sapete, mi sento così sciocco. Avremmo potuto semplicemente chiedere a qualcuno e sarebbe stato molto più veloce".

Allo stesso modo l'umanità è cieca riguardo alla Realizzazione di Dio. Solo qualcuno che ha Realizzato il Divino può realmente guidarvi. Solo qualcuno che conosce il sentiero può veramente condurvi. Altrimenti sarete come questi uomini ciechi, toccherete tutto, a destra e a sinistra, e ciò non vi condurrà da nessuna parte. Basta chiedere, basta abbandonarsi.

GLOSSARIO

Abbandono: il significato, assunto nella spiritualità, è quello di affidarsi completamente a Dio. Sri Swami Vishwananda dice: " (...) abbandonarsi significa dire a Dio, 'Signore, dono corpo, mente e anima completamente a Te'. (...) il completo abbandono avviene quando Dio può fare di voi ciò che vuole, ogni volta che vuole, come vuole. E per questo non dovete avere paura, sapete, dovete solo donarvi. Chi è il vostro Sé in realtà? É solo Lui! Nella Gita, Krishna dice: Io sono tutto". (Darshan a Lisbona, Portogallo, 12 Aprile 2008)

Abhayahasta: *Abhaya* significa supportare e *hasta* significa mano; è un gesto di incoraggiamento. Sri Swami Vishwananda dice: è "una benedizione che si riceve dal Guru ... Andate dal Maestro, chinate il capo, offrite il *sahasrara (chakra della corona)* e il Maestro vi tocca sulla testa. Egli vi dà la benedizione che significa non preoccupatevi, il Divino si prenderà cura di tutto". (Gurupurnima, Shree Peetha Nilaya 25 luglio 2010)

Amrita: il nettare dell'immortalità che emerse dalla zangolatura dell'oceano di latte. (vedi zangolatura dell'Oceano di Latte)

Asana: postura fisica o posizione, eseguita quale parte di una pratica spirituale chiamata Yoga.

Asura: Demone *(a-sura = senza luce)*

Arjuna: eroe della guerra *Mahabharata* descritta nella Bhagavad Gita; arciere del carro su cui si trovava Sri Krishna, il quale si abbassò a far da cocchiere ad Arjuna e a istruirlo riguardo al suo *dharma* e al *Bhakti* Yoga.

Atma: l'Anima che è suprema e supercosciente; l'anima individuale, conosciuta come l'entità vivente; Jivatma.

Atman: Il Sé individuale o l'anima eterna; il vero Sé.

Atma Kriya Yoga: *Atma* significa Sé, *Kri* significa azione e *ya* significa coscienza: una serie di tecniche yogiche trasmesse da Mahavatar Kriya Babaji al suo discepolo, Sri Swami Vishwananda, il quale le ha date al mondo per aiutare ciascuno a realizzare il proprio vero Sé: Amore Divino. Le tecniche di questo sistema Kriya comprendono japa, meditazione, mudra, pranayama, la tecnica dell'OM Healing, asana.

Auto-realizzazione: significa trascendere l'errata identificazione con la mente e il corpo che si verifica al momento dell'incarnazione dell'*Atma* qui in *Maya* e diventare consapevoli della propria vera natura; Unione con il Divino.

Balaram: il fratello maggiore di Sri Krishna che si incarnò in grembo alla prima moglie di Vasudeva, Rohini, con grande sorpresa di quest'ultima vista l'età non più fertile. La sua forza era tale che in tenera età, con una mano sola, uccise il grande demone Asuradhenuka che aveva la forma di un asino.

Battesimo: il battesimo è un sacramento (sacro segreto) comune a tutte le tradizioni cristiane. Universalmente praticato nelle tradizioni religiose, venne associato, dai primi movimenti cristiani, al battesimo dato da Giovanni detto il Battista o il Battezzatore a Gesù il Nazzareno. Gesù assegnò successivamente un grande compito alla sua Chiesa: "Andate in tutto il mondo a predicare il vangelo e battezzate nel nome del Padre, del Figlio e dello Spirito Santo". (Matteo 28:19)[1]

Bhagavad Gita: la Gita si definisce, con le sue stesse parole, come: "la scrittura dello Yoga e della realizzazione del Divino" (bhramavidyayam yogashastre). *Bhagavad Gita* significa *Canto dello Spirito* (...) e consiste in 700 versi nei quali l'intento di Bhagavan Krishna nel suo dialogo con Arjuna è quello di "aver ragione sulle usurpanti forze psicologiche del limitante ego fisico e dell'ignoranza materiale nel reclamare l'eterna identità spirituale dell'unità con lo Spirito". [2]

Bharata: secondo fratello del Signore Rama. La madre di Bharata voleva far governare il figlio al posto del Signore Rama, e a causa di una promessa fattale, il padre dei due a malincuore soddisfò tale desiderio. Bharata scoprì la cosa al suo ritorno ad Ayodhya e mortificato tentò di convincere (inutilmente) suo fratello, devoto al *Dharma*, a ritornare dall'esilio nella foresta, al suo legittimo ruolo ad Ayodhya.

Brahman: secondo i vedantini, il *Brahman* è contemporaneamente la causa efficiente e materiale dell'Universo visibile, l'anima e lo spirito che pervade tutto l'Universo, l'essenza dalla quale tutte le cose create sono state prodotte e nella quale vengono tutte assorbite nella dissoluzione. Il *Brahman* non è generalmente oggetto di culto, ma, piuttosto, è oggetto di meditazione e il suo raggiungimento è l'ultimo scopo della conoscenza. [3]

Bibbia: una raccolta di scritti che comprende i principali insegnamenti cristiani.

Buddhismo tibetano: una forma di Buddhismo il cui Buddha principale è Padmasambhava.

Buddhismo Zen: una forma di Buddhismo molto praticato in Giappone che comprende l'incorporazione del Taoismo.

Buddhismo: religione o filosofia fondata sugli insegnamenti del maestro indiano Siddhārtha Gautama.

Chakra: Chakra = ruota. "I sette centri di forza vitale e consapevolezza nella colonna vertebrale e nel cervello che mantiene vivo il corpo fisico e astrale dell'uomo. I sette centri sono entrate e uscite divine attraverso le quali l'anima è discesa nel corpo e attraverso le quali l'anima ascende nuovamente attraverso la meditazione. L'anima raggiunge la consapevolezza cosmica attraverso sette stadi consecutivi. Attraverso la consapevole ascesa attraverso i sette centri cerebro spinali aperti e risvegliati inizia il percorso verso l'infinito – il vero percorso che conduce infine alla confluenza con Dio".

Canto: ripetizione di un mantra o del nome Divino.

Cristianità: religione i cui seguaci considerano Gesù come il Cristo, il Figlio di Dio.

Darshan: letteralmente *vista* o *visione*. *Darshan* è la visione di un santo così come la benedizione che si riceve da tale vista.

GLOSSARIO

Devi/Deva: (talvolta definito semi-Dio) letteralmente, splendente. Un essere divino, celestiale.[3]

Devaki: madre di Bhagavan Krishna e moglie di Vasudeva (vedi Vasudeva), che fece molta tapasya (penitenza) per ottenere la benedizione di essere la madre di Sri Krishna. Sri Swami Vishwananda ha detto: "(...) Narayana (...) scelse il momento giusto e si manifestò nel grembo di Devaki. (...) in una delle loro incarnazioni precedenti, dopo la scomparsa di Rama, Devaki e Vasudeva erano stati un re e una regina con il grande desiderio di avere Dio come figlio. Avevano fatto penitenza per migliaia di anni e Mahavishnu, soddisfatto di loro, aveva promesso: "Ovunque mi incarnerò la prossima volta, sarà attraverso di voi". (*Krishna Janmashtami*, Shree Peetha Nilaya, Springen, Germania, 13 agosto 2009)

Devoto: persona che si dona ardentemente (devotamente) a un Guru o a un Maestro.

Dhanvantari: nella tradizione *indù*, una incarnazione di *Narayana*. Appare nei Veda e *Purana* quale medico degli Dei (Deva) e donatore della medicina *ayurvedica*.

Dharma: le eterne regole della rettitudine che sostengono l'intero universo; l'innato compito dell'uomo di vivere in armonia con questi principi.[4]

Discepolo: devoto che è completamente abbandonato al suo/a Guru.

Draupati: La moglie dei cinque Pandava (vedi *Mahabharata*).

Durga Devi: *Durga* in sanscrito significa "colei che è incomprensibile o difficile da raggiungere". La Dea Durga è una forma della Shakti venerata tanto per la sua benevolenza che per il suo aspetto terrificante. Madre dell'universo, rappresenta l'infinito potere dell'universo ed è simbolo del dinamismo femminile. Si dice che la manifestazione della Dea Durga sia sorta dalla Sua essenza priva di forma e che i due aspetti siano inseparabili. Durga, bellissima guerriera seduta su di una tigre, fu la prima apparizione della grande dea. La circostanza del suo miracoloso arrivo fu dettata dalla tirannia del mostruoso demone Mahishasur, che aveva acquisito una forza invincibile attraverso la pratica di terrificanti austerità. Gli Dei temevano questa sua trasformazione nella forma di bufalo d'acqua, perché né Vishnu né Shiva avevano il potere di prevalere su di lui. Sembrava che solo l'energia congiunta di Shakti fosse in grado di sconfiggere Mahisha, e così fu Durga, armata di diciotto braccia, che si recò in battaglia.

Duryodhana: il più anziano dei fratelli Kauravan, nemico dei fratelli Pandava nella guerra narrata nel *Mahabharata*.

Gadha: mace

Ganesha: Il figlio di Parvati con la testa di elefante, colui rimuove gli ostacoli; Signore (Pati) dei Ganas (spiriti che accompagnano sempre Shiva); Dio di saggezza; accorda successo spirituale e materiale nella vita. Nelle puja e yajna è venerato per primo ed è così conosciuto come Adideva, il primo Dio.

Gesù: figlio di Dio, Cristo, che venne per redimere il mondo e per guardare a esso in modo nuovo.

GLOSSARIO

Giudaismo: religione i cui principali insegnamenti si fondano sulla Torah e i cui devoti, gli ebrei, sono discendenti di Abramo.

Gopi/gopa: "le compagne e i compagni d'infanzia di Bhagavan Krishna, che con Lui si prendevano cura delle mandrie di mucche del villaggio nella selva di Vrindavan e che condividevano con Lui la purezza dell'Amore divino e amicizia che non viene intaccato da pulsioni carnali o desideri".

Guru: *Gu* significa oscurità e *ru* significa la rimozione; l'insegnante, il Maestro Spirituale che dissipa l'oscurità (ignoranza) della mente (ego/personalità).

Hari, Signore: *(Om) yam brahma vedante-vido vadati, pare pradhanam purusham tathanye, vishvodgateh karanam ishvaram va, tasmai namo vighna-vinashaya* significa omaggio a Lui, che è il distruttore di tutti gli ostacoli, che i conoscitori del Vedanta descrivono come il Supremo Brahman, e che altri descrivono come il *pradhana*, o totalità di elementi terreni. Alcuni lo descrivono come il Signore Supremo e la causa della creazione dell'Universo". (Vishnu Purana)

Hanuman: Sri Swami Vishwananda ha detto di Hanuman: "Hanuman è considerato il modello della *bhakti*. ... come sapete, Hanuman è un'incarnazione di Shiva. Quando Rama discese, tutte le divinità si manifestarono sotto forma di scimmie – *Varana Sena*. Hanuman stesso è Shiva. ... Sapete, Hanuman è considerato l'oceano di Saggezza ..." (*Hanuman Jayanti*, Shree Peetha Nilaya, Springen, Germany, 30 Marzo 2010)

Hiranyakashipu: Hiranya = oro, Kashipu = soffici piume o letto; colui che ama l'oro e i letti soffici. È un demone (*asura*) che fu ucciso

317

da *Narayana* nella Sua incarnazione come *Narasimha* (uomo-leone) e che era il padre di Prahlad.

Holika: "Holika è la sorella di *Hiranyakashipu* ... era stata benedetta dal dono di uno scialle come risultato di una sua penitenza durata molti anni: questo scialle, quando indossato, l'avrebbe protetta dal fuoco che non avrebbe potuto bruciarla".* Provò a usare lo scialle per proteggersi dal fuoco nel tentativo di bruciare Prahlad per conto di suo fratello. * (Sri Swami Vishwananda, *Gaura Purnima* a Shree Peetha Nilaya, Springen, Germania, 2 marzo 2010)

Hrdaya Mudra: *Hrdaya* significa cuore; è un *mudra* che aiuta ad aprire il cuore (vedi *Mudra*).

Incarnazione: quando una Divinità o un'anima prende forma sulla terra.

Induismo: con circa 900 milioni di adepti (più del 13% della popolazione mondiale) l'induismo è, dopo il cristianesimo e l'Islam, la terza religione del mondo in ordine di grandezza e ha origine in India. I fedeli sono chiamati Indù. L'induismo è composto da diverse correnti che si influenzano e talvolta si sovrappongono tra loro, ma che hanno differenze nelle Sacre Scritture, nei dogma, nelle Divinità e nei rituali.

Islam: religione nella quale c'è un unico Dio, Allah, e nella quale Mohammad è considerato il principale profeta o Santo.

Japa Mala: Japa significa cantare il nome di Dio o un mantra. Un mala è generalmente una collana con 108 grani usata per contare il numero delle recitazioni e raccoglie le vibrazioni prodotte dal canto dei sacri mantra del nome di Dio; diventa quindi fonte di cura e dovrebbe essere sempre conservato in un sacchettino porta Mala.

GLOSSARIO

Jaya: vittoria, saluto.

Jivan Mukta: *Mukti* vuol dire liberazione; un saggio liberato che vive nel mondo ma non è del mondo.

Kalash Puja: una *kalash* è un recipiente di rame e *puja* significa venerazione o rituale in onore degli Dei; una noce di cocco viene posta in cima alla *kalash* durante il rituale a rappresentare il cuore della Divinità; la *kalash*, rappresenta anche la perfezione del cuore dei devoti.

Kalki Avatara: la futura decima incarnazione di Maha Vishnu nella forma di un cavaliere su un cavallo bianco con il compito di ristabilire il *Dharma*. Arriverà per porre fine alla presente epoca di oscurità e distruzione conosciuta come Kali Yuga. Il nome Kalki è spesso una metafora di eternità o tempo. Ulteriori significati sono distruttore dell'oscenità, distruttore della confusione, distruttore dell'oscurità o annientatore dell'ignoranza.

Kali Ma: Kali, la Madre Scura, è una divinità per la quale i devoti hanno un amore e un legame molto forte, a dispetto del suo aspetto spaventoso. In questa relazione, l'adoratore diventa un bimbo e Kali assume la forma della Madre sempre premurosa. Kali è la forma terribile e feroce della Madre Divina. Assunse la forma di una potente dea e divenne popolare con la composizione del Devi Mahatmya, un testo del 5° - 6° secolo DC.

Kamsa: fratello di Devaki (vedi *Devaki*) che imprigionò lei e Vasudeva (vedi *Vasudeva*), suo marito, "poiché un *Akashvani*, un messaggio celeste, aveva rivelato a Kansa che l'ottavo figlio di Devaki lo avrebbe ucciso". (Sri Swami Vishwananda, *Krishna Janmashtami*, Shree Peetha Nilaya, Springen, Germania, 13 agosto 2009.)

Karma: dal sanscrito *kri=fare*. Effetti di precedenti azioni di questa o precedenti vite, la legge di redenzione dal *karma* è, secondo le scritture dell'induismo, la legge di azione e reazione, di causa ed effetto, di semina e raccolto. La giustizia naturale comporta che ogni essere umano diventa il creatore della propria sorte attraverso le proprie azioni e pensieri.[4]

Kaurava: discendenti di Kuru; si riferisce ai discendenti del leggendario re Kuru che era il progenitore dei protagonisti della guerra narrata nel Mahabharata (vedi *Mahabharata*).

Kirtan: canto devozionale, cantare i Nomi e la gloria Dio.

Krishna: Krishna è l'ottava incarnazione di Narayana e nacque nel Dvapara Yuga. È l'incarnazione dell'Amore e della Gioia Divina che distrugge tutte le pene e i peccati. È il protettore delle sacre espressioni. È lo stimolatore di tutte le forme della conoscenza e nasce per instaurare la religione dell'Amore. Sri Swami Vishwananda ha detto di Sri Krishna: "(...) la più bella incarnazione del Divino (...) è Sri Krishna. Il Nome Krishna: già solo pronunciando questo bellissimo nome, si risveglia la pace e l'amore. Il nome significa - Colui che attrae tutti. Krishna è colui che distrugge tutti i peccati, che pulisce e purifica tutti. In realtà, la Sua vita è in sé un mistero. È uno dei più grandi misteri, poiché la Sua vita ha a che fare con la nostra vita spirituale, per arrivare a Lui". (Krishna retreat, Los Angeles, California, USA, Dicembre 2007)

Kurma: (letteralmente tartaruga) è considerata nell'*Induismo* la secondo incarnazione di *Narayana*. Secondo diversi *Purana*, i vecchi testi dei *Devas*, Maha Vishnu, dopo la sua incarnazione nella forma di un pesce (*Matsya*), si incarnò nella forma di una tartaruga. Kurma sollevò fuori dal mistico oceano di latte la montagna Mandara durante la zangolatura da parte dei *Deva* e degli *Asura* alla ricerca dell'*Amrita*.

Lakshmana: Lakshmana è il fratello gemello di Shatrughna e il terzo fratello del Signore *Rama*. Nelle scritture *Purana* Lakshmana è descritto come l'incarnazione di Anata Shesha, il Naga dalle mille teste, sopra il quale riposa il Signore *Narayana* nel primordiale oceano di latte, Kshirasagara. É considerato l'eterno compagno di Vishnu in ogni incarnazione.

Lakshmi: la consorte di Narayana; la Dea della ricchezza e della prosperità, della buona fortuna e dell'abbondanza spirituale.

Lakshmi/Narayana: Come Shakti/Shiva, sono un'espressione dei principi divini del femminile e maschile; Narayana è colui che pervade tutte le cose. Letteralmente, Dio nell'umanità.

Lanka: Sri Lanka, ex Ceylon, dove il demone *Ravana* portò *Sita* dopo averla rapita al Signore Rama.

Lila: gioco divino; il gioco cosmico; il concetto che la creazione sia un gioco del Divino, che esiste unicamente per il solo piacere in se stesso.

Madre Divina: nell'induismo Devi corrisponde alla Madre Divina. Il nome significa Dea. Tutte le Dee indù possono essere viste come diverse manifestazioni di Devi. In alcune forme è benevola e gentile, mentre in altre forme è potente e feroce, ma in tutte le forme è sempre di sostegno ai suoi devoti. Il principale testo sacro adorato dagli indù è il *Devi Mahatmyam* (anche conosciuto come *Chandi Path* e *Durga Saptashati),* nel quale una allegorica narrazione della forza avvolgente di *Maya* e dell'ego è rappresentata attraverso storie devozionali della Madre Divina che uccide i demoni che affliggono il mondo.

Madre Ganga: il nome *Ganga* appare solo due volte nei *Rig Veda*; fu solo più tardi che Ganga assunse grande importanza come divinità. Secondo i *Vishnu Purana*, Ganga fu creata dalla traspirazione dei Piedi di Loto del Signore Vishnu. Così, venne chiamata anche *Vishnupadi* – colei che sgorga dai piedi di Vishnu. Secondo il *Devi Bhagavata Purana*, Vishnu ha tre mogli, che continuano a litigare tra loro, cosicché alla fine tenne solo Lakshmi, affidando Ganga a Shiva e Saraswati a Brahma.

Maestro: un grande guru spirituale.

Mahabharata: il grande poema epico indiano composto da diciotto libri che raccontano la storia dei discendenti del re Bharata, i Pandava e i Kaurava, cugini la cui disputa per il regno causò la catastrofica guerra di Kurukshetra.[2]

Mahavatar Kriya Babaji: Maha significa grande, Avatar significa Manifestazione Divina e *babaji* vuol dire venerato padre; è uno yogi di 5000 anni, originario dell'Himalaya e *Paramguru* che ha dato al mondo il Kriya Yoga.

Manifesto/non manifesto: *manifesto=ovvio, conoscibile.* L'universo manifesto è assoluto e perfetto come il non manifesto. L'apparire del manifesto dal non manifesto non influenza la completezza e perfezione del non manifesto.

Maometto: il principale profeta della religione islamica.

Matsya: nella sua prima incarnazione la parte inferiore del corpo di Maha Vishnu aveva la forma di un pesce (Matsya) mentre la parte superiore aveva la forma di un uomo. Questa incarnazione aveva quattro mani: in due mani reggeva rispettivamente una conchiglia e un chakra, mentre nelle altre due reggeva un fiore di loto e una mazza oppure erano nella posizione di due mudra che indicavano protezione e concessione di doni.

Maya: Illusione, la quale ci impedisce di realizzare il nostro vero Sé. Sri Swami Vishwananda disse a proposito di Maya: "Maya Devi è veramente potente, perché intrappola tutto. ... Appena si viene al mondo, si viene intrappolati dalla presa di Maya ed è abbastanza difficile liberarsi da tale presa. La sua presa è così forte che una volta che si è stati afferrati ci si può liberare unicamente cantando il nome di Dio; solo dicendo sinceramente dal cuore "Dio io voglio te. Mi abbandono completamente a te. Fai di me quello che vuoi". Così Lei ti lascia." (Darshan, Kiel, Germania, Dicembre 2006.) Paramahansa Yogananda scrisse: "Il termine sanscrito Maya significa *la misura*; è la forza magica innata nella creazione, che causa limitazioni e scissioni nell'illimitato e indivisibile".[4]

Mecca: Città santa in Arabia Saudita, il luogo di pellegrinaggio più importante per i mussulmani.

Meditazione: Pratiche che aiutano a controllare la mente. Sri Swami Vishwananda dice che è: "(...) qualcosa di molto semplice, che ci porta a raggiungere lo stato di beatitudine. (...) È attraverso la meditazione che si può veramente arrivare al potere di completa realizzazione. (...) quando si è concentrati, quando si è focalizzati su Dio, quando si è in profonda meditazione, non si è influenzati da quello che ci circonda, da nessun rumore, né dal contatto." (*Darshan*, Mumbai, India, 10 febbraio 2006)

Mohini: Nella mitologia indiana è il nome dell'unica incarnazione femminile di Maha *Vishnu*. Mohini è citata nella epica narrazione del *Mahabharata*. Vi appare nella forma di *Vishnu*, che si appropriò del recipiente di *Amrita* (elisir di immortalità) che era stata rubata dagli *Asura* (demoni), per ridarlo ai *Deva* (semidei), aiutandoli a conservare la loro immortalità.

Moksha: liberazione dal ciclo della nascita e morte.

Monte Meru (monte Kailash): una montagna di suprema altezza sulla quale dimorano gli Dei o la montagna sulla quale Shiva è perennemente seduto a meditare; il centro del mondo, che supporta il paradiso; l'Olimpo delle Divinità *Indù*, *Monte Meru*, o talvolta Sumeru o Mandara è, secondo il *Mahabharata,* una dorata massa di intensa energia. La città dorata di Brahmā si trova sulla sua sommità. È l'*axis mundi* sia per gli Indù che per i Buddhisti.

Mudra: gesto, solitamente fatto con le mani, che focalizza e direziona l'energia. Venti di questi antichi mudra sono stati dati da Sri Swami Vishwananda ai suoi discepoli e sono disponibili attraverso i suoi insegnamenti a tutti coloro che li vogliono imparare.

Nada Kriya Yoga: *Nada* significa suono. Meditazione che è parte delle tecniche *Atma Kriya* e che si focalizza sul suono.

Nanda: padre adottivo e zio di Sri Krishna.

Narad Muni: maestro spirituale e figlio della Mente del Signore Brahma, iniziato direttamente dal Signore Brahma. Narada canta eternamente inni, preghiere e mantra a Sriman Narayana e viaggia continuamente attraverso i Tre Mondi; autore del Pancharatra, i "testi in sanscrito Vaishnava dedicati all'adorazione di Sriman Narayana".

Narayana, Sri; incarnazioni principali: (vedi anche *Vishnu*) si dice si sia manifestato in diverse incarnazioni, dette Avatar, per distruggere il male o per ristabilire la fede e la giustizia nel mondo. Queste incarnazioni sono avvenute sotto forma umana, sotto forma animale e sotto forma combinata umana-animale. Benché comunemente si ritenga siano dieci, i Bhagavat Purana ne contano ventidue con innumerevoli altre a seguire.
I dieci principali avatar sono:
Matsya
Kurma
Varaha
Narasimha
Vamana
Parashurama
Rama
Balarama
Krishna
Kalki (non ancora manifestatosi)

Narasimha: Nara=uomo, Simha=leone, la quarta incarnazione di Maha *Vishnu*, la cui forma è metà umana e metà leone. I Purana parlano del re demone *Hiranyakashipu*, che un tempo regnava su quasi tutto l'universo, ma che alla fine fu ucciso da Sri Vishnu nella sua forma di *Narasimha*. Il Signore *Narasimha* è la più feroce incarnazione di Maha Vishnu. La sua venuta era finalizzata a proteggere il suo puro devoto Prahlada dalle torture di suo padre, il demone *Hiranyakashipu*. Mentre è temuto da demoni e non devoti, è venerato con amore e reverenza dai Suoi devoti.

Nome Divino: il Nome di Dio.

Padma: Fiore di Loto o Padma, tenuto nella mano destra inferiore di Sri Vishnu, rappresenta la liberazione spirituale, la perfezione Divina, la purezza e il dispiegarsi di Consapevolezza Spirituale nell'individuo.

Pandava: i figli di Pandu; Arjuna e i suoi quattro fratelli che, con i loro alleati, formarono una fazione nella guerra Mahabharata (vedi *Mahabharata*).

Paramatman: l' Essere Supremo; il *Brahman*.

Paramguru: *Param* significa supremo e *Guru* significa colui che rimuove l'oscurità; il guru del guru.

Parashurama: Rama con l'ascia – Sri Vishnu in forma umana, la sesta incarnazione di Narayana.

Parvati: Consorte del Signore Shiva. "Parvati è la Madre dell'Universo. Lei è *Parashakti*". Sri Swami Vishwananda, *Kartik Purnima*, Springen, Germania, 2 Novembre 2009.

Pentecoste: è il giorno in cui lo Spirito Santo discese sui Discepoli dopo la risurrezione di Gesù Cristo. Oggi è celebrato 50 giorni dopo la domenica di Pasqua.

Prahlad: un grande devoto di Krishna fin dalla nascita, istruito dal Saggio Narada mentre era ancora nel grembo di sua madre. A 5 anni parlava di Sri Vishnu ai suoi compagni di scuola ogni volta che l'insegnante lasciava l'aula. Questo predicare fece infuriare suo

GLOSSARIO

padre, *Hiranakashipu* che era determinato a negare l'esistenza di Sri *Vishnu*.

Puranas: una serie classica di storie sacre e leggende scritte in un sanscrito semplice; appartenente al passato, antico; una leggenda o storia antica.

RadhaKrishna: "È Krishna stesso nella forma di Radharani. Quando parliamo di Radha, la poniamo sempre prima di Krishna. Diciamo *Radhe Krishna, Radhe Shyam*, perché lei è la *Shakti* di Krishna". Sri Swami Vishwananda, *Radhastami*, Springen, Germania, 27 agosto 2009.

Ram, Rama: secondo gli insegnamenti dell'Induismo, è la settima incarnazione di Sri Vishnu. È descritto come colto, bellissimo e dotato di tutte le qualità regali. La sua storia è narrata nell'epopea Ramayana. Narra dell'esilio solitario di Rama nella foresta e della sua vittoria su *Ravana* dopo che questi aveva rapito sua moglie *Sita* portandola a Lanka. Un aiutante essenziale nella battaglia fu il grande devoto del Signore Rama, *Hanuman*.

Ravana: re demone malvagio che rapì *Sita*, la moglie di *Rama*, e la portò a *Lanka*.

Reincarnazione: quando l'anima rinasce in un corpo; il ciclo di nascita, morte e rinascita; la reincarnazione cessa quando il proprio karma è dissolto.

Rishi: grande profeta che rivela i Veda; i *Rishi* possono asserire solo la verità e sono stati i portatori di molta conoscenza presente mondo.

Sabari: grande devota del Signore Rama. " (...) attese Rama per tutta la sua vita. Ogni giorno cantava continuamente il nome di Ram. Dentro di sé sapeva che un giorno avrebbe incontrato il suo Signore". Sri Swami Vishwananda, *Darshan*, Steffenshof, 2 maggio, 2007.

Saggio: una persona saggia venerata per la sua esperienza, il giudizio e la saggezza.

Santo: colui che vive in Dio o l'eterno; custode della super saggezza divina, dei poteri spirituali e dell'inesauribile salute spirituale, libero dall'egocentrismo, da simpatie e antipatie, dall'egoismo, dalla vanità, dalla lussuria, dall'avidità e dalla rabbia, dotato di una visione imparziale, di una mente equilibrata, da misericordia, da tolleranza, giustizia, Amore cosmico e Conoscenza Divina.

Samadhi: una trance (stato) yogico dove la mente si ritira dalle normali limitate attività verso un più libero ed elevato stato di Dio; uno stato in cui il ricercatore e il processo di ricerca si fondono in un unico continuo, senza alcuna separazione tra essi; quando si riferisce alla devozione, si intende lo stato in cui cessa di esservi distinzione tra il devoto, Dio e la devozione.

Sannyasi: colui che ha abbandonato la normale vita mondana per diventare un asceta.

Sanatan Dharma: letteralmente, la Religione Eterna. Questo termine descrive il codice delle differenti scenze Vediche, che fu chiamato Induismo dopo che i Greci chiamarono Indù o Hindu le popolazioni che vivevano lungo le rive del fiume Indo.

Shanka: conchiglia usata come corno.

GLOSSARIO

Saraswati: divinità della conoscenza e delle arti, rappresenta il libero fluire della saggezza e della consapevolezza. È la madre dei *Veda* che cantati a Lei sono chiamati i *Saraswati Vandana*, che spesso iniziano e finiscono con lezioni *Vediche*. Si ritiene che la Dea Saraswati conferisca agli esseri umani il potere della parola, della saggezza e dell'apprendimento.

Satguru: *Sat* significa vero; *Guru* significa il vero maestro; il più elevato maestro spirituale; il proprio maestro spirituale principale e più importante (vedi anche Guru).

Sè: l'Anima; chi siamo veramente – Amore Divino.

Shiva: parte delle trintà Indù; nell'aspetto di Dissolutore e Liberatore.

Shiva Shakti: " (...) l'intero universo è governato da queste due forze cosmiche, che sono le energie maschili e femminili. Sono queste a rendere manifesto il tutto. (...) le potete chiamare Shiva Shakti (...)" Sri Swami Vishwananda, *Il significato dei due Hiranyagarblingam*, 2 marzo 2011.

Sita: consorte del Signore Rama. Sita Devi è la manifestazione di Lakshmi.

Spiritualità: dal latino, *Spiritus, spirito, brezza o spiro, Io respiro,* spiritualità, in un senso religioso specifico, sta per l'idea di una connessione mentale (spirituale) con il trascendente o l'infinito.

Srimad Bhagavatam: (Bhagavata Purana) questo purana (libro di storie) è il più importante libro sacro di storie in India. È organizzato in dodici cosiddetti canti e si compone di 335 capitoli con circa 18.000 versi che sottolineano la primaria importanza di mantenere (preservare) gli aspetti di Dio personificati nella trascendente forma di Sriman Narayana, il Signore *Vishnu*.

Sri Lahiri Mahasaya: capofamiglia e Maestro spirituale che per primo ricevette il Kriya Yoga dal Mahavatar Kriya Babaji e che lo condivise con altri capifamiglia.

Sri Shirdi Sai Baba: grande Maestro (1838-1918) dell'India i cui insegnamenti combinavano elementi dell'induismo e dell'islam. Cantava continuamente *Allah Akbar* e fu conosciuto per i Suoi molti miracoli.

Sri Yukteshwarji: discepolo di Lahiri Mahasaya e guru di Paramhansa Yogananda.

San Pantaleone: 284-305 D.C. da Nicomendia; medico e patrono di ostetriche e dottori e uno dei quattordici santi ausiliatori. Conosciuto per le miracolose guarigioni. Una delle incarnazioni di *Dhanvantari*, medico degli Dei e Padre dell'ayurveda. (vedi zangolatura dell'oceano di latte); uno dei santi patroni della chiesa a Shree Peetha Nilaya, Ashram internazionale di Sri Swami Vishwananda, Germania.

Surdas: santo devoto del Signore Krishna vissuto nel 15° secolo, poeta, santo e musicista che insegnò la *Bhakti*.

Subhadra: sorella di Sri Krishna.

Trinità Indù: Brahma-Creatore, Vishnu-Conservatore/Sostenitore, Shiva-Distruttore

GLOSSARIO

Tulsidas: grande devoto del 16° secolo che scrisse anche il *Ramacharitmanas*, un poema epico devozionale dedicato al Signore Rama.

Tulsi Devi: vedi *Vrinda Devi*.

Upanishad: significa insegnamenti interiori o mistici; si riferisce a oltre 200 testi che sono considerati essere una delle antiche fonti della religione Indù.

Vaikunta: la dimora celestiale (*loka*) di Sri Vishnu e dei suoi devoti.

Valmiki: saggio e poeta incaricato da Narad Muni di scrivere il *Ramayana*.

Vamana: è descritto nei testi dell'*induismo* come la quinta incarnazione di Maha Vishnu e la prima incarnazione della seconda era detta del Treta Yuga. É la prima incarnazione di Sri Vishnu che appare in una forma completamente umana, sebbene fosse un bramino nano. È anche conosciuto come Upendra.

Varaha: nell'induismo è la terza incarnazione di Sri Vishnu nella forma di un cinghiale. Nella forma di Varaha adempie alla sua reputazione come preservatore del mondo. Secondo i Varaha Purana, quando iniziò la nuova era, la terra stava sprofondando nelle acque primordiali. Come una madre che non esita a tuffarsi appresso al proprio figlio che cade nell'acqua, il primo pensiero di Sri Vishnu fu di preservare il mondo. Egli prese le forme di un cinghiale, il più potente animale della palude, e si tuffò nell'Oceano Primordiale. Lì uccise il pericoloso demone *Hiranyaksha* (il fratello di *Hiranyakashipu*), sollevò la terra con le sue colossali zanne e la salvò dall'affondare nel caos primordiale.

Vasudeva: il figlio di Shoorsen delle dinastie Yadu e Vrishni, marito di Devaki e padre di Sri Krishna e di sua sorella Subhadra. Vasudeva era una parziale incarnazione del Rishi Kashyap. Secondo il *Harivansa Purana*, Vasudeva e Nanda, il padre adottivo di Sri Krishna, erano fratelli.

Vasuki: il re dei serpenti. Egli assistette alla zangolatura dell'oceano di latte. In uno dei più famosi episodi dei Purana (*Bhagavata Purana, il Mahabharata* e il Vishnu Purana), i Deva (semi Dei) e i demoni (Asura) avevano perso a quel tempo la loro immortalità. Secondo il consiglio di Sri Vishnu, legarono il serpente Vasuki, attorno alla montagna e iniziarono – Dei da una parte e Demoni dall'altra – a tirare avanti e indietro il serpente. In tal modo zangolarono l'oceano di latte per ottenere l'*Amrita*, il nettare dell'immortalità. In memoria di ciò viene celebrato ogni dodici anni il grande festival denominato Kumbha Mela.

Veda: antichi testi indiani e la più antica opera letteraria scritta in Sanscrito Vedico e compilata in quattro sezioni da Krishna Dvaipayana Veda Vyasa, un saggio considerato in alcune tradizioni Vaishnava come un avatar di Maha Vishnu, più tardi incarnatosi come il saggio Kapila per insegnare il Bhakti Yoga della Shrimad Bhagavatan scritta dal Saggio Vyasa su suggerimento del figlio di Brahma, Rishi Narada.

Vijaya: vittoria.

Vishnu: letteralmente: onnipervadente; Dio come preservatore; parte della Trinità Indù.

Vishwamitra: fu il primo santo a ricevere il *Gayatri Mantra*, che poi insegnò al suo Discepolo, Sri Rama, che lo usò per sconfiggere il grande *asura* Ravana, e salvare sua moglie Sita dal demone; un autore dei *Rigveda* conosciuto per le molte protratte austerità e che patì molte tribolazioni.

Vrindavan: Vrindavan (anche Brindavan) nel distretto Mathura, Uttar Pradesh, India, è una città ai bordi di un'antica foresta dove il Signore Krishna trascorse i giorni della sua infanzia e dove la sua madre adottiva, *Yashoda*, e il suo padre adottivo e zio, *Nanda*, si presero cura di lui. Si trova nella regione di Braj a circa 15 Km da Mathura, la città natale del Signore Krishna, vicino all'autostrada Agra-Delhi. La città ospita migliaia di templi dedicati alla venerazione di Radha e Krishna.

Vrinda Devi: *(Vrindavana)* "La parola sanscrita *vana* significa foresta. *Vrindavana* è il nome dato alla foresta dove Srimati Vrindadevi (Tulasidevi), cresce abbondante".

Vyasa: spesso riferito a un Avatar di Vishnu, è talvolta riferito a Veda Vyasa, il redattore dei Veda; compose *Purana* e l'opera poetica *Mahabharata*.

Yagna: sacrificio di orgoglio ed ego; una cerimonia del fuoco dove si rinuncia all'io; ciò che si desidera a beneficio degli altri, sbarazzandosi dell'orgoglio, aprendo il cuore attraverso i mantra e offrendo di ritorno al Divino ciò che Egli ci ha donato.

Yamuna: come il Gange, anche il Yamuna è molto venerato nell'induismo e adorato come la Dea Yamuna lungo tutto il suo corso. Nella mitologia indù è la figlia del Dio sole, il Signore Surya, e sorella di Yama, il Dio della Morte, conosciuta perciò anche come Yami. "Vasudeva, portando il bambino, si immerse nell'acqua del fiume Yamuna. Mentre si immergeva sempre più profondamente nel fiume, Yamuna desiderò moltissimo toccare i piedi del Signore: nel momento in cui i piedi del piccolo Krishna toccarono l'acqua di Yamuna, il fiume si acquietò". Sri Swami Vishwananda, *Krishna Janmashtami*, Springen, Germania, 13 agosto 2009.

Yashoda: Madre adottiva di Krishna e moglie di suo zio *Nanda*, suo padre adottivo. "Nel momento in cui Narayana disse a Maya Devi "incarnati nel grembo di Yashoda", Maya Devi Si manifestò in Yashoda. Nella stessa notte in cui Ella nacque a Gokul, Narayana nacque a Mathura [come Sri Krishna]. ... Bhakti, nella forma di Yashoda e Nandadev godevano del Signore." Sri Swami Vishwananda, *Bala Krishna Retreat*, Los Angeles, California, USA, Dicembre, 2007.

Yudishtira: il più anziano dei Pandava; anche chiamato Dharmaraja – il re giusto (vedi *Mahabharata*).

Zamzam: un pozzo a La Mecca dove Ismaele, il figlio neonato di Abramo, pianse per la sete e diede un calcio alla terra e Dio rispose facendo sgorgare acqua.

Zangolatura dell'oceano di latte: si dice [nei Veda] che i semidei e i demoni si riunirono sulle rive dell'oceano di latte che si trova nella regione celeste del cosmo e progettarono di zangolare l'Oceano di Latte per produrre il nettare dell'immortalità. Si accordarono per ripartirsi equamente il nettare che sarebbe stato prodotto. Per realizzare la zangolatura dell'Oceano di Latte il monte Mandara fu usato come asta e Vasuki, il re dei serpenti, divenne la corda. Quando la zangolatura iniziò, il monte Mandara iniziò ad affondare nell'oceano, e così Sri Vishnu si incarnò in una grande tartaruga (Kurma Avatara) per sostenere la montagna sulla Sua schiena. Con i demoni alla testa di Vasuki e i semidei alla coda, la zangolatura dell'oceano di latte durò per mille anni.

GLOSSARIO

Infine Dhanvantari [Avatara di Sri Vishnu, medico degli Dei e padre *dell'Ayurveda*] apparve reggendo tra le mani il vaso contenente il nettare dell'immortalità. Vedendo Dhanvantari con il vaso di nettare, i semidei e i demoni si inquietarono. I semidei, timorosi di quello che sarebbe potuto succedere se i demoni avessero bevuto la loro parte di nettare di immortalità, afferrarono il vaso con la forza.

Dovunque i semidei andassero con il vaso di nettare, finivano per combattere ferocemente. (...) nel tentativo di evitare che il nettare cadesse nelle mani dei demoni, i semidei lo nascosero in quattro diverse località della terra, Prayag (Allahabad), Hardwar, Ujjain e Nasik. A ogni nascondiglio, una goccia di nettare immortale fuoriuscì dal vaso e cadde a terra. Si ritiene che da allora queste quattro località abbiano acquisito un potere mistico. Alla fine i demoni sconfissero i semidei e presero possesso del nettare dell'immortalità. Per sottrarre i semidei dalle mani del destino, Maha Vishnu si incarnò in una bellissima donna, *Mohini*-murti, e affrontò i demoni. (...) Disorientati i demoni con la sua bellezza, *Mohini*-murti si impossessò del nettare e lo riconsegnò ai semidei che lo bevvero subito. [5]

¹   Douglas, J. D., ed. The New International Dictionary of the Christian Church. Grand Rapids, MI: Zondervan Publishing, 1974.

²   Da Lo Yoga della Bhagavad Gita di Paramahansa Yogananda pubblicato dalla Self-Realization Fellowship, Los Angeles, California, USA in 2007 (versione inglese)

³   Srimad Bhagavatam 10thedizione, traduzione inglese di Smt. Kamala Subramaniam, Bharatiya Vidya Bhavan, Kulapati Munshi Marg, Mumbai, 400007 India, glossario pag. 762

⁴   Paramahansa Yogananda: L'eterna ricerca dell'uomo. Collezione di discorsi e composizioni – Per realizzare Dio nella vita quotidiana. Volume 1 Pubblicazioni Self- Realization Fellowship. Stampato in USA 2005. (versione inglese)

⁵   hindupedia.com

⁶   Oxford Dictionary della mitologia dell'Asia

SRI SWAMI VISHWANANDA

Sri Swami Vishwananda è un maestro spirituale dell'isola Mauritius. Per alcuni anni ha visitato numerosi paesi in Europa, Nord America, Africa e Asia per trasmettere il Suo messaggio di Amore Divino universale.

Sri Swami Vishwananda ispira le persone ad aprire il cuore all'Amore di Dio. Insegna ad andare oltre i confini delle religioni e a sperimentare l'unità della connessione universale che si trova dietro le differenze concettuali. Egli incoraggia le persone ad approfondire il percorso individuale verso Dio e le sostiene nelle loro convinzioni personali e nel loro patrimonio religioso.

L'Essenza di Ogni Cosa

è solo

AMORE